Boller

Arbeitsheft Wirtschafts- und Sozialkunde

zur individuellen Förderung und Dokumentation von Kompetenzen

Merkur
Verlag Rinteln

Wirtschaftswissenschaftliche Bücherei für Schule und Praxis
Begründet von Handelsschul-Direktor Dipl.-Hdl. Friedrich Hutkap †

Verfasser:

Dr. Eberhard Boller

* * * *

2. Auflage 2017

Gesamtherstellung:
Merkur Verlag Rinteln Hutkap GmbH & Co. KG, 31735 Rinteln

E-Mail: info@merkur-verlag.de
lehrer-service@merkur-verlag.de
Internet: www.merkur-verlag.de

ISBN 978-3-8120-**1557-8**

Vorwort

Das Arbeitsheft zielt darauf ab, dass die Schülerinnen und Schüler ihren **Kompetenzzuwachs** nachhaltig dokumentieren und anhand eines stufenförmig aufgebauten „Kompetenz-Checks" **festigen und vertiefen** können.

Um diese Zielsetzung zu unterstützen, folgt das Arbeitsheft einer durchgängigen, am Merkurbuch 0557 angelehnten Struktur. Zu Beginn eines jeden Kapitels werden die **Lernsituationen aus dem Lehrbuch** aufgenommen und die Schülerinnen und Schüler können in diesem Arbeitsheft die Lösung der **kompetenzorientierten Arbeitsaufträge** individuell **dokumentieren.**

Das nebenstehende Symbol dient als Hinweis, dass es sich um einen **ergänzenden Zusatzauftrag** zu der Lernsituation bzw. dem Lehrbuch handelt. Die Zusatzaufträge sind **motivierend** gestaltet und bieten den Lernenden Aufgaben in Form von z. B. **Kreuzworträtseln, Lückentexten** oder **auszufüllende Schemata.**

Im Anschluss an die kompetenzorientierten Arbeitsaufträge folgt stets ein **umfangreicher „Kompetenz-Check"**, der es den Schülerinnen und Schülern ermöglicht, ihre erworbenen Kompetenzen **niveaudifferenziert** und somit ganz **individuell** zu **festigen.** Ziel dabei ist, dass die Lernenden selbst **erkennen,** welche **Niveaustufe** sie aktuell bezüglich der im Rahmen dieses Kapitels angestrebten Kompetenzen **erreicht** haben und wie **intensiv** sie noch daran **arbeiten** müssen, ihre **Handlungskompetenz** auf ein höheres Niveau **anzuheben.** Dabei ist zu beachten, dass ein Teil dieser Aufgabenstellungen am besten lösbar ist, wenn im Vorfeld bzw. parallel mit dem Lehrbuch (Merkurbuch 0557) gearbeitet wurde.

Die Aufgaben im „Kompetenz-Check" sind in **vier im Anspruchsniveau steigende Kompetenzstufen** untergliedert:

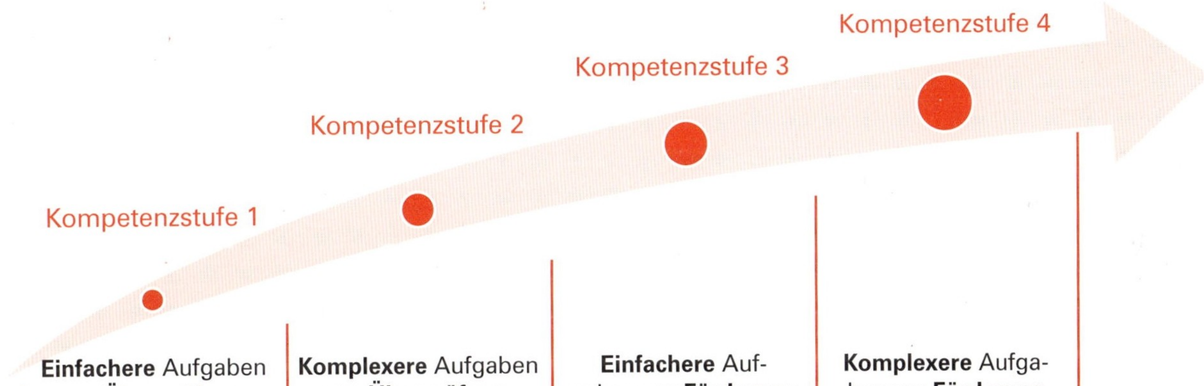

Einfachere Aufgaben zur **Überprüfung** von **Wissen.**

Komplexere Aufgaben zur **Überprüfung** von **Wissen.**

Einfachere Aufgaben zur **Förderung** von **Fertigkeiten.**

Komplexere Aufgaben zur **Förderung** von **Fertigkeiten.**

Ich wünsche allen Schülerinnen und Schülern viel Erfolg beim Erwerb der angestrebten Kompetenzen und hoffe sehr, dass das vorliegende Arbeitsheft einen wertvollen Beitrag dazu leisten kann.

Siegen, Sommer 2017

Der Verfasser

Inhaltsverzeichnis

Kompetenzbereich I: In Ausbildung und Beruf orientieren

Kompetenzbereich II: Wirtschaftliches Handeln in der Sozialen Marktwirtschaft analysieren

Kompetenzbereich III: Wirtschaftspolitische Einflüsse auf den Ausbildungsbetrieb, das Lebensumfeld und die Volkswirtschaft einschätzen

Kompetenzbereich IV: Entscheidungen im Rahmen der beruflichen Selbstständigkeit treffen

Bilderverzeichnis

S. 72: www.colourbox.de • **S. 182**: Christian Buck – Fotolia.com • **S. 186**: Africa Studio - Fotolia.com

1 Konzept der dualen Berufsausbildung charakterisieren

Lernsituation 1:

Moritz Becker ist 18 Jahre alt und hat am Monatsanfang seine Ausbildung als Industriekaufmann bei der Freiburger Maschinenbau AG begonnen. Mit der Freiburger Maschinenbau AG hat er den folgenden Berufsausbildungsvertrag (Auszug) abgeschlossen:

Berufsausbildungsvertrag

(§§ 10, 11 Berufsbildungsgesetz - BBiG)

IHK Die Industrie- und Handelskammern in Baden-Württemberg

Zwischen dem/der Ausbildenden (Ausbildungsbetrieb)

KNR: 123 | Firmenident-Nr.: 107247 | Tel.-Nr.: 0751 15710

Anschrift des/der Ausbildenden ☐ öffentlicher Dienst

Freiburger Maschinenbau AG

Straße, Hausnummer: Basler Straße 100-102

PLZ: 79100 Ort: Freiburg

E-Mail-Adresse des/der Ausbildenden: info-personal@maschinenbau-freiburg.de

Verantwortlicher Ausbilder
Herr
Schmieder, Wolfgang

und der/dem Auszubildenden männlich ☒ weiblich ☐

Name: Becker | Vorname: Moritz

Straße, Hausnummer: Burgstraße 27

PLZ: 79312 Ort: Emmendingen

Geburtsdatum: 18.04.1999

Staatsangehörigkeit: deutsch | Gesetzliche Vertreter[1]: Eltern

Namen, Vornamen der gesetzlichen Vertreter: Becker, Anja und Becker, Max

Straße, Hausnummer: Burgstraße 27

PLZ: 79312 Ort: Emmendingen

Wird nachstehender Vertrag zur Ausbildung im Ausbildungsberuf mit der Fachrichtung/dem Schwerpunkt/dem Wahlbaustein etc. nach Maßgabe der Ausbildungsordnung[2] geschlossen: Industriekaufmann

Zuständige Berufsschule: BBS Freiburg

A Die Ausbildungszeit beträgt nach der Ausbildungsordnung 36 Monate.

Die vorausgegangene Berufsausbildung / Vorbildung: Realschule

wird mit ☐ Monaten angerechnet, bzw. es wird eine entsprechende Verkürzung beantragt.

Das Berufsausbildungsverhältnis beginnt am 01.09.2017 endet am 31.08.2020

B Die Probezeit (§ 1 Nr. 2) beträgt 3 Monate.[3]

C Die Ausbildung findet vorbehaltlich der Regelungen nach D (§ 3 Nr. 12) in

Straße: Basler Str. 100-102

PLZ, Ort: 79100 Freiburg

und den mit dem Betriebssitz für die Ausbildung üblicherweise zusammenhängenden Bau-, Montage- und sonstigen Arbeitsstellen statt.

D Ausbildungsmaßnahmen außerhalb der Ausbildungsstätte (§ 3 Nr. 12) (mit Zeitraumangabe)

E Der/die Ausbildende zahlt dem/der Auszubildenden eine angemessene Vergütung (§ 5); diese beträgt zur Zeit monatlich brutto

EUR	850,00	930,00	990,00	
im	ersten	zweiten	dritten	vierten

Ausbildungsjahr.

F Die regelmäßige Ausbildungszeit (§ 6 Nr. 1) beträgt täglich 8,00 Stunden.[4] / wöchentlich ☐ Stunden.

Teilzeitausbildung wird beantragt (§ 6 Nr. 2) ja ☐ nein ☐

G Der/die Ausbildende gewährt dem/der Auszubildenden Urlaub nach den geltenden Bestimmungen. Es besteht ein Urlaubsanspruch.

Im Jahr	2017	2018	2019	2020	
Werktage	10	30	30	20	
Arbeitstage					

H Sonstiges, Hinweise auf anzuwendende Tarifverträge und Betriebsvereinbarungen, sonstige Vereinbarungen.

J Die beigefügten Vereinbarungen sind Gegenstand dieses Vertrages und werden anerkannt.

Freiburg, den 15.02.2017

Der/die Ausbildende:
Freiburger Maschinenbau AG
i.A. Lohmann
Stempel und Unterschrift

Der/die Auszubildende:
Moritz Becker
Vor- und Familienname

Die gesetzlichen Vertreter des/der Auszubildenden:
Max Becker Anja Becker
Vater und Mutter/Vormund

Die Freiburger Maschinenbau AG hat im aktuellen Ausbildungsjahr 15 Auszubildende in verschiedenen Ausbildungsberufen eingestellt. Fred Herget ist Ausbilder im Unternehmen.

Kompetenzorientierte Arbeitsaufträge:

1. Gemäß dem Berufsbildungsgesetz muss der Ausbildende unverzüglich nach Abschluss des Berufsausbildungsvertrages, spätestens jedoch vor Beginn der Berufsausbildung, den wesentlichen Inhalt des Vertrages schriftlich niederlegen.

   Analysieren Sie den abgebildeten Ausbildungsvertrag und erstellen Sie eine Checkliste mit den wesentlichen Inhalten, die ein Ausbildungsvertrag gemäß dem Berufsbildungsgesetz enthalten muss!

Checkliste: Berufsausbildungsvertrag	
wichtige Inhalte	**erledigt**
	☐
	☐
	☐
	☐
	☐
	☐
	☐
	☐
	☐
	☐

2. Zunächst sollen die Auszubildenden den Betrieb, ihre neue Arbeitssituation und ihre Rechtsposition erkunden.

Fred Herget erteilt ihnen folgende Aufträge:

- *„Lesen Sie Ihren Ausbildungsvertrag, besprechen Sie ihn in Gruppen und notieren Sie offene Fragen."*
- *„Notieren Sie Ihre Rechte und Pflichten!"*
- *„Recherchieren Sie, wie viel Urlaubstage Ihnen nach dem Jugendarbeitsschutzgesetz zustehen!"*
- *„Für den Fall, dass es Ihnen bei uns nicht gefällt: Prüfen Sie nach, auf welche Weise Sie in diesem Fall das Ausbildungsverhältnis vorzeitig beenden können."*

Bearbeiten Sie die Arbeitsaufträge von Fred Herget anhand des gegebenen Berufsausbildungsvertrages und der nachfolgenden Informationen aus Kapitel 1!

- *„Lesen Sie Ihren Ausbildungsvertrag, besprechen Sie ihn in Gruppen und notieren Sie offene Fragen."*

Offene Fragen:

➤ ______________________________

➤ ______________________________

➤ ______________________________

➤ ______________________________

➤ ______________________________

➤ ______________________________

➤ ______________________________

- *„Notieren Sie Ihre Rechte und Pflichten!"*

Rechte	➤ ______________________________ ➤ ______________________________ ➤ ______________________________ ➤ ______________________________ ➤ ______________________________
Pflichten	➤ ______________________________ ➤ ______________________________ ➤ ______________________________ ➤ ______________________________ ➤ ______________________________

2 Boller - ISBN 978-3-8120-1557-8

- *„Recherchieren Sie, wie viel Urlaubstage Ihnen nach dem Jugendarbeitsschutzgesetz zustehen!"*

Urlaubsanspruch je nach ____________

- Bis ____ Jahre: ____ Werktage im Jahr
- Bis ____ Jahre: ____ Werktage im Jahr
- Bis ____ Jahre: ____ Werktage im Jahr

- *„Für den Fall, dass es Ihnen bei uns nicht gefällt: Prüfen Sie nach, auf welche Weise Sie in diesem Fall das Ausbildungsverhältnis vorzeitig beenden können."*

____

____

____

____

3. Neben dem Ausbildungsvertrag bilden die Ausbildungsordnung und der Ausbildungsplan die wesentliche Grundlage für die Berufsausbildung.

Erläutern Sie kurz, worin sich Ausbildungsordnung und Ausbildungsplan unterscheiden!

Ausbildungsordnung	
Ausbildungsplan	

4. Angesichts der hohen Jugendarbeitslosigkeit in vielen südeuropäischen Ländern wird Deutschland häufig um das Erfolgsmodell „Duale Ausbildung" beneidet. Daher unterstützt Deutschland durch Beratung und Pilotprojekte die europäischen Partnerländer bei der Reform ihrer Berufsbildungssysteme.

Erklären Sie, welche Elemente die duale Ausbildung so erfolgreich machen!

____

____

5. Stellen Sie Ihre eigenen Interessen und mögliche Interessen Ihres Ausbildungsbetriebes an der Durchführung der Ausbildung gegenüber und kennzeichnen Sie Übereinstimmungen (☺) und mögliche Konfliktbereiche (☹) durch Ankreuzen. Erstellen Sie hierzu eine Tabelle nach folgendem Muster!

Eigene Interessen	☺	☹	Betriebsinteressen

Zusatzauftrag: Kreuzworträtsel

1. Lösen Sie nachfolgendes Kreuzworträtsel!
2. Erläutern Sie anschließend kurz das Lösungswort in dem dafür vorgesehenen Feld.

① Sie sollte nicht mehr als drei und nicht weniger als zwei Jahre dauern.

② Werden Auszubildende im Anschluss an das Berufsausbildungsverhältnis weiterbeschäftigt, ohne dass hierüber eine ausdrückliche Vereinbarung getroffen ist, so wird ein ... auf unbestimmte Zeit begründet.

③ Sie beträgt mindestens einen und darf nicht länger als vier Monate dauern.

④ Ein Recht des Auszubildenden, woran auch die Industrie- und Handelskammer nicht ganz unbeteiligt ist.

⑤ Bei grob fahrlässig oder vorsätzlich verursachten Schäden durch den Auszubildenden an Einrichtungen des Ausbildenden kommt sie zum Tragen.

⑥ Für Berufsschüler gilt, dass der Urlaub dorthin gelegt werden soll.

⑦ Er wird von jedem Ausbildungsbetrieb eigenständig erstellt und regelt die sachliche und zeitliche Berufsausbildung im Betrieb.

⑧ Normalerweise muss man sie nach der Probezeit immer beachten, allerdings kann aus einem wichtigen Grund auf sie verzichtet werden.

⑨ In Bezug auf Geschäftsdaten muss sie vom Auszubildenden eingehalten werden.

⑩ Er ist Grundlage für den berufsbezogenen Unterricht in der Berufsschule und ist zeitlich und inhaltlich mit dem Ausbildungsrahmenplan abgestimmt.

⑪ Jeden Monat bereitet sie dem überwiegenden Teil der Auszubildenden große Freude.

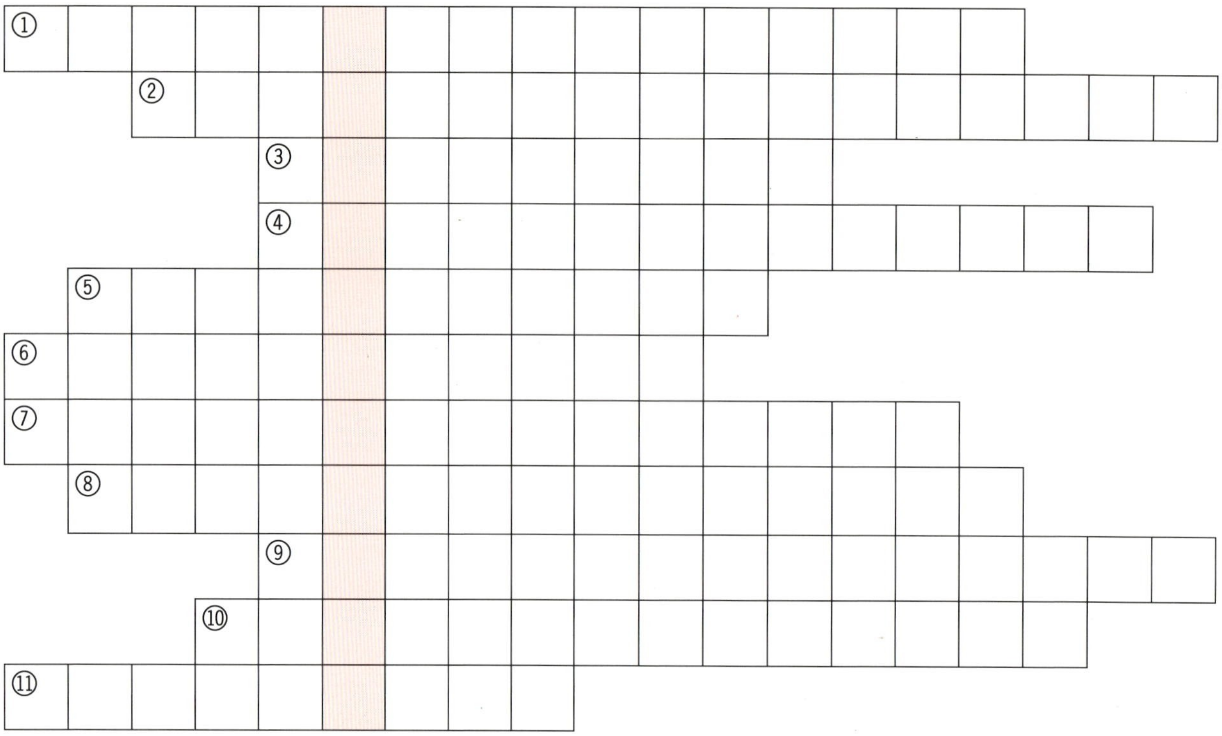

Lösungswort: ______________________

Erläuterung: ____

____

____

____

Kompetenz-Check

1. Entscheiden Sie, welche der nachfolgenden Aussagen zur Berufsausbildung falsch ist und tragen Sie die entsprechende Ziffer in das Kästchen ein!

Kompetenzstufe 1

① Ausbildender ist derjenige, der einen Auszubildenden zur Berufsausbildung einstellt.

② Ein Ausbilder ist derjenige, der vom Ausbildenden mit der Durchführung der Ausbildung beauftragt wird.

③ Auszubildender ist derjenige, der nach den Bestimmungen des Berufsausbildungsgesetzes einen anerkannten Ausbildungsberuf aufgrund staatlicher und bundeseinheitlich gültiger Ausbildungsverordnung erlernt.

④ Das Berufsbildungsgesetz regelt die Berufsausbildung, die berufliche Fortbildung und die berufliche Umschulung.

⑤ Die Ausbildungsordnung ist die Grundlage für eine geordnete und einheitliche Berufsausbildung in anerkannten Ausbildungsberufen.

⑥ Der Ausbildungsplan regelt die sachliche und zeitliche Berufsausbildung im Betrieb und wird von der Agentur für Arbeit bundeseinheitlich festgelegt.

☐

2. Entscheiden Sie, welcher der nachfolgenden Inhalte nicht zwingend im Ausbildungsvertrag enthalten sein muss und tragen Sie die entsprechende Ziffer in das Kästchen ein!

Kompetenzstufe 1

① Dauer des Urlaubs.

② Voraussetzungen, unter denen der Berufsausbildungsvertrag gekündigt werden kann.

③ Beginn und Dauer der Berufsausbildung.

④ Zahlung und Höhe der Ausbildungsvergütung.

⑤ Arbeitsbeginn und Arbeitsende für die einzelnen Wochentage.

⑥ Hinweis auf anwendbare Tarifverträge und Betriebsvereinbarungen.

☐

3. Der Ausbildungsvertrag (vgl. Lernsituation 1) wurde zwischen der Freiburger Maschinenbau AG und Moritz Becker abgeschlossen.

Kompetenzstufe 2

Entscheiden Sie, welche beiden der nachfolgenden Aussagen zu diesem Ausbildungsvertrag falsch sind! Falls nur eine Aussage falsch ist, tragen Sie bitte eine ⑨ in das zweite Kästchen ein!

① Da Moritz Becker zum Zeitpunkt des Abschlusses dieses Ausbildungsvertrages noch minderjährig war, wäre der Ausbildungsvertrag allein mit der Unterschrift seiner gesetzlichen Vertreter sowie des Ausbilders rechtswirksam.

② Dieser Ausbildungsvertrag muss bei der zuständigen Stelle (Industrie- und Handelskammer) zur Genehmigung und Eintragung in das Verzeichnis der Berufsausbildungsverhältnisse vorgelegt werden.

③ Die wesentlichen Inhalte dieses Ausbildungsvertrages mussten unverzüglich nach Abschluss des Berufsausbildungsvertrages, spätestens jedoch vor dem 01.09. schriftlich niedergelegt werden.

④ Im vorliegenden Ausbildungsvertrag wurde die Ausbildungsdauer nicht verkürzt.

⑤ Mit der in diesem Ausbildungsvertrag angegebenen Probezeit wurde die längste im Berufsbildungsgesetz mögliche Probezeit für Ausbildungsverhältnisse gewählt.

⑥ Moritz Becker stehen pro Kalendermonat 2,5 Urlaubstage zu.

☐ ☐

4. Die Rechte und Pflichten des Auszubildenden bzw. des Ausbildenden ergeben sich vor allem aus dem Berufsbildungsgesetz und dem Jugendarbeitsschutzgesetz.

Kompetenzstufe 2

Beurteilen Sie, welche zwei der nachfolgenden Aussagen nicht zutreffend sind! Falls nur eine Aussage falsch ist, tragen Sie bitte eine ⑨ in das zweite Kästchen ein!

① Der Ausbildende ist dem Auszubildenden im unverschuldeten Krankheitsfall zur Entgeltfortzahlung für bis zu vier Monate verpflichtet.

② Der Auszubildende muss sich bemühen, so zu lernen, dass die Abschlussprüfung bestanden wird.

③ Der Ausbildende muss sicherstellen, dass dem Auszubildenden mindestens 12 Werktage am Stück Urlaub gewährt werden.

④ Der Auszubildende hat einen Urlaubsanspruch von mindestens 25 Arbeitstagen, sofern er das 18. Lebensjahr vollendet hat.

⑤ Der Ausbildende muss dem Auszubildenden spätestens am letzten Werktag des Monats seine Ausbildungsvergütung zahlen.

⑥ Der Ausbildende muss den Auszubildenden rechtzeitig zu den Prüfungen anmelden und für diese freistellen.

⑦ Der Auszubildende haftet für solche Schäden, die er im Ausbildungsbetrieb an Maschinen, Büroeinrichtungen etc. grob fahrlässig oder vorsätzlich verursacht.

⑧ Auszubildende müssen die Weisungen des Ausbildenden im Rahmen der Berufsausbildung sorgfältig befolgen.

5. Der am 21.09.2000 geborene Malte Losch hatte sich im Mai 2017 bei der Tuttlinger Brauerei AG als Auszubildener beworben. Am 20. September 2017 absolvierte er mit Erfolg den Einstellungstest bei der Brauerei. Den schriftlichen Bescheid über das erfolgreiche Bestehen erhielt er am 21. Dezember 2017 verbunden mit einer Einladung zu einem gemeinsamen Gesprächstermin mit seinen Eltern in den Räumlichkeiten der Tuttlinger Brauerei AG.

Kompetenzstufe 3

Am 27. Januar 2018 fand das Gespräch zwischen dem Ausbilder Konstantin Wollitz sowie Malte Losch und seinen Eltern statt. Zum Abschluss des Gesprächs teilte der Ausbilder Malte und seinen Eltern mit, dass die Tuttlinger Brauerei AG Moritz eine Lehrstelle zum Industriekaufmann im September zur Verfügung stellt. Sowohl Malte als auch seine Eltern nahmen das Angebot gerne an. Wenige Tage nach dem Gespräch erhielt Malte am 13.02.2018 einen Ausbildungsvertrag von der Tuttlinger Brauerei AG zugesandt. Malte und seine Eltern vereinbarten einen Termin mit Frau Klemmle aus der Personalabteilung der Tuttlinger Brauerei AG und unterzeichneten am 15.02.2018 in deren Gegenwart gemeinsam den Ausbildungsvertrag. Am 11.03.2018 erhielt Malte eine Ausfertigung des unterzeichneten Ausbildungsvertrages per Post. Seine dreijährige Ausbildung beginnt zum 1. September 2018.

Entscheiden Sie, an welchem Tag der Ausbildungsvertrag rechtswirksam zustande gekommen ist!

① 20.09.2017 ③ 27.01.2018 ⑤ 15.02.2018

② 21.12.2017 ④ 13.02.2018 ⑥ 01.09.2018

6. Entscheiden Sie, welche der nachfolgenden Aussagen zur Beendigung des Ausbildungsverhältnisses falsch ist!

Kompetenzstufe 3

① Während der Probezeit kann das Ausbildungsverhältnis vom Auszubildenden jederzeit ohne Einhaltung einer Kündigungsfrist gekündigt werden.

② Während der Probezeit kann das Ausbildungsverhältnis vom Ausbildenden jederzeit ohne Einhaltung einer Kündigungsfrist gekündigt werden.

③ Das Ausbildungsverhältnis kann in beiderseitigem Einvernehmen durch Aufhebungsvertrag nach Ablauf der Probezeit beendet werden.

④ Der Auszubildende kann das Ausbildungsverhältnis nach Ablauf der Probezeit mit einer vierwöchigen Kündigungsfrist kündigen, wenn er ein Studium aufnehmen möchte.

⑤ Nach Ablauf der Probezeit kann der Ausbildende aus wichtigem Grund mit einer vierwöchigen Frist schriftlich kündigen. Der Kündigungsgrund muss angegeben werden.

⑥ Das Ausbildungsverhältnis endet spätestens mit dem Ablauf der Ausbildungszeit, frühestens jedoch mit dem Bestehen der Abschlussprüfung.

7. Kennzeichnen Sie nachfolgende Aussagenpaare mit einer
① , wenn nur Aussage A richtig ist,
② , wenn nur Aussage B richtig ist,
③ , wenn sowohl Aussage A als auch Aussage B richtig sind,
④ , wenn beide Aussagen falsch sind!

Kompetenzstufe 4

7.1	**A:** Die Ausbildungsordnung regelt u. a. die Ausbildungsdauer. Sie soll nicht mehr als vier und nicht weniger als zwei Jahre betragen. **B:** Die Ausbildungsordnung legt den Ausbildungsrahmenplan fest. Hierbei handelt es sich um eine Anleitung zur sachlichen und zeitlichen Gliederung der Fertigkeiten und Kenntnisse.	
7.2	**A:** Der Ausbildungsrahmenplan ist Grundlage für den berufsbezogenen Unterricht in der Berufsschule und ist zeitlich und inhaltlich mit dem Ausbildungsrahmenlehrplan abgestimmt. **B:** Der Rahmenlehrplan wird in einen betrieblichen Ausbildungsplan umgesetzt, der die Grundlage für die individuelle Ausbildung im Betrieb bildet.	
7.3	**A:** Im Rahmen der Fürsorgepflicht hat der Ausbildende dafür Sorge zu tragen, dass der Auszubildende keine sittlichen und körperlichen Schäden nimmt. **B:** Der Auszubildende muss sich rechtzeitig bei der zuständigen Stelle zu Prüfungen anmelden.	
7.4	**A:** Ein 16-jähriger Auszubildender hat gemäß den gesetzlichen Vorschriften einen Urlaubsanspruch von mindestens 30 Arbeitstagen. **B:** Der Auszubildende sollte seinen Urlaub möglichst außerhalb der Schulferien legen, um so die betrieblichen Belange so wenig als möglich zu stören.	
7.5	**A:** Während der Probezeit kann sowohl der Auszubildende als auch der Ausbilder das Ausbildungsverhältnis ohne Angabe von Gründen mit einer Frist von zwei Wochen kündigen. **B:** Nach Ablauf der Probezeit können beide Seiten das Ausbildungsverhältnis aus wichtigem Grund kündigen. Die Kündigung muss schriftlich erfolgen und den Grund enthalten.	
7.6	**A:** Sind Auszubildende der Meinung, dass der ausbildende Betrieb seinen Pflichten nicht nachkommt, können sie sich unter anderem an den Betriebsrat wenden. **B:** Ist zwischen dem Auszubildenden und dem Ausbildenden keine gütliche Einigung möglich, müssen die Amtsgerichte eingeschaltet werden.	

8. Prüfen Sie in den nachfolgenden Fällen, wann die Ausbildung endet!

Kompetenzstufe 4

Fall-Nr.	Vorgang	Ausbildungsende
8.1	Dominik Duffner absolviert eine Ausbildung zum Kaufmann für Spedition und Lagerlogistik bei der Konstanzer Logistik GmbH. Sein Ausbildungsvertrag endet am 30.06.2020. Am 14.04.2020 nimmt er an der schriftlichen Prüfung teil. Am 16.05.2020 wird er schriftlich über das Bestehen dieses Prüfungsteils informiert. Seine mündliche Prüfung absolviert er erfolgreich am 05.06.2020; sein IHK-Zeugnis wird ihm am 08.06.2020 in einer entsprechenden Veranstaltung überreicht.	
8.2	Henrike-Henriette Schwalmbach hat nach dem Abitur auf einem humanistischen Gymnasium am 01.09.2018 eine Ausbildung zur Kauffrau im Groß- und Außenhandel begonnen. Am 15.09.2018 erhält sie morgens einen Anruf ihrer Mutter, die sie über eine Zusage für einen Studienplatz an der Kunsthochschule Berlin informiert. Da Henrike-Henriette diesen unbedingt annehmen möchte und zudem noch in Berlin auf Wohnungssuche gehen muss, möchte sie das Ausbildungsverhältnis zum frühestmöglichen Termin beenden.	
8.3	Der schon als Jugendlicher straffällig gewordene Kevin Ramelow absolviert zurzeit eine Ausbildung zur Fachkraft für Lagerlogistik. Während eines Streits mit seinem Vorgesetzten am Freitag, den 19. Mai 2018, beschimpft er diesen und wirft ihm schließlich einen auf dem Tisch liegenden Apfel an den Kopf. Der Ausbilder teilt ihm daraufhin am folgenden Montag mündlich mit, dass das Ausbildungsverhältnis mit sofortiger Wirkung endet. Zwei Tage nach dem Gespräch erhält Kevin per Einschreiben die Kündigung seines Ausbildungsbetriebes. Am 26. Mai schaltet er seinen Anwalt Dr. Adam Hilfmiradic ein. Einen Tag später meldet er sich bei der Agentur für Arbeit arbeitslos.	
8.4	Wiebke Charlotte Grünewald hat am 01.08.2018 eine Ausbildung zur Kauffrau für Versicherungen und Finanzen begonnen. Während der Silvesterfeier mit ihren alten Schulfreundinnen klagt sie ihr Leid darüber, dass ihr die Ausbildung auch nach fünf Monaten keinen Spaß macht und sie wegen ihrer kreativen Fähigkeiten viel lieber eine Ausbildung zur Medienkauffrau Digital und Print absolvieren würde. Nach intensiven Gesprächen beschließt Wiebke Charlotte kurz vor Mitternacht als „Vorsatz für das neue Jahr“, die Ausbildung so bald als möglich zu beenden. Noch am Neujahrstag schreibt sie die Kündigung und gibt diese gleich am 2. Januar 2019 bei ihrem Ausbilder ab.	

2 Schutzbestimmungen für Mitarbeiter am Arbeitsplatz beachten

Lernsituation 2:

Gleich am ersten Tag seiner Ausbildung lernt Moritz Becker bei der Freiburger Maschinenbau AG (vgl. Lernsituation 1) seine kaufmännischen Mitauszubildenden kennen. Nach einer kurzen Begrüßungsansprache des Ausbilders Fred Herget im Schulungsraum des Ausbildungsbetriebes stellt er kurz die insgesamt 15 Auszubildenden und deren jeweilige Ausbildungsberufe vor.

Insgesamt bildet das Unternehmen zurzeit neben sechs Industriekaufleuten auch noch vier Fachkräfte für Lagerlogistik, zwei Kaufleute für Spedition und Logistikdienstleistung, zwei Kauffrauen für Büromanagement sowie einen Groß- und Außenhandelskaufmann aus.

Im Anschluss an die Rede von Fred Herget begrüßt der stellvertretende Geschäftsführer der Freiburger Maschinenbau AG, Herr Dr. Daschner, die Auszubildenden.

In seiner kurzen Ansprache weist er darauf hin, dass das Unternehmen mit der traditionell großen Anzahl von Ausbildungsplätzen seiner Verantwortung für die Region gerecht werden möchte. Wegen des auch in diesem Betrieb künftig spürbaren Fachkräftemangels sei es das Ziel des Unternehmens, allen Auszubildenden im Anschluss an die hoffentlich erfolgreiche Ausbildung ein entsprechendes Übernahmeangebot in Form eines Arbeitsvertrages machen zu können.

Besonderen Wert legt der Geschäftsführer in seiner Ansprache auf die Beachtung der betrieblichen Ordnung, die sich stark an den gesetzlichen Vorgaben orientiert. Beispielhaft führt er die Sicherheitsbestimmungen auf dem Betriebsgelände an, wo es trotz aller Vorsichtsmaßnahmen in der Vergangenheit leider immer wieder zu kleineren Zwischenfällen kam.

Stolz sei das Unternehmen hingegen auf das von verschiedenen Institutionen bereits mehrfach ausgezeichnete Gesundheitsmanagement im Betrieb, zu dessen Bausteinen neben einigen Betriebssportgruppen auch vielfältige Programme zur gesunden Ernährung gehören.

Schließlich verweist Herr Dr. Daschner noch auf die nachhaltige Ausrichtung des Unternehmens, wobei man besonderen Wert auf Abfallvermeidung und Recycling legt.

Nach Beendigung seiner Rede lädt der Geschäftsführer die Auszubildenden noch zu einem kleinen Stehimbiss ein. Dabei kommt Moritz ins Gespräch mit einem seiner Mitauszubildenden, dem 17-jährigen Kevin, der in dem Unternehmen eine Ausbildung zur Fachkraft für Lagerlogistik beginnt.

Während des Gesprächs beschwert sich Kevin direkt bei Moritz, wie sehr ihn schon jetzt die ganzen Arbeitsschutzbestimmungen nerven. So müsse er im Gegensatz zu Moritz während der Arbeitszeit ständig schwere Sicherheitsschuhe und einen Helm tragen, unter dem man mächtig schwitzt. Mit Moritz tauschen möchte Kevin allerdings auch nicht. Er führt an, dass er im Gegensatz zu Moritz nicht im Anschluss an die Berufsschule noch in den Betrieb müsse. Auch habe er von einem Kumpel erfahren, dass er mit 60 Minuten eine im Vergleich zu Moritz um 15 Minuten längere Mittagspause habe. Moritz wiederum versteht überhaupt nicht, was derartige Regelungen mit Schutzvorschriften zu tun haben sollen.

3 Boller - ISBN 978-3-8120-1557-8

Kompetenzorientierte Arbeitsaufträge:

1. Nennen Sie zunächst die in der Lernsituation aufgeführten bzw. angesprochenen „Schutzbereiche“!

   Aufgeführte Schutzbereiche:

   - ➤ ____________________
   - ➤ ____________________
   - ➤ ____________________
   - ➤ ____________________

2. Herr Dr. Daschner bedauert, dass es trotz der Arbeitsschutzvorschriften im Betrieb immer wieder zu kleineren Zwischenfällen kam. Recherchieren Sie, welche Behörden für die Überwachung der Arbeitsschutzbestimmungen zuständig sind und erläutern Sie anschließend kurz deren Aufgabe!

Behörde: ____________________

____
____
____
____
____

↓

Überwachung der Arbeitsschutzbedingungen

↑ ↑

Behörde: ____________________	Behörde: ____________________
____________________	____________________
____________________	____________________
____________________	____________________
____________________	____________________
____________________	____________________

3. Sammeln Sie gemeinsam mit Ihrem Sitzpartner oder in Kleingruppen Vorschläge bzw. Aktivitäten, die Ihnen im Rahmen eines betrieblichen Gesundheitsmanagements wichtig erscheinen. Versuchen Sie dabei die von Ihnen aufgeführten Maßnahmen so konkret wie möglich zu beschreiben, um sie anschließend vor der Klasse präsentieren zu können!

Vorschläge bzw. Aktivitäten	Beschreibung der Maßnahmen

4. Beschreiben Sie in Form einer schriftlichen Aufzählung konkret, welche Maßnahmen in Ihrem Ausbildungsbetrieb in Bezug auf Umweltschutz Anwendung finden!

Maßnahmen zum Umweltschutz	Beschreibung der Maßnahmen

Maßnahmen zum Umweltschutz	Beschreibung der Maßnahmen

5. Beschäftigen Sie sich zunächst mit den wichtigsten Bestimmungen des Jugendarbeitsschutzgesetzes! Erläutern Sie anschließend in Form eines kleinen Erfahrungsberichtes, inwiefern bei Ihnen oder bei Ihren Bekannten diese Bestimmungen in Betrieben eingehalten bzw. nicht eingehalten wurden!

Erfahrungsbericht mit ausgewählten Aspekten zum Jugendarbeitsschutz

Zusatzauftrag: Lückentext

Ergänzen Sie den Lückentext, indem Sie das jeweils fehlende Wort bzw. die jeweils fehlende Zahl einsetzen!

Bearbeitungshinweis:

Versuchen Sie zunächst, den Lückentext ohne weitere Hilfsmittel zu vervollständigen. Nutzen Sie in Zweifelsfällen und zur abschließenden Selbstkontrolle die an den Lückentext anschließenden Füllwörter.

Nach dem *Arbeitsschutzgesetz* sind die Unternehmen verpflichtet, die zur Sicherheit und Gesundheit der Beschäftigten bei der Arbeit erforderlichen Maßnahmen des ______________ zu treffen.

Die ______________________________ überwachen die Arbeitsschutzvorschriften und sorgen dafür, dass die Missstände beseitigt werden. Die ______________________________ hingegen erstellen ______________________________, die die Unternehmen zur Einführung von Schutzmaßnahmen verpflichten. Im Unternehmen haben die ______________________ darüber zu wachen, dass die Unfallverhütungsvorschriften eingehalten werden.

Das _________________________ legt fest, dass die werktägliche Arbeitszeit für Arbeitnehmer _____ Stunden nicht überschreiten darf. Die Arbeitszeit kann auf bis zu _____ Stunden täglich erhöht werden, wenn innerhalb von _____ Kalendermonaten oder innerhalb von _____ Wochen im Durchschnitt _____ Stunden werktäglich nicht überschritten werden.

- [ ] 6
- [ ] 8
- [ ] 8
- [ ] 10
- [ ] 24
- [ ] Arbeitsschutzes
- [x] Arbeitsschutzgesetz
- [ ] Arbeitszeitgesetz
- [ ] Berufsgenossenschaften
- [ ] Gewerbeaufsichtsämter
- [ ] Sicherheitsbeauftragten
- [ ] Unfallverhütungsvorschriften

Kompetenz-Check

1. Überprüfen Sie die nachfolgenden Aussagen auf ihre Richtigkeit und entscheiden Sie, welche der Aussagen zu den Schutzbestimmungen für Mitarbeiter am Arbeitsplatz falsch ist!

Kompetenzstufe 1

① Die Gewerbeaufsichtsämter überwachen die Arbeitsschutzvorschriften und sorgen dafür, dass Missstände beseitigt werden.

② Bei einem Betriebsunfall oder bei einem Wegeunfall zur Arbeitsstätte bzw. dem Rückweg nach Hause ist das zuständige Gewerbeaufsichtsamt zu informieren, wenn es sich um einen Arbeitsunfall handelt, der zu einer Arbeitsunfähigkeit von mehr als drei Kalendertagen führt.

③ Dem Gesundheitsschutz der Mitarbeiter dienen verschiedene Gesetze. Hierzu zählen unter anderem: das Arbeitszeit-, das Mutterschutz- und das Arbeitssicherheitsgesetz.

④ Staatlich geförderte Programme sowie die Krankenkassen unterstützen die Mitarbeitergesundheit z.B. durch Bewegungsprogramme, Ernährungsberatung, Suchtprävention und Stressbewältigung.

⑤ Nach dem Kreislaufwirtschaftsgesetz sind alle, die Güter produzieren, vermarkten oder konsumieren, für die Vermeidung, Verwertung oder umweltverträgliche Entsorgung der Abfälle grundsätzlich selbst verantwortlich.

⑥ Der Jugendarbeitsschutz gilt für alle Arbeitgeber, die Jugendliche beschäftigen. Dabei spielt es keine Rolle, ob die Jugendlichen Auszubildende, Arbeiter oder Angestellte sind.

2. Entscheiden Sie, welche der nachfolgenden Aussagen zum Jugendarbeitsschutz richtig ist!

Kompetenzstufe 1

① Das Jugendarbeitsschutzgesetz gilt nur für Personen bis zum vollendeten 16. Lebensjahr.

② Der Arbeitsbeginn darf frühestens um 07:00 Uhr liegen, das Arbeitsende nicht später als 20:00 Uhr.

③ Bei einer Beschäftigung von mehr als 5 Stunden muss die Pause mindestens 60 Minuten betragen.

④ Endet die Arbeitszeit um 20:00 Uhr, so darf der Auszubildende nicht vor 08:00 Uhr am folgenden Tag beschäftigt werden.

⑤ Der Arbeitgeber muss das körperliche Züchtigungsverbot sowie das Verbot der Abgabe von Alkohol und Tabakwaren an Jugendliche unter 18 Jahren beachten.

⑥ Jugendliche, die in das Berufsleben eintreten, dürfen nur beschäftigt werden, wenn sie innerhalb der letzten 18 Monate von einem Arzt untersucht worden sind (Erstuntersuchung).

3. Lesen Sie nachfolgende Rechtsvorschriften des Jugendarbeitsschutzgesetzes und ergänzen Sie die fehlenden Zahlen durch Eintragung in das Feld rechts neben der Rechtsvorschrift!

Kompetenzstufe 2

Nr.	Rechtsvorschrift	Fehlende Angabe
3.1	Zwischen dem Ende der Arbeitszeit eines Tages und dem Beginn der Arbeitszeit am nächsten Tag müssen mindestens ... Stunden Freizeit liegen.	
3.2	Bei einer Beschäftigung von mehr als 4,5 Stunden muss die Pause mindestens ... Minuten betragen.	
3.3	Eine Pause von mindestens 60 Minuten muss gewährt werden bei einer Beschäftigung von mehr als ... Stunden.	
3.4	Die maximale zulässige tägliche Arbeitszeit für einen Jugendlichen liegt bei ... Stunden.	
3.5	An Berufsschultagen mit mehr als 5 Unterrichtsstunden von mindestens ... Minuten darf der Jugendliche nicht beschäftigt werden.	
3.6	Bei einer 5-Tage-Woche darf die Wochenarbeitszeit maximal 40 Stunden betragen, die tägliche Arbeitszeit maximal ... Stunden am Tag.	

4. Überprüfen Sie die nachfolgenden Aussagen auf ihre Richtigkeit und entscheiden Sie, welche der Aussagen zu den Schutzbestimmungen für Mitarbeiter am Arbeitsplatz falsch ist!

Kompetenzstufe 2

① Sicherheitszeichen weisen Mitarbeiter auf mögliche Gefahren und Risiken hin. Hierzu zählen Verbots-, Gebots-, Warn- und Rettungszeichen.

② Die Berufsgenossenschaften erstellen und überwachen Unfallverhütungsvorschriften. Sie verlangen gegebenenfalls die Beseitigung der Mängel und können Ordnungsstrafen verhängen, falls die Auflagen nicht erfüllt werden.

③ Zum Schutz von Jugendlichen dürfen bestimmte Personen keine Jugendlichen beschäftigen und diese auch nicht ausbilden. Hierzu zählen Personen, die wegen eines Verbrechens zu einer Freiheitsstrafe von mindestens einem Jahr rechtskräftig verurteilt wurden.

④ Bei wesentlichen Änderungen der Arbeitsbedingungen sind Jugendliche vom Arbeitgeber über Unfall- und Gesundheitsgefahren, denen sie am Arbeitsplatz ausgesetzt sind, zu informieren.

⑤ Legt der Jugendliche nach 14-monatiger Beschäftigung keine ärztliche Bescheinigung über die Nachuntersuchung vor, besteht Beschäftigungsverbot, was für den Arbeitgeber ein Grund zur fristlosen Kündigung ist.

⑥ Das Arbeitszeitgesetz gilt für alle Arbeitgeber und für die Arbeitnehmer, für die keine Sondervorschriften bestehen.

5. Lesen Sie nachfolgende Rechtsvorschriften zum Gesundheitsschutz und ergänzen Sie die fehlenden Zahlen durch Eintragung in das Feld rechts neben der Rechtsvorschrift!

Kompetenzstufe 3

Nr.	Rechtsvorschrift	Fehlende Angabe
5.1	Schwangere Frauen dürfen nicht beschäftigt werden mit schweren körperlichen Arbeiten, z. B. regelmäßiges Heben von Lasten über … kg.	
5.2	Nach Beendigung der täglichen Arbeitszeit müssen dem Arbeitnehmer mindestens … Stunden Freizeit verbleiben.	
5.3	Gemäß dem Mutterschutzgesetz muss eine Schwangere … Wochen vor der Entbindung von der Arbeit befreit werden.	
5.4	Nach mehr als 6 bis 9 Stunden Arbeitszeit ist eine Ruhepause von mindestens … Minuten zu gewähren.	
5.5	Während der Schwangerschaft, bis zum Ablauf von … Monaten nach der Entbindung und während der Elternzeit besteht Kündigungsschutz.	
5.6	Die Arbeitszeit für Arbeitnehmer kann auf bis zu … Stunden täglich erhöht werden, wenn innerhalb von 6 Kalendermonaten im Durchschnitt 8 Stunden werktäglich nicht überschritten werden.	

6. Bearbeiten Sie nachfolgende Fälle, indem Sie die fehlenden Daten der einzelnen Vorgänge in der rechten Spalte ergänzen!

Kompetenzstufe 4

Fall-Nr.	Vorgang	Fehlende Daten
6.1	Der 17-jährige Justin Hellermann arbeitet als angehender Fachlagerist in einem Großmarkt in Stuttgart. Den Ausbildungsbetrieb hat Justin bewusst gewählt, da dieser Großmarkt als einer der wenigen Ausbildungsbetriebe an Freitagen grundsätzlich um 12:00 Uhr schließt und seine Mitarbeiter ins Wochenende entlässt. Ansonsten gelten für Justin für die übrigen Tage die gesetzlich maximal zulässigen Arbeitszeiten. An einem Montag hat Justin um 08:45 Uhr mit der Arbeit begonnen. Um 10:00 Uhr macht er eine 15-minütige Frühstückspause. Bereits um 12:15 Uhr verlässt er für 45 Minuten seinen Ausbildungsbetrieb, um in einem benachbarten Dönerladen ausgiebig zu Mittag zu essen. Wegen der sommerlichen Temperaturen geht er um 15:00 Uhr erneut für eine halbe Stunde in die Stadt, um sich dort mit einem Eis auf einer Parkbank im Schatten entsprechend auszuruhen. Nach seiner Rückkehr möchte er nunmehr von seinem Kollegen Holger Nimmermann wissen, um welche Uhrzeit er nach Hause gehen kann, ohne gegen den Ausbildungsvertrag zu verstoßen. 	

Fall-Nr.	Vorgang	Fehlende Daten
6.2	Jennifer Wotschel arbeitet als Kauffrau im Einzelhandel bei der Ulmer Young Fashion KG. Der Job macht ihr sehr viel Spaß, da sie das Sortiment ihres Arbeitgebers selbst gerne trägt und somit Kunden mit viel Überzeugung und Leidenschaft ausgiebig beraten kann. Seit zwei Monaten wird in dem Betrieb auch die 17-jährige Auszubildende Dilara Kusel beschäftigt, mit der sich Jennifer sehr gut versteht. An einem Dienstagabend wollen Jennifer und Dilara gemeinsam Feierabend machen und fragen ihren Chef, ob sie heute beide ausnahmsweise um 20:00 Uhr gehen können, obwohl der Laden eigentlich bis 22:00 Uhr geöffnet hat. Der Chef genehmigt ihr Vorhaben, bittet beide aber morgen so früh wie möglich zur Arbeit zu erscheinen, da eine große Lieferung von Neuware vor Ladenöffnung eingeräumt werden muss. Beim Verlassen des Ladens hofft der Chef inständig, dass beide wissen, wann sie morgen früh zu erscheinen haben. 	
6.3	Im Anschluss an seine Ausbildung zum Immobilienkaufmann hat Maximilian Bollmann eine Anstellung bei der Bodensee Immobilienagentur GmbH angetreten. Am ersten Arbeitstag geht er mit seinem Kollegen Oliver Hensel in die Mittagspause. Maximilian möchte mehr über die Arbeitszeiten im Unternehmen erfahren, da der Geschäftsführer bei der Einstellung nicht ausschließen wollte, dass Maximilian auch mal an Sonntagen arbeiten müsse. Als Begründung hat der Geschäftsführer vorgetragen, dass einige vermögende Kunden nur an diesem Tag wirklich Zeit für Besichtigungen finden. Oliver schaut seinen neuen Kollegen mit großen Augen an und sagt: „Es ist immer dasselbe! Der Chef verharmlost diesen Punkt bei allen Neueinstellungen. Du kannst dir sicher sein, dass du ständig an Sonntagen arbeiten musst. Der einzige Trost, der dir bleibt, ist, dass er sich zumindest an die gesetzlichen Vorschriften hält, wonach eine bestimmte Anzahl von Sonntagen jährlich beschäftigungsfrei bleiben muss. Aber da musst du dich mal erkundigen, denn ich weiß momentan nicht mehr, wie viele das sind!" 	

4 Boller - ISBN 978-3-8120-1557-8

3 Mitbestimmung nach dem Betriebsverfassungsgesetz beschreiben und anwenden

Lernsituation 3:

Die Kramer GmbH ist ein noch relativ junges Unternehmen. Durch innovative Logistikleistungen ist es in den letzten Jahren sehr stark gewachsen und hat inzwischen 74 Mitarbeiter, darunter sieben Auszubildende. Allerdings bereitete das rasche Wachstum nicht jedem Mitarbeiter Freude, da es versäumt wurde, die dafür erforderlichen Organisationsstrukturen und festen Regeln zu schafffen.

Vieles wurde nach wie vor aus dem Bauch heraus entschieden oder mal so, mal so gehandhabt. Insbesondere die immer wieder „von oben herab" geänderten Arbeitszeiten und die Handhabung der Kündigungen sorgten für Unruhe unter den Mitarbeitern. Der Wunsch nach mehr Mitwirkung und mehr Mitbestimmung durch die Mitarbeiter wurde immer lauter.

Gerd Sommer, seit einem Jahr Mitarbeiter in der Kramer GmbH und Mitglied der Gewerkschaft „ver.di", wurde zum Ansprechpartner vieler Mitarbeiter und darum gebeten, „endlich mal was zu unternehmen". Also organisierte er eine Zusammenkunft der Mitarbeiter und referierte – so gut er es konnte – über die Möglichkeiten der betrieblichen Mitbestimmung.

Die Zusammenkunft verlief turbulent, die Zuhörer waren neugierig und stellten viele Fragen. Annegret Geiger protokollierte die Zusammenkunft.

Kramer GmbH, Pforzheimer Str. 21, 75433 Maulbronn

Protokoll

Anlass: Zusammenkunft der Mitarbeiter der Kramer GmbH
Ort: Verwaltungsgebäude der Kramer GmbH, Konferenzraum 1
Zeit: 20. 01. 20 . ., 16:30–18:00 Uhr
Teilnehmer: Siehe Anhang Teilnehmerliste

Tagesordnungspunkte (TOP)

TOP 1: Änderung der Arbeitszeiten seitens der Geschäftsleitung ohne Rücksprache

TOP 2: Kurzfristige Kündigungen in Lager und Verwaltung

TOP 3: Verschiedenes

. . .

Zu TOP 3: Die Terminabsprache mit der Geschäftsleitung für die nächste Zusammenkunft erfolgt durch Gerd Sommer. Bis dahin werden von ihm folgende Fragen geklärt:

1. Welche rechtliche Stellung hat ein Betriebsrat?
2. Erfüllt die Kramer GmbH die Voraussetzungen, damit er eingerichtet werden kann?
3. An welchem Tag findet die Wahl statt?
4. Wer ist wahlberechtigt?
5. Wer ist wählbar?
6. Wie viele Betriebsratsmitglieder hätte ein Betriebsrat in der Kramer GmbH?
7. Wie wird der Vorsitzende des Betriebsrates gewählt?
8. Können auch Mitarbeiter mit einer ausländischen Staatsangehörigkeit Mitglied im Betriebsrat werden?
9. Gibt es in der Kramer GmbH die Möglichkeit zu einer Jugend- und Auszubildendenvertretung?
10. Welche Rechte hat die Jugend- und Auszubildendenvertretung?
11. Welche Aufgaben hat die Jugend- und Auszubildendenvertretung?

12. Welche Rechte hat der Betriebsrat
    - bei der Neueinstellung eines Mitarbeiters,
    - wenn Herr Kramer wieder mal die Arbeitszeiten ändern will,
    - wenn einem Mitarbeiter gekündigt werden soll?

Protokollführung: *Annegret Geiger*

Kompetenzorientierte Arbeitsaufträge:

1. Nennen Sie Gründe dafür, warum über die Zusammenkunft ein Protokoll geführt wird!

Mögliche Gründe für das Führen eines Protokolls:

➤ ______________________________

➤ ______________________________

➤ ______________________________

2. Lesen Sie sich den Auszug aus dem von Annegret Geiger angefertigten Protokoll durch. Recherchieren Sie, welche Vorgaben bei der Anfertigung eines Protokolls berücksichtigt werden müssen. Prüfen Sie, ob das vorliegende Protokoll in formaler Hinsicht korrekt angelegt ist!

Das Protokoll muss enthalten:

➤ das Wort Protokoll und den Namen des Unternehmens ☑

➤ ______________________________ ☐

➤ ______________________________ ☐

➤ ______________________________ ☐

➤ ______________________________ ☐

➤ ______________________________ ☐

Fazit meiner Prüfung des Protokolls: ______________________________

3. Versetzen Sie sich in die Rolle von Gerd Sommer und beantworten Sie die Fragen der Mitarbeiter zu TOP 3!

1.	Welche rechtliche Stellung hat ein Betriebsrat?
2.	Erfüllt die Kramer GmbH die Voraussetzungen, damit er eingerichtet werden kann?
3.	An welchem Tag findet die Wahl statt?
4.	Wer ist wahlberechtigt?
5.	Wer ist wählbar?
6.	Wie viele Betriebsratsmitglieder hätte ein Betriebsrat in der Kramer GmbH?
7.	Wie wird der Vorsitzende des Betriebsrates gewählt?
8.	Können auch Mitarbeiter mit einer ausländischen Staatsangehörigkeit Mitglied im Betriebsrat werden?

9. Gibt es in der Kramer GmbH die Möglichkeit zu einer Jugend- und Auszubildendenvertretung?

____

____

____

10. Welche Rechte hat die Jugend- und Auszubildendenvertretung?

- ______________________________
  ____
- ______________________________
  ____

11. Welche Aufgaben hat die Jugend- und Auszubildendenvertretung?

- ______________________________
  ____
- ______________________________
  ____
- ______________________________
  ____

12. Welche Rechte hat der Betriebsrat …

bei der Neueinstellung eines Mitarbeiters? ______________________________

____

____

____

wenn Herr Kramer wieder mal die Arbeitszeiten ändern will? ______________________________

____

____

wenn einem Mitarbeiter gekündigt werden soll? ______________________________

____

____

Zusatzauftrag: Kreuzworträtsel

1. Lösen Sie nachfolgendes Kreuzworträtsel!
2. Erläutern Sie anschließend kurz das Lösungswort in dem dafür vorgesehenen Feld.

   ① Sie gilt als wichtiges Grundrecht für Arbeitnehmer und ist im Betriebsverfassungsgesetz festgelegt.

   ② Alle Arbeitsnehmer haben das Recht, sie einzusehen.

   ③ Ein Recht des Betriebsrates.

   ④ Eine schriftlich niedergelegte Absprache zwischen Arbeitgeber und Betriebsrat.

   ⑤ Hier werden die Arbeitnehmer über die den Betrieb betreffenden Angelegenheiten informiert.

   ⑥ Sie ist eine von zwei Mitbestimmungsebenen in der Bundesrepublik Deutschland.

   ⑦ Er ist zu den Betriebsversammlungen unter Mitteilung der Tagesordnung einzuladen.

   ⑧ Arbeitnehmer haben das Recht, Vorschläge über die ... ihrer Arbeitsplätze zu machen.

   ⑨ Beim ... muss der Arbeitgeber auch Gegenvorschläge zur Kenntnis nehmen, aber nicht befolgen.

   ⑩ Er stellt einen Sonderfall der Betriebsvereinbarung dar.

   ⑪ Die Mitbestimmung ist zwingend. Dies bedeutet, dass der Arbeitgeber bestimmte Maßnahmen nur mit ... des Betriebsrats durchführen kann.

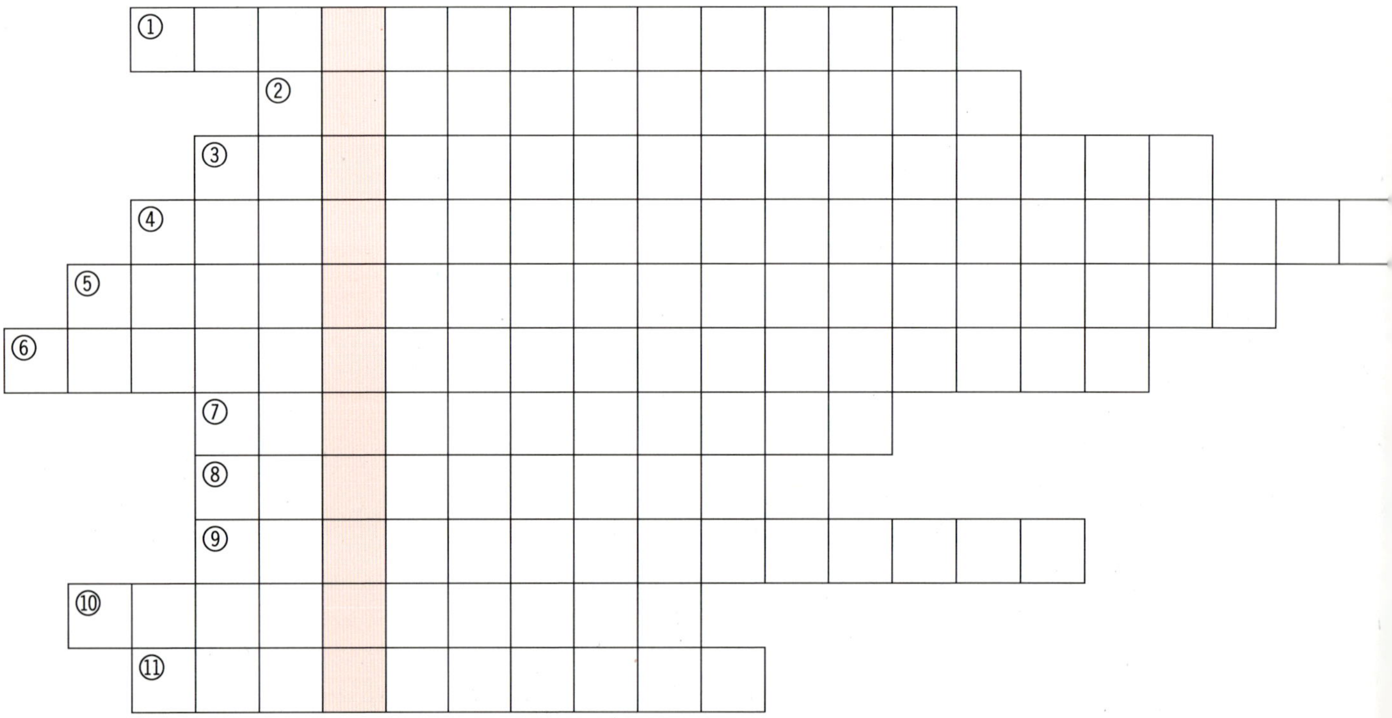

Lösungswort:

Erläuterung: ______________________________

____

____

Kompetenz-Check

1. Entscheiden Sie, welche der nachfolgenden Aussagen zur Mitbestimmung nach dem Betriebsverfassungsgesetz falsch ist! Sind alle Aussagen richtig, tragen Sie bitte eine ⑨ in das Kästchen ein!

Kompetenzstufe 1

① Die betriebliche Mitbestimmung ist im Betriebsverfassungsgesetz festgelegt und enthält gesetzliche Regelungen zum Betriebsrat, zur Jugend- und Auszubildendenvertretung, zu unmittelbaren Rechten der Belegschaftsmitglieder und zur Betriebsvereinbarung.

② In Betrieben mit mindestens fünf ständig wahlberechtigten Arbeitnehmern, von denen drei wählbar sind, kann ein Betriebsrat gewählt werden.

③ In Betrieben mit 5 bis 20 wahlberechtigten Arbeitnehmern besteht der Betriebsrat aus mindestens einer Person. Bei mehr als 20 Arbeitnehmern besteht der Betriebsrat aus mindestens zwei Mitgliedern.

④ Unter einer Betriebsversammlung versteht man die Versammlung der Arbeitnehmer und des Betriebsrates eines Unternehmens. Der Betriebsrat hat in jedem Kalendervierteljahr eine Betriebsversammlung einzuberufen, die während der Arbeitszeit stattfindet.

⑤ Sofern ein Betrieb in der Regel mindestens fünf Arbeitnehmer beschäftigt, die das 18. Lebensjahr noch nicht vollendet haben oder die in ihrer Berufsausbildung stehen und das 25. Lebensjahr noch nicht vollendet haben, kann von dem genannten Personenkreis eine Jugend- und Auszubildendenvertretung gewählt werden.

⑥ Die Jugend- und Auszubildendenvertretung wird für einen Zeitraum von zwei Jahren gewählt, der Betriebsrat hingegen für vier Jahre.

2. Überprüfen Sie die nachfolgenden Aussagen auf ihre Richtigkeit und entscheiden Sie, welche Aussage zur betrieblichen Mitbestimmung richtig ist! Sind alle Aussagen falsch, tragen Sie bitte eine ⑨ in das Kästchen ein!

Kompetenzstufe 1

① In die Jugend- und Auszubildendenvertretung können nur Personen gewählt werden, die das 25. Lebensjahr noch nicht vollendet haben. Erfüllen sie diese Bedingung, können sie sich wählen lassen, sie besitzen somit das aktive Wahlrecht.

② Der Arbeitgeber ist zu den Betriebsversammlungen unter Mitteilung der Tagesordnung einzuladen. Er ist jedoch nicht berechtigt, in der Vollversammlung zu sprechen.

③ Die Jugend- und Auszubildendenvertretung ist ein selbstständiges Organ der Betriebsverfassung. Sie ist dem Betriebsrat nachgeordnet. Nur durch dessen Vermittlung kann sie auf den Arbeitgeber einwirken.

④ Alle Arbeitnehmer haben das Recht, in die über sie geführten Personalakten Einsicht zu nehmen. Der Antrag hierzu muss schriftlich zwei Wochen vor Einsichtnahme eingereicht werden.

⑤ Betriebsvereinbarungen sind Absprachen zwischen Arbeitgeber, Betriebsrat und Jugend- und Auszubildendenvertretung. Die schriftlich niedergelegte und von beiden Seiten unterzeichnete Betriebsvereinbarung wird auch Betriebsordnung genannt.

⑥ Der Sozialplan – ein Sonderfall der Betriebsvereinbarung – stellt eine vertragliche Abmachung zwischen Arbeitgeber und Betriebsrat über den Ausgleich oder die Milderung wirtschaftlicher Nachteile dar, die der Belegschaft als Folge geplanter Betriebsänderungen entstehen.

3. Entscheiden Sie, welche der nachfolgenden Aussagen zu den Rechten des Betriebsrates richtig ist! Sind alle Aussagen falsch, tragen Sie bitte eine ⑨ in das Kästchen ein!

Kompetenzstufe 2

① Die volle Mitbestimmung bei personellen Einzelmaßnahmen besteht nur in Unternehmen mit mehr als zwanzig Betriebsratsmitgliedern.

② Das Informationsrecht des Betriebsrates gilt z. B. für die Einführung neuer Arbeitsverfahren und Arbeitsabläufe oder die Veränderung von Arbeitsplätzen.

③ Regelungen zur Arbeitszeit oder zur Auszahlung der Arbeitsentgelte unterliegen dem Beratungsrecht des Betriebsrates.

④ Die Einschränkung oder Stilllegung von Betriebsteilen sowie der Zusammenschluss von Betrieben oder die Änderung der Betriebsorganisation fallen unter das Mitwirkungsrecht des Betriebsrates.

⑤ Widerspricht der Betriebsrat einer fristgemäß ausgesprochenen Kündigung, führt dies zur vorübergehenden Aufhebung der Kündigung. Sollte die Unternehmensleitung mit dem Widerspruch nicht einverstanden sein, muss der Fall vor dem Arbeitsgericht geklärt werden.

⑥ Angelegenheiten in Bezug auf die Sozialeinrichtungen eines Betriebes (z. B. Kantine, Kinderbetreuung), Zuweisung und Kündigung von Betriebswohnungen unterliegen dem Beratungsrecht. Der Betriebsrat hat somit das Recht, Gegenvorschläge zu unterbreiten.

☐

4. Lesen Sie nachfolgende Rechtsvorschriften zur betrieblichen Mitbestimmung und ergänzen Sie die fehlenden Zahlen durch Eintragung in das Feld rechts neben der Rechtsvorschrift!

Kompetenzstufe 3

Nr.	Rechtsvorschrift	Fehlende Angabe
4.1	Die Jugend- und Auszubildendenvertretung kann aus bis zu ... Mitgliedern bestehen.	
4.2	Bei mehr als 20 Arbeitnehmern besteht der Betriebsrat aus mindestens ... Mitgliedern.	
4.3	Das passive Wahlrecht besitzen alle Arbeitnehmer, die mindestens ... Monate dem Betrieb angehören.	
4.4	Das aktive Wahlrecht zur Jugend- und Auszubildendenvertretung haben nur solche Arbeitnehmer, die das ... Lebensjahr noch nicht vollendet haben.	
4.5	Die tägliche Arbeitszeit bei der Ulmer Trendimmobilien KG beträgt 8 Stunden für alle Vollzeitbeschäftigte, der Arbeitsbeginn ist einheitlich auf 09:30 Uhr festgelegt. Die Mittagspause beträgt 45 Minuten. Der Betriebsrat möchte sich zu einer 2-stündigen Sitzung treffen, die auf das Ende des Arbeitstages gelegt werden soll. Somit müsste der Sitzungsbeginn in dem Einladungsschreiben an die Geschäftsleitung auf ... Uhr festgelegt sein.	

5. Kennzeichnen Sie nachfolgende Aussagenpaare mit einer

① , wenn nur Aussage A richtig ist,
② , wenn nur Aussage B richtig ist,
③ , wenn sowohl Aussage A als auch Aussage B richtig sind,
④ , wenn beide Aussagen falsch sind!

Kompetenzstufe 4

5.1	**A:** Das Betriebsverfassungsgesetz gilt für sogenannte Tendenzbetriebe (z.B. politisch ausgerichtete Zeitungsverlage, Religionsgemeinschaften) nur eingeschränkt. **B:** Durch Betriebsvereinbarungen können in jedem Unternehmen Löhne und Gehälter geregelt werden, sofern sich Arbeitgeber und Arbeitnehmer einig sind.	
5.2	**A:** Die Mannheimer Logistik GmbH möchte die Vermögensbildung ihrer Mitarbeiter fördern. Dieses Vorhaben kann mittels Sozialplan umgesetzt werden. **B:** Der 24-jährige Jonas Hegele wird in die Jugend- und Auszubildendenvertretung der Konstanzer Maschinenfabrik KG gewählt. Drei Monate nach seiner Wahl vollendet er sein 25. Lebensjahr und scheidet somit automatisch aus diesem Gremium aus.	
5.3	**A:** Der Betriebsrat hat Beschwerden von Arbeitnehmern entgegenzunehmen und bei all diesen Beschwerden beim Arbeitgeber auf deren Beseitigung hinzuwirken. **B:** Die 17-jährige Hannah Sophie Scholl befindet sich seit 10 Monaten in Ausbildung. Bei den Betriebsratswahlen verfügt sie weder über ein passives noch über ein aktives Wahlrecht.	
5.4	**A:** Bei der Bodensee Immobilien GmbH gibt es eine Vielzahl von strittigen Fragen zwischen der Belegschaft und der Geschäftsleitung. Nach dem Betriebsverfassungsgesetz sollten beide Parteien sich mindestens einmal im Monat treffen, um diese Fragen zu klären. **B:** Die Freiburger Interlogistik GmbH möchte insgesamt fünf Fachkräfte für Lagerlogistik sowie einen Industriekaufmann für die Personalabteilung einstellen. Die Neubesetzung in der Personalabteilung stößt beim Betriebsrat auf Widerstand. Der Betriebsrat kann in derartigen Fällen gegen diese Einstellung Widerspruch einlegen.	

5 Boller - ISBN 978-3-8120-1557-8

4 Bedeutung von Tarifverträgen und die Rolle der Sozialpartner beurteilen

Lernsituation 4:

Nils, Tobias und Jennifer besuchen zurzeit alle drei im Rahmen ihrer Ausbildung die Berufsschule in Stuttgart. Während der ersten Pause erzählt Nils ihnen ganz aufgeregt, dass er soeben über sein Smartphone von einem Kollegen die Nachricht erhalten habe, dass er morgen früh in den ersten beiden Stunden nicht wie üblich mit der Arbeit beginnen, sondern an einem Warnstreik vor dem Werkstor seines Ausbildungsbetriebes, der Stuttgarter Eisenwerke KG, teilnehmen soll. Des Weiteren erwähnt Nils noch, dass der Kollege in der Mail vermerkt hat, dass dieser Warnstreik wohl erst der Anfang sei. Nach Einschätzung des Kollegen kommt es wohl bald im Anschluss an eine Urabstimmung zu tage- wenn nicht sogar wochenlangen Streiks im Betrieb und Nils solle sich schon mal auf einen harten Arbeitskampf einstellen.

Tobias reagiert ziemlich überrascht, da er von derartigen Aktionen in seinem Ausbildungsbetrieb bisher noch nichts mitbekommen hat. Zudem wundert er sich, dass Nils als Auszubildender an solchen Aktionen überhaupt teilnehmen darf.

Nils erwidert seinem Mitschüler, dass er gleich zu Beginn der Ausbildung auf Anraten des Betriebsratsvorsitzenden der Stuttgarter Eisenwerke KG der Gewerkschaft IG-Metall beigetreten sei. Für einen relativ kleinen Mitgliedsbeitrag habe er enorme Vorteile. So würde die Gewerkschaft nicht nur seine Interessen gegenüber dem Arbeitgeber vertreten, auch habe er damit einen kostenlosen Rechtsschutz bei arbeits- und sozialrechtlichen Auseinandersetzungen, eine Freizeit-Unfallversicherung und noch eine sehr informative Mitgliederzeitschrift sowie Zugang zu einem umfassenden Seminarangebot zur Weiterbildung. Nils ergänzt noch, dass aus seiner Sicht und nach seinem Verständnis das Beste jedoch darin besteht, dass er als Mitglied von einer eventuell von der IG-Metall ausgehandelten Erhöhung der Ausbildungsvergütung profitiert und somit ja bald mehr Geld in der Tasche hat als seine Mitschüler.

Jetzt schaltet sich Jennifer in das Gespräch ein und fragt Nils ganz interessiert, ob er mit solchen Aktionen nicht seinen Ausbildungsplatz oder gar seine spätere Übernahme in ein Arbeitsverhältnis leichtfertig riskiert. Auch das Argument, dass nur Nils als Gewerkschaftsmitglied von einer eventuellen Erhöhung der Ausbildungsvergütung profitieren soll, kann sie überhaupt nicht nachvollziehen. Denn schließlich habe sie im Vorfeld ihrer Bewerbung zur Industriekauffrau in der Elektro- und Metallindustrie in Baden-Württemberg im Internet nur eine einheitliche Angabe der Ausbildungsvergütung gefunden. Wenn die Behauptung von Nils stimmen würde, gäbe es ja unterschiedliche Ausbildungsvergütungen für Mitglieder bzw. für Nicht-Mitglieder der IG-Metall. Schließlich versteht Jennifer überhaupt nicht, was ein Warnstreik eigentlich bezwecken soll und warum dieser nur zwei Stunden dauert.

Kompetenzorientierte Arbeitsaufträge:

1. Stellen Sie zunächst in Partnerarbeit alle möglichen Aspekte, die Ihnen zum Thema Gewerkschaften bekannt sind, in Form einer Mindmap zusammen! Versuchen Sie, die gesammelten Aspekte im Anschluss so weit wie möglich zu ordnen und informieren Sie Ihre Klasse über Ihr Arbeitsergebnis!

2. In der Lernsituation wird der Begriff „Warnstreik" angeführt. Recherchieren Sie mittels Internet über Laptop, Tablet-PC oder Smartphone, was man unter dieser Art von Streik genau versteht! Gehen Sie im Rahmen Ihrer Recherche auch auf die von Jennifer in diesem Zusammenhang aufgeworfenen Fragen zum Warnstreik ein!

Definition Warnstreik	
Gefährdet ein Warnstreik den Ausbildungsplatz?	
Zahlt der Arbeitgeber während des Warnstreiks das Arbeitsentgelt?	

3. Erläutern Sie kurz, was man unter einer in der Lernsituation angeführten „Urabstimmung“ versteht!

4. In dem Gespräch behauptet Nils, dass nur er als Gewerkschaftsmitglied von einer eventuellen Erhöhung der Ausbildungsvergütung profitiert; Jennifer hingegen bezweifelt dies. Klären Sie diese gegensätzlichen Positionen!

Kompetenz-Check

1. Entscheiden Sie, welche der nachfolgenden Aussagen zu den Sozialpartnern falsch ist! Sind alle Aussagen richtig, tragen Sie bitte eine ⑨ in das Kästchen ein!

Kompetenzstufe 1

① Die Gründung von Gewerkschaften und Arbeitgeberverbänden ist ein im Betriebsverfassungsgesetz ausdrücklich verbrieftes Recht.

② Die Aufgabe der Sozialpartner besteht darin, auf einen Interessenausgleich zwischen den beiden Parteien hinzuwirken.

③ Die Interessensvertretungen der Arbeitnehmer sind gekennzeichnet durch die Koalitionsfreiheit, Unabhängigkeit und Kampfbereitschaft.

④ Zu den Zielen der Gewerkschaft zählen unter anderem die Erhöhung der Lohnquote, die Verbesserung der Arbeitsbedingungen, die Hebung des Ausbildungsstandards der Arbeitnehmer und die Verringerung der Arbeitslosenquote.

⑤ Neben den lohnpolitischen und arbeitsrechtlichen Aufgaben befassen sich die Arbeitgeberverbände auch mit sozialpolitischen Fragen.

⑥ Der Spitzenverband der Arbeitgeberverbände ist die Bundesvereinigung der Deutschen Arbeitgeberverbände.

2. Bei den Tarifverträgen unterscheidet man zwischen Mantel- sowie Lohn- und Gehaltstarifverträgen. Kennzeichnen Sie nachfolgende Aussagen mit einer

Kompetenzstufe 1

①, wenn der Sachverhalt auf den Manteltarifvertrag,
②, wenn der Sachverhalt auf den Lohn- und Gehaltstarifvertrag,
③, wenn der Sachverhalt auf beide Arten von Tarifverträgen,
④, wenn der Sachverhalt auf keine der beiden Tarifverträge

zutrifft.

2.1	Diese Art von Tarifverträgen wird für gewöhnlich im Abstand von 1–2 Jahren zwischen den Sozialpartnern neu verhandelt.	
2.2	Dieser Tarifvertrag enthält Regelungen zur Beschreibung unterschiedlicher Lohn- und Gehaltsgruppen.	
2.3	Diese Tarifverträge werden zwischen den jeweiligen Gewerkschaften und Arbeitgeberverbänden ausgehandelt.	
2.4	Zur Gültigkeit der Tarifverträge bedarf es der Zustimmung des Bundesministeriums für Wirtschaft und Energie.	
2.5	Dieser Tarifvertrag enthält Regelungen zu Kündigungsfristen, Urlaubsregelungen und Arbeitszeitvereinbarungen.	
2.6	Diese Tarifverträge sind Kollektivverträge und gelten für die Berufsgruppen eines Wirtschaftszweiges.	
2.7	Dieser Tarifvertrag legt Obergrenzen für Arbeitsbedingungen fest, die von den Arbeitgebern durch Betriebsvereinbarungen unterschritten werden dürfen.	
2.8	Dieser Tarifvertrag wird für einen bestimmten Zeitraum festgelegt und bedarf zur Gültigkeit der Schriftform.	

3. Lesen Sie nachfolgende Aussagen zu Tarifverträgen. Beurteilen Sie, welche zwei der nachfolgenden Aussagen nicht zutreffend sind! Ist nur eine Aussage falsch, tragen Sie bitte eine ⑨ in das zweite Kästchen ein!

Kompetenzstufe 2

① Das Bundesministerium für Arbeit und Soziales kann einen Tarifvertrag auf Antrag der Agentur für Arbeit für allgemein verbindlich erklären. Mit der Allgemeinverbindlichkeitserklärung gelten die Bestimmungen des Tarifvertrages auch für die nicht tarifgebundenen Arbeitnehmer und Arbeitgeber.

② Arbeitgeber können von Tarifverträgen abweichen und mit ihren Arbeitnehmern günstigere Bedingungen vereinbaren.

③ Streiks und Aussperrungen sind den Sozialpartnern während der Gültigkeitsdauer eines Tarifvertrages verboten.

④ Ist die Gültigkeitsdauer eines Tarifvertrages abgelaufen, so gelten die Vereinbarungen auch weiterhin, solange kein neuer Tarifvertrag existiert.

⑤ Sogenannte Tariföffnungsklauseln sollen es den Betrieben, denen es wirtschaftlich besonders gut geht, ermöglichen, ihre Belegschaft für eine bestimmte Zeit bis zu einem vereinbarten Prozentsatz unter Tarif zu bezahlen.

⑥ Im Rahmen der Aussperrung wollen die Arbeitgeber die Arbeitnehmer daran hindern, zu arbeiten.

⑦ Während eines Streiks der Arbeitnehmer bleiben die Arbeitsverhältnisse zwischen Arbeitgeber und Arbeitnehmer erhalten.

⑧ Während des Streiks gibt es weitere Tarifgespräche zwischen den Sozialpartnern.

☐ ☐

4. Tarifverträge werden durch die Sozialpartner ausgehandelt. Nicht immer jedoch führen die Verhandlungen zwischen beiden Parteien schnell zu Ergebnissen. Sortieren Sie nachfolgende „Bausteine" zur Entstehung eines Tarifvertrages in die richtige Reihenfolge!

Kompetenzstufe 3

① Die Gewerkschaft bricht die Verhandlungen ab, erklärt diese für gescheitert und fordert eine Schlichtung.

② Die Gewerkschaft ruft ihre Mitglieder zur Urabstimmung auf.

③ Die Verhandlungen beginnen zwei Wochen vor Ablauf des alten Tarifvertrages.

④ Mit 40 % wird die erforderliche Mehrheit für die Annahme des neuen Tarifvertrages erreicht.

⑤ 75 % der aufgerufenen Gewerkschaftsmitglieder entscheiden sich für einen Streik.

⑥ Es kommt trotz Arbeitskampf zu weiteren Verhandlungen, in denen ein Verhandlungsergebnis erzielt wird.

⑦ Die Friedenspflicht endet, es kann zu Warnstreiks, Demonstrationen und Aktionen kommen.

⑧ Die Gewerkschaft kündigt den Tarifvertrag unter Einhaltung der entsprechenden Kündigungsfrist.

⑨ Vereinzelt werden einige Arbeitgeber zur Aussperrung der Arbeitnehmer aufgerufen.

⑩ Die Gewerkschaft führt eine erneute Urabstimmung durch.

☐ ☐ ☐ ☐ ☐ ☐ ☐ ☐ ☐ ☐

5. Lesen Sie nachfolgende Regelungen zu Tarifverträgen und ergänzen Sie die fehlenden Angaben durch Eintragung in das Feld rechts neben dem Sachverhalt!

Kompetenzstufe 4

Nr.	Sachverhalt	Fehlende Angabe
5.1	Lohn- und Gehaltstarifverträge werden im Abstand von ... Jahren festgeschrieben.	
5.2	Nach der Kündigung des alten Tarifvertrages bilden die Sozialpartner eine Verhandlungskommission. Die Verhandlungen beginnen ... Wochen vor Ablauf des Tarifvertrages.	
5.3	... Wochen nach Ablauf des Tarifvertrages endet die Friedenspflicht für die Sozialpartner.	
5.4	Zur Durchführung eines Streiks müssen sich mindestens ... Prozent der aufgerufenen Gewerkschaftsmitglieder dafür entscheiden.	
5.5	Wurde im Anschluss an einen Streik eine Einigung zwischen den Sozialpartnern erzielt, müssen mindestens ... Prozent der aufgerufenen Gewerkschaftsmitglieder für die Annahme des neuen Tarifvertrages stimmen.	

5 System der sozialen Absicherung beschreiben und begründen

Lernsituation 5:

Jan, Max, Philipp und Sebastian, allesamt noch Schüler bzw. Auszubildende, sind ziemlich beste Freunde. Sie treffen sich seit vielen Jahren regelmäßig, zumeist am Wochenende, um etwas gemeinsam zu unternehmen. Das Besondere an dieser „Männerfreundschaft“ ist, dass sie – anders als vielleicht viele andere Gleichaltrige – nicht nur gemeinsam viel Spaß miteinander haben, sondern auch ihre Sorgen und Probleme teilen, indem sie sehr offen darüber sprechen.

So auch an diesem Wochenende, an dem sich die vier Freunde verabredet haben, um zunächst gemeinsam eine Pizzeria aufzusuchen und anschließend noch etwas Trinken zu gehen. Kurz nachdem sie die Bestellung aufgegeben haben, sagt Philipp, dass er sich solche Abende wohl künftig nicht mehr allzu oft leisten kann. Seit Freitag habe sein Vater seinen Arbeitsplatz verloren, ihm wurde gekündigt. Da seine Familie erst vor wenigen Jahren neu gebaut hat und noch das Darlehen für das Eigenheim stemmen müsse, sei das Haushaltsbudget durch die – hoffentlich nur vorübergehende – Arbeitslosigkeit des Vaters stark eingeschränkt. Sein Vater habe gestern bereits angedeutet, dass er noch gar nicht absehen könne, wie es finanziell weitergehen soll, ob er überhaupt Arbeitslosengeld erhält und wenn ja, wie viel dies genau sei. Vor diesem Hintergrund müssten sich auch Philipp, der zurzeit das Wirtschaftsgymnasium besucht, und seine beiden Geschwister darauf einstellen, „den Gürtel enger zu schnallen“, zumindest was das Taschengeld anbelangt.

Jan kann die Nöte von Philipp nur allzu gut verstehen. Auch in seiner Familie gibt es zurzeit ziemliche Sorgen. Seine Oma, die bei ihnen im Haus wohnt, ist vor zwei Wochen im Badezimmer ausgerutscht und hat sich dabei den Oberschenkelhals gebrochen. Seit dieser Zeit sitzt sie im Rollstuhl und kann nicht mehr laufen. Im Krankenhaus haben seine Eltern zudem darauf hingewiesen, dass die Oma schon vor dem Sturz nicht nur erkennbar unsicher auf den Beinen unterwegs war, sondern in den letzten Jahren auch einen zunehmend vergesslicheren Eindruck macht. So habe sie immer häufiger in kurzen Zeitabständen die gleichen Fragen gestellt. Daraufhin haben die Ärzte im Rahmen weitergehender Untersuchungen festgestellt, dass sie unter einer Demenz im fortgeschrittenen Stadium leidet. Die Sorgen der Eltern richten sich nun auf die Zeit, wenn die Oma aus dem Krankenhaus entlassen wird, da sie nicht genau wissen, wie sie die Pflege der nunmehr – zumindest für einen längeren Zeitraum – an den Rollstuhl gefesselten Oma sicherstellen sollen. Erste Erkundigungen bei einem örtlichen Pflegeheim haben ergeben, dass die monatlichen Kosten für einen Heimplatz die Rente der Oma bei Weitem übersteigen würden. Nunmehr hätten seine Eltern bei der Krankenversicherung einen Termin, um abzuklären, ob und wenn ja, in welchem Umfang hier mit Zuschüssen gerechnet werden könne oder ob sie die Kostendifferenz ganz allein tragen müssten.

Schnell stellen die vier Freunde im Gespräch fest, dass es eigentlich in all ihren Familien gleichartig gelagerte Sorgen gibt. Bei Sebastian ist es die ältere Schwester, die noch zu Hause wohnt und den Eltern finanzielle Probleme bereitet. Sebastian ist vor zwei Monaten erstmalig Onkel geworden. Eigentlich ein erfreuliches Ereignis, allerdings ist seine Schwester noch in der Ausbildung zur Einzelhandelskauffrau. Der Vater des Kindes hingegen wohnt nicht in Deutschland und hat auch nach derzeitigem Stand der Dinge kein Interesse, dies grundsätzlich ändern zu wollen. Zudem ist er noch Schüler und verfügt über kein eigenes Einkommen. Die Familie von Sebastian unterstützt die Schwester, wo sie nur kann und fängt die ganze Situation

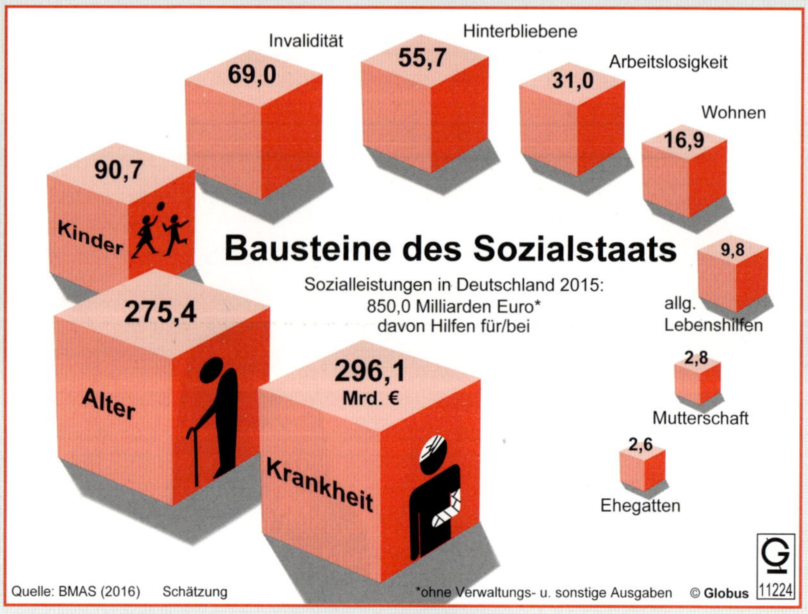

auch finanziell auf, da für das Kind kein Unterhalt vom Vater des Kindes gezahlt wird. Ihnen stellt sich nunmehr die Frage, inwiefern der Staat an dieser Stelle finanzielle Hilfen vorsieht.

Schließlich kann auch Max von ähnlichen Problemen berichten. Seine Mutter leidet seit längerer Zeit unter einer seltenen Krankheit und muss sich infolgedessen in besonderer Weise ernähren. Diese Form der Ernährung sei ziemlich kostenintensiv und die Krankenkasse habe noch nicht abschließend erklärt, ob und in welchem Umfang sie sich an den Kosten beteiligen werde. Erschwerend kommt hinzu, dass sich die finanzielle Situation seiner Mutter zugespitzt hat, seit die Ärzte sie aufgrund dieser Erkrankung vor einigen Wochen nach dem Verlust ihres Arbeitsplatzes für erwerbsunfähig erklärt hätten und sie nunmehr auf den endgültigen Rentenbescheid wartet.

Am Ende des Gesprächs sagt Philipp: „Es ist gut, wenn man Freunde hat, die einen verstehen, insbesondere in solchen Momenten, wenn man ernsthafte Sorgen hat. Erschreckend ist für mich nur, wie viele Familien anscheinend derartige Probleme haben. Dabei dachte ich immer, dass wir in einem Sozialstaat leben."

Kompetenzorientierte Arbeitsaufträge:

1. Notieren Sie, welche Bereiche bzw. welche Leistungen der Sozialpolitik in der vorliegenden Lernsituation angesprochen werden!

Schüler	Bereich bzw. Leistung der Sozialversicherung
Philipp	
Jan	
Sebastian	
Max	

2. Erläutern Sie kurz, wozu Sozialpolitik erforderlich ist und welche Ziele sie verfolgen sollte!

Sozialpolitik ist erforderlich für …	
Ziele der Sozialpolitik 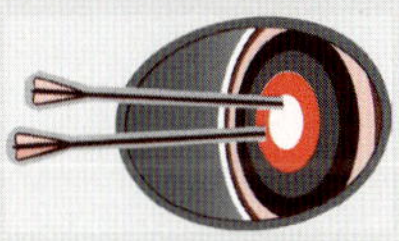	➤ ➤ ➤ ➤

6 Boller - ISBN 978-3-8120-1557-8

3. Erläutern Sie, was unter dem Generationenvertrag zu verstehen ist!

Generationenvertrag

4. Analysieren Sie, wie sich die demografische Entwicklung hierzulande auf die soziale Sicherheit auswirken wird. Gehen Sie dabei auch darauf ein, welche Konsequenzen sich zukünftig für Sie hieraus ergeben könnten und zeigen Sie Möglichkeiten auf, wie sich negative Auswirkungen des demografischen Wandels auffangen ließen!

Auswirkung der demografischen Entwicklung auf die soziale Sicherung

Konsequenzen dieser Entwicklung

➤

➤

➤

➤

Möglichkeiten zum Auffangen dieser negativen Auswirkungen

➤

➤

➤

➤

5. Arbeitsvorschlag mit regionalem Bezug:

Die Klasse sollte in Kleingruppen eingeteilt werden, von denen jede Gruppe ein soziales Projekt aus ihrer Region vorstellt (z.B. eine örtliche Obdachlosenhilfe, eine regional aktive Jugendhilfe, eine örtliche Tafel). Im Fokus der Referate sollte vor allem stehen, welcher Kreis von sozial benachteiligten Menschen durch dieses Projekt unterstützt wird und welche Hilfen im Einzelnen geleistet werden. Diskutieren Sie im Anschluss an die vorgestellten Projekte als Klassengemeinschaft darüber, welches Projekt Sie als Klasse – eventuell unter Einbindung Ihrer Schule – ganz konkret unterstützen könnten!

Quelle: Bundesverband Deutsche Tafel e.V., Foto: Wolfgang Borrs.

Projektskizze:

Welche Projekte interessieren mich?	
Mit wem möchte ich zusammenarbeiten?	
Wer übernimmt welche Aufgaben?	
Welche Termine setzen wir uns?	

Zusatzauftrag: Lückentext

Ergänzen Sie den Lückentext, indem Sie das jeweils fehlende Wort bzw. die jeweils fehlende Zahl einsetzen!

Bearbeitungshinweis:

Versuchen Sie zunächst, den Lückentext ohne weitere Hilfsmittel zu vervollständigen. Nutzen Sie in Zweifelsfällen und zur abschließenden Selbstkontrolle die an den Lückentext anschließenden Füllwörter.

Die gesetzliche Sozialversicherung ist durch das Solidaritätsprinzip gekennzeichnet: „__________ für __________ und __________ für __________. Die Sozialversicherung ist für die Mehrheit der Bevölkerung eine ____________________. Die Anmeldung erfolgt durch den ____________________.

Zu den Zweigen der Sozialversicherung zählt die gesetzliche Arbeitsförderung, deren Träger die ____________________ ist.

Bei der ______________________________ zahlt allein der Arbeitgeber die Versicherungsbeiträge.

Ansonsten werden die Versicherungsbeiträge solidarisch zwischen dem Arbeitgeber und dem Arbeitnehmer aufgeteilt, einzig bei der ____________________ ist der Beitrag für den Arbeitgeber gesetzlich auf maximal _____% festgeschrieben.

Die Krankenversicherungsbeiträge fließen in einen ____________________, aus dem die einzelnen ____________________ eine Pauschale sowie ergänzende ____________________ erhalten.

Das Mutterschaftsgeld wird von der ____________________ gezahlt.

Arbeitnehmer haben einen Anspruch auf Arbeitslosengeld bei ____________________ und bei ____________________. Wer einen Arbeitsplatz ohne wichtigen Grund aufgibt, erhält Arbeitslosengeld jedoch erst nach _____ Wochen.

Für die gesetzliche Rentenversicherung ist die ____________________ zuständig. Das Renteneintrittsalter wird bis zum Jahr ________ stufenweise auf ________ Jahre angehoben.

Da die Rente allein wohl künftig nicht mehr ausreicht, sollten die Bundesbürger ________________ Vorsorge betreiben. Eine Möglichkeit stellt die Riester-Rente dar. Um diese Vorsorge zu fördern, zahlt der Staat jährlich bis zu ________ € Zulage. Für jedes nach 2007 geborene Kind erhält der Riester-Sparer zudem noch _______ € Kinderzulage jährlich.

- [ ] 7,3
- [ ] 12
- [ ] 67
- [ ] 154,00
- [ ] 300,00
- [ ] 2029
- [ ] alle
- [ ] alle
- [ ] Arbeitslosigkeit
- [ ] beruflicher Weiterbildung
- [ ] Bundesagentur für Arbeit
- [ ] einen
- [ ] Einer
- [ ] Deutsche Renten-versicherung
- [ ] gesetzlichen Unfallversicherung
- [ ] private
- [ ] gesetzlichen Krankenversicherung
- [ ] Krankenkassen
- [ ] Krankenkasse
- [ ] Pflicht-versicherung
- [ ] Gesundheitsfonds
- [x] Solidaritätsprinzip
- [ ] Zu- und Abschläge

Kompetenz-Check

Kompetenzstufe 1

1. Überprüfen Sie die nachfolgenden Aussagen auf ihre Richtigkeit und entscheiden Sie, welche der Aussagen zu dem System der Sozialversicherung falsch ist!

① Die Sozialversicherung ist eine Pflichtversicherung, da die Mehrheit der Bevölkerung dieser Versicherung kraft Gesetz angehören muss.

② Die Höhe der Beiträge richtet sich nach dem Einkommen, so dass Versicherte mit hohem Einkommen mehr zur Finanzierung der Leistungen beitragen als Versicherte mit niedrigem Einkommen.

③ Die Versicherungspflicht in der gesetzlichen Krankenversicherung umfasst grundsätzlich alle Arbeitnehmer, wenn sie monatlich durchschnittlich nicht mehr verdienen als die Beitragsbemessungsgrenze.

④ Die Versicherungspflicht in der sozialen Pflegeversicherung besteht für alle Mitglieder der Krankenversicherung, ihre nicht berufstätigen Ehepartner und Kinder.

⑤ Privat Krankenversicherte müssen per Gesetz eine private Pflegeversicherung abschließen.

⑥ Arbeitslose können von der Agentur für Arbeit die Zuweisung in eine Maßnahme zur Aktivierung und beruflichen Eingliederung verlangen, wenn sie sechs Monate nach Eintritt ihrer Arbeitslosigkeit noch arbeitslos sind.

⑦ Die Versicherungspflicht für die gesetzliche Rentenversicherung umfasst alle Auszubildenden, Arbeiter und Angestellten ohne Rücksicht auf die Höhe ihres Einkommens.

⑧ Bei dem Generationenvertrag handelt ist sich um ein allgemeines gesellschaftliches Übereinkommen, bei dem die heute Berufstätigen durch ihre Beiträge zur Rentenversicherung die Rente der Älteren finanzieren. Dies geschieht in der Erwartung, dass die kommende Generation dann später die Rente für sie aufbringt.

⑨ Jede sozialversicherungspflichtige Person erhält einen Sozialversicherungsausweis, den sie bei Beginn der Beschäftigung dem Arbeitgeber vorlegen muss.

☐

2. Entscheiden Sie, welche der nachfolgenden Aussagen zu den privaten Personenversicherungen richtig ist! Sind alle Aussagen falsch, tragen Sie bitte eine ⑨ in das Kästchen ein!

Kompetenzstufe 1

① Die private Unfallversicherung besteht darin, den Versicherten gegen die finanziellen Folgen von Arbeitsunfällen abzusichern.

② Die private Krankenversicherung erstattet vollständig oder teilweise die Kosten, die dem Versicherten aus der Behandlung einer Krankheit oder aus Unfällen entstehen. Sozialversicherungspflichtige können sie nicht als Zusatzversicherung abschließen.

③ Eine private Krankenversicherung kann nur von Selbstständigen oder Beamten abgeschlossen werden.

④ Eine Lebensversicherung dient der Sicherung der Existenz des Versicherten und/oder seiner Familienangehörigen im Falle einer vertraglich festgelegten Altersgrenze oder des Todes.

⑤ Bei der Versicherung auf den Tod wird die Versicherungssumme ausbezahlt, wenn der Versicherte die vertraglich vereinbarte Altersgrenze erreicht hat.

⑥ Stirbt der Versicherungsnehmer vor dem Termin einer Versicherung mit festem Auszahlungstermin, müssen die Hinterbliebenen die Beitragsprämien weiter zahlen.

☐

3. Überprüfen Sie die nachfolgenden Aussagen auf ihre Richtigkeit und entscheiden Sie, welche beiden Aussagen zu den Systemen der sozialen Sicherung falsch sind!

Kompetenzstufe 2

① Die Leistungen der gesetzlichen Krankenkassen sind gesetzlich vorgeschrieben. Über diese sogenannten Regelleistungen hinaus können die Krankenkassen in ihrer Satzung Mehrleistungen festlegen.

② Der einkommensabhängige Zusatzbeitrag der gesetzlichen Krankenversicherung wird nicht von allen Krankenkassen erhoben und fällt je nach Krankenkasse unterschiedlich hoch aus.

③ Pflegebedürftig sind Personen, die wegen einer körperlichen, geistigen oder seelischen Krankheit oder Behinderung für die gewöhnlichen und regelmäßig wiederkehrenden Verrichtungen im Ablauf des täglichen Lebens vorübergehend in erheblichem oder höherem Maße der Hilfe bedürfen.

④ Die Agenturen für Arbeit beraten Jugendliche und Erwachsene, die am Arbeitsleben teilnehmen oder teilnehmen wollen.

⑤ Die einzelnen Krankenkassen erhalten aus dem Gesundheitsfonds pro Versicherten eine Pauschale sowie ergänzende Zu- und Abschläge.

⑥ Für das gesundheitsbewusste Verhalten der Versicherten können die Krankenkassen ihren Versicherten einen Bonus einräumen.

⑦ Berufstätige schwangere Frauen bekommen während der Schutzfrist Mutterschaftsgeld. Sie erhalten es von der Pflegeversicherung.

⑧ Ob und in welchem Grad Pflegebedürftigkeit vorliegt, entscheidet die Pflegekasse aufgrund eines Gutachtens, das Ärzte oder Pflegekräfte des Medizinischen Dienstes der Krankenversicherung in der Wohnung des möglicherweise Pflegebedürftigen bzw. an dessen ständigem Aufenthaltsort erstellen.

4. Beurteilen Sie, welcher Zweig der Sozialversicherung in den nachfolgenden Fällen Leistungen erbringen muss. Tragen Sie eine
① ein, wenn die gesetzliche Krankenversicherung,
② ein, wenn die soziale Pflegeversicherung,
③ ein, wenn die gesetzliche Rentenversicherung,
④ ein, wenn die gesetzliche Arbeitsförderung,
⑤ ein, wenn die gesetzliche Unfallversicherung,
⑥ ein, wenn keine der genannten Versicherungen
zuständig ist.

Kompetenzstufe 2

4.1	Der Auszubildende Benny Schwall absolviert eine Ausbildung zum Verkäufer. Als er für einen Kunden ein paar Schuhe aus dem Regal holen will, verunglückt er beim Sturz von der Leiter und muss wegen eines komplizierten Beinbruchs im Krankenhaus operiert werden.	
4.2	Nach bestandener Fachoberschulreife möchte die 18 jährige Anna Bolicka bei der Wahl möglicher Ausbildungsberufe unterstützt werden.	
4.3	Der 19-jährige Auszubildende Dennis Schwarzenecker geht unmittelbar nach Dienstende von seinem Ausbildungsbetrieb zu seinem Fitnessstudio. Auf dem Weg dorthin bleibt er mit dem Fuß an einer Bordsteinkante hängen. Der Bänderriss muss ärztlich behandelt werden.	
4.4	Ein bei der Interlogistik Mannheim KG beschäftigter Lkw-Fahrer verunglückt in seiner Freizeit mit dem Motorrad tödlich. Seine Ehefrau und seine Kinder erhalten daraufhin eine monatliche Leistung.	
4.5	Auf dem Weg zur Berufsschule verunglückt die Auszubildende Jennifer Lobetz mit ihrem Fahrrad. Die dabei erlittenen Schürfwunden müssen im Krankenhaus behandelt werden.	
4.6	Der 18-jährige Schüler Ben Kuhl verunglückt beim Snowboarden in den deutschen Alpen so schwer, dass er künftig voraussichtlich keiner Erwerbstätigkeit nachgehen kann.	
4.7	Die Freiburger Immobilien B. Trug GmbH muss Insolvenz anmelden. Der 28-jährige Immobilienkaufmann arbeitet weiterhin für das Unternehmen, hat aber seit zwei Monaten kein Gehalt mehr bekommen.	
4.8	Der 42-jährige Speditionskaufmann Stephan Lammers leidet unter einem Burn-out-Syndrom und ist seit nunmehr 8 Wochen krank. Er erhält monatliche Zahlungen.	

5. Lesen Sie nachfolgende Aussagen zur Sozialversicherung und ergänzen Sie die fehlenden Angaben durch Eintragung in das Feld rechts neben dem Sachverhalt!

Kompetenzstufe 3

Nr.	Sachverhalt	Fehlende Angabe
5.1	Der einheitliche Beitragssatz zur gesetzlichen Krankenversicherung beträgt ... Prozent.	
5.2	Die gesetzliche Krankenversicherung übernimmt die Kosten für die Früherkennung von Krankheiten, so z. B. die Krebsvorsorge für Frauen ab dem ... Lebensjahr.	
5.3	Das Krankengeld der gesetzlichen Krankenkassen beträgt ... Prozent des regelmäßig erzielten Arbeitsentgelts.	
5.4	Wer einen Arbeitsplatz ohne wichtigen Grund aufgibt, erhält Arbeitslosengeld erst nach ... Wochen.	
5.5	Das Arbeitslosengeld beträgt für Arbeitslose, die mindestens 1 Kind haben ... Prozent des für den Bemessungszeitraum berechneten pauschalierten Nettoentgelts.	
5.6	Die Anmeldung beim Rentenversicherungsträger erfolgt durch den Arbeitgeber binnen ... Tagen vom Arbeitsantritt an über die Krankenkassen.	
5.7	Bei der Regelaltersrente wird das Renteneintrittsalter bis zum Jahr 2029 stufenweise auf ... Jahre angehoben.	
5.8	Das Mutterschaftsgeld wird von der Krankenkasse gezahlt und beträgt zurzeit (2017) höchstens ... € täglich.	

6. Lesen Sie nachfolgende Aussagen zu dem System der sozialen Absicherung und ergänzen Sie die fehlenden Begriffe durch Eintragung in das Feld rechts neben dem Sachverhalt!

Kompetenzstufe 3

Nr.	Sachverhalt	Fehlender Begriff
6.1	Als ... werden vom Staat Leistungen zur Sicherung des Lebensunterhalts einschließlich der angemessenen Kosten für Unterkunft und Heizung gewährt.	
6.2	Das ... beträgt 67 % des weggefallenen Nettoeinkommens, mindestens aber 300,00 €, höchstens 1 800,00 € mit einer Laufzeit von 12 Monaten. Bei Beteiligung des Partners bzw. bei Alleinerziehenden verlängert sich der Zeitraum für diese Leistung auf 14 Monate.	

Nr.	Sachverhalt	Fehlender Begriff
6.3	Pflegebedürftige, welche ihre Pflege selbst sicherstellen, können anstelle der häuslichen Pflegehilfe ein nach dem Pflegegrad gestaffeltes monatliches … erhalten.	
6.4	Das … erhalten Arbeitnehmer, wenn ein erheblicher Arbeitsausfall mit Entgeltausfall vorliegt. Es wird längstens für sechs Monate für den Arbeitsausfall während der Bezugsfrist gezahlt.	
6.5	Der Anspruch auf … besteht ab Geburt und endet mit dem vollendeten 18. Lebensjahr. Für ein Kind, das nach dem 18. Lebensjahr eine Ausbildung oder ein Studium beginnt, kann es bis zur Vollendung des 25. Lebensjahres beantragt werden.	
6.6	Versicherte haben Anspruch auf …, wenn sie ihre persönliche Altersgrenze erreicht und eine Versicherungszeit von mindestens fünf Jahren erfüllt haben.	
6.7	Das … erhalten nicht erwerbsfähige Leistungsbedürftige ohne einen Anspruch auf Sozialhilfe, wenn in ihrer Bedarfsgemeinschaft mindestens ein erwerbsfähiger Hilfebedürftiger lebt.	
6.8	Das … wird von der Krankenkasse gezahlt. Beträgt nach den gesetzlichen Abzügen vom Einkommen das tägliche Arbeitsentgelt mehr als die von der Krankenkasse gezahlte Leistung, bezahlt der Arbeitgeber diesen Unterschied als Zuschuss zu dieser Leistung.	

7. Nils Luca Bensheim arbeitet als gelernter Kaufmann für Groß- und Außenhandel seit mehr als 10 Jahren für die Tuttlinger Bärenbräu AG, Tuttlingen. Der 31-Jährige überzeugte Single lebt für seine Karriere und hat es in der Zwischenzeit – nicht zuletzt wegen konsequenter beruflicher Weiterbildung – zu einigen Beförderungen im Unternehmen gebracht. Im Jahr 2017 betrug sein monatliches Bruttoeinkommen beachtliche 5 600,00 €. Nils Luca Bensheim ist bei einer gesetzlichen Krankenkasse versichert, die in 2017 einen Zusatzbeitrag in Höhe von 0,4 % verlangte.

Kompetenzstufe 4

Berechnen Sie auf der Basis der für das Jahr 2017 geltenden Beitragssätze bzw. Beitragsbemessungsgrenzen (siehe Material auf S. 50):

7.1 den Anteil des Krankenkassenbeitrages, den Nils Luca Bensheim von seinem Bruttogehalt insgesamt an seine Krankenkasse zahlen muss,

☐☐☐,☐☐ €

7 Boller - ISBN 978-3-8120-1557-8

7.2 den Anteil des Beitrages zur Pflegeversicherung, den Nils Luca Bensheim von seinem Bruttogehalt zahlen muss,

☐☐,☐☐ €

7.3 die Summe des vom Arbeitgeber insgesamt zu tragenden Anteils für Kranken-, Pflege-, Arbeitslosen- und Rentenversicherung!

☐☐☐,☐☐ €

Material: Beitragssätze und Beitragsbemessungsgrenzen 2017

Rechengrößen der Sozialversicherung:

Beitragssätze		**Beitragsbemessungsgrenzen** In den alten Bundesländern	**Beitragsbemessungsgrenzen** In den neuen Bundesländern
Krankenversicherung:*	14,6 %	4 350,00 €	4 350,00 €
Pflegeversicherung:	2,55 %	4 350,00 €	4 350,00 €
Rentenversicherung:	18,7 %	6 350,00 €	5 700,00 €
Arbeitslosenversicherung:	3,0 %	6 350,00 €	5 700,00 €

* Der Beitragssatz zur Krankenversicherung in Höhe von 14,6 % ist **bundeseinheitlich**. Jede Krankenkasse kann hierauf einen **kassenindividuellen Zusatzbeitrag** erheben. Die Höhe des Zusatzbeitrages hängt insbesondere davon ab, wie wirtschaftlich eine Kasse arbeitet. Am Zusatzbeitrag ist der **Arbeitgeber nicht beteiligt**, d. h. der Arbeitgeberanteil zur Krankenversicherung beträgt somit 7,3 %.

Sonderregelungen zur Finanzierung der Pflegeversicherung

Für alle kinderlosen Pflichtversicherten erhöht sich der Beitrag zur Pflegeversicherung um 0,25 % des beitragspflichtigen Einkommens. Für diesen Personenkreis beträgt daher der Beitragssatz 1,525 %. An dieser Erhöhung ist der **Arbeitgeber nicht beteiligt.** Ausgenommen von diesem Beitragszuschlag sind Personen, die das 23. Lebensjahr noch nichtt vollendet haben.

8. Ann-Kristin Willmes ist alleinerziehende Mutter und arbeitet als Industriekauffrau bei der Karlsruher Industriemaschinen AG im mittleren Management. Mit Blick auf die verantwortungsvolle Aufgabe erhält sie eine angemessene Vergütung. Im letzten Jahr betrug ihr versicherungspflichtiges Bruttoeinkommen 52 500,00 €. Ihre beiden Kinder Charlotte-Luise und Malte-Claudius sind 5 bzw. 3 Jahre alt und gehen in die betriebseigene Kita. Frau Willmes macht sich Gedanken über ihre finanzielle Zukunft im Alter und möchte deshalb einen Riester-Vertrag bei der Bank oder Versicherung ihres Vertrauens abschließen.

Kompetenzstufe 4

8.1 Berechnen Sie die Höhe der gesamten jährlichen Förderung für diesen Vertrag!

☐☐☐,☐☐ €

8.2 Berechnen Sie die Höhe der jährlichen Einzahlung, wenn Frau Willmes den für sie geltenden Höchsteigenbeitrag vollständig einzahlen möchte!

☐.☐☐☐,☐☐ €

Kompetenzbereich II: Wirtschaftliches Handeln in der Sozialen Marktwirtschaft analysieren

1 Wechselseitige Beziehungen der Wirtschaftssubjekte mittels Wirtschaftskreislauf darstellen und analysieren

Lernsituation 1:

Melek Ünver absolviert zurzeit eine Ausbildung zur Kauffrau für Büromanagement bei der Solartech Müller KG. Nach einigen Tagen im Betrieb nimmt sich Marc Kunz, einer der Geschäftsführer, ausgiebig Zeit für Melek und erklärt ihr, von wie vielen Akteuren der Erfolg des Unternehmens abhängt.

Dabei führt er zunächst an, wie wichtig es für die Zukunft des Unternehmens sei, auch in den nächsten Jahren hinreichend motivierte und gut ausgebildete Fachkräfte zu bekommen. Nicht umsonst investiere das Unternehmen sehr viel Geld in die Aus- und Weiterbildung der Mitarbeiter, da ohne sie der Erfolg der vergangenen Jahre so nicht möglich gewesen wäre. Marc Kunz lässt nicht unerwähnt, dass die Mitarbeiter des Unternehmens übertariflich bezahlt werden und zudem eine erfolgsabhängige Prämie erhalten.

Quelle: TÜV SÜD

Weiterhin führt Marc Kunz an, dass auch dem Staat eine wesentliche Rolle für den künftigen Erfolg des Unternehmens zukommt. Nur wenn die Regierung auch in Zukunft die Solarenergie fördere, könnten die Absatzerfolge auf dem heutigen Niveau gefestigt werden. Ohne diese staatlichen Förderungen würden viele Abnehmer von einer Investition in Solarparks absehen, da diese sich dann nicht mehr für sie lohnen würde. Auch die Rolle des Staates als Geldgeber lässt Marc Kunz nicht außen vor, da der Staat dem Unternehmen unter bestimmten Voraussetzungen zinsgünstige Investitionsdarlehen oder gar Subventionen zukommen lässt.

Als wichtige Partner bezeichnet Marc Kunz die Banken, die das Unternehmen seit der Existenzgründung vor etwa zehn Jahren begleitet haben. Marc Kunz weist vor allem darauf hin, dass es dem Unternehmen ohne die Finanzierung durch die Banken gar nicht möglich gewesen wäre, derartige Investitionen durchzuführen, geschweige denn die seit Gründung stark verbesserte Auftragslage zu bewältigen. Schließlich habe das Unternehmen durch die Absatzsteigerungen der letzten Jahre nicht nur neu investieren müssen, auch der vermehrte Material- und Lohnaufwand musste finanziell bewältigt werden. Zudem musste das Unternehmen neue Fertigungshallen pachten, um die eingehenden Aufträge zeitnah zu bearbeiten.

Sorge macht Marc Kunz die zunehmende Konkurrenz aus dem Ausland, die bei der Herstellung von Solaranlagen nicht nur technisch aufholt, sondern vor allem mit niedrigeren Preisen den Wettbewerb auf den Märkten anheizt. Dies habe bereits dazu geführt, dass einige kleinere Konkurrenten der Solartech Müller KG im Inland aus dem Markt gedrängt wurden, was nicht zuletzt zum Verlust der Arbeitsplätze geführt hat. Dies belaste nicht nur die Sozialversicherung, sondern führe auch zu geringeren Steuereinnahmen des Staates. Marc Kunz weist zudem darauf hin, dass durch die Schließung dieser heimischen Betriebe auch die Existenz einer Vielzahl von Zulieferbetrieben massiv betroffen ist. Abschließend führt er jedoch auch an, dass die Solartech Müller KG mittlerweile wichtige Zulieferer im Ausland hat, die zuverlässig und pünktlich wichtige Komponenten zu sehr günstigen Preisen liefern.

Kompetenzorientierte Arbeitsaufträge:

1. Bestimmen Sie, welche Wirtschaftssubjekte in der vorangestellten Lernsituation aufgeführt sind!

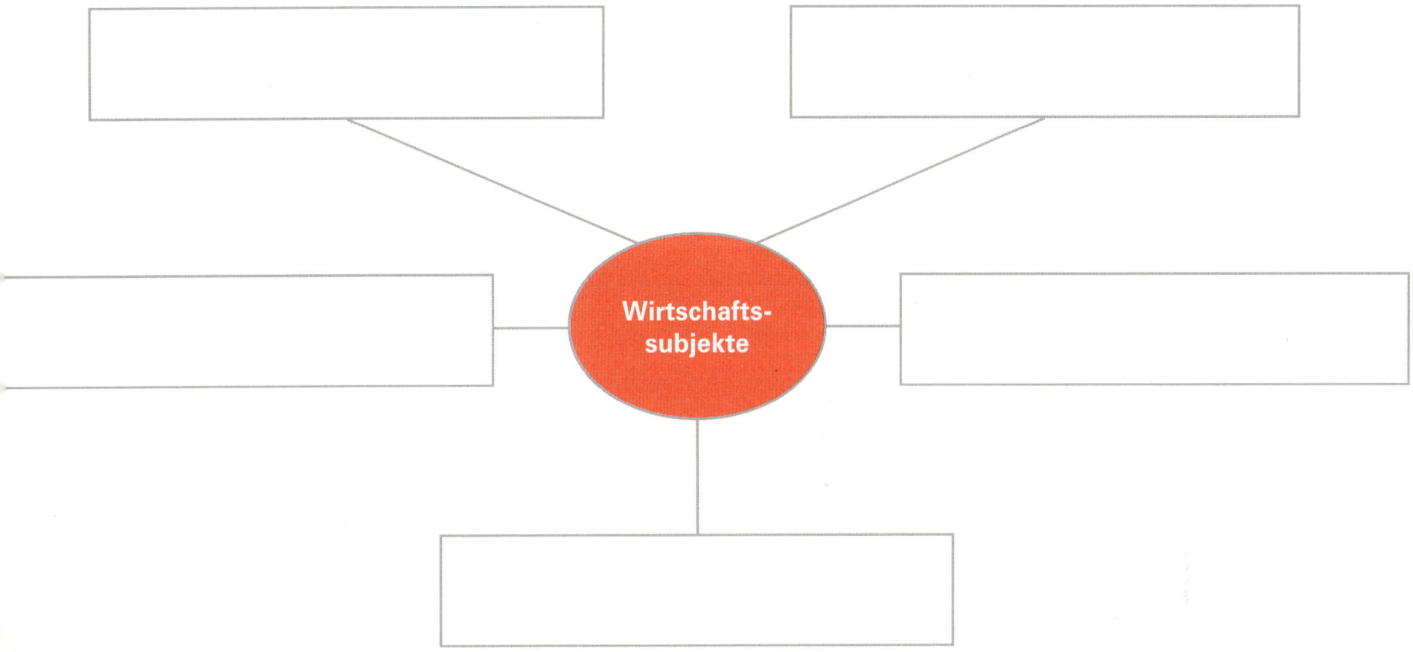

2. Erläutern Sie beispielhaft die in der Lernsituation aufgezeigten Beziehungen der Wirtschaftssubjekte untereinander!

In der Lernsituation dargestellte Beziehungen der Wirtschaftssubjekte

3. Beschreiben Sie an zwei Beispielen, wie sich veränderte Aktivitäten eines Wirtschaftssubjektes auf die monetären und realen Ströme im Wirtschaftskreislauf auswirken!

Beispiel 1:	
Beispiel 2:	

4. Diskutieren Sie die Grenzen der Aussagekraft von ökonomischen Modellen in Bezug auf realwirtschaftliche Prozesse!

Notizen:

Zusatzauftrag: Schaubild ergänzen

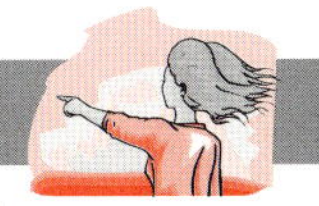

In der nachfolgenden Darstellung sind die Geldströme eines erweiterten Wirtschaftskreislaufs zwischen verschiedenen Sektoren eingezeichnet. Dabei gilt, dass alle Wirtschaftssektoren die eingenommen Gelder dem Kreislauf wieder zuführen.

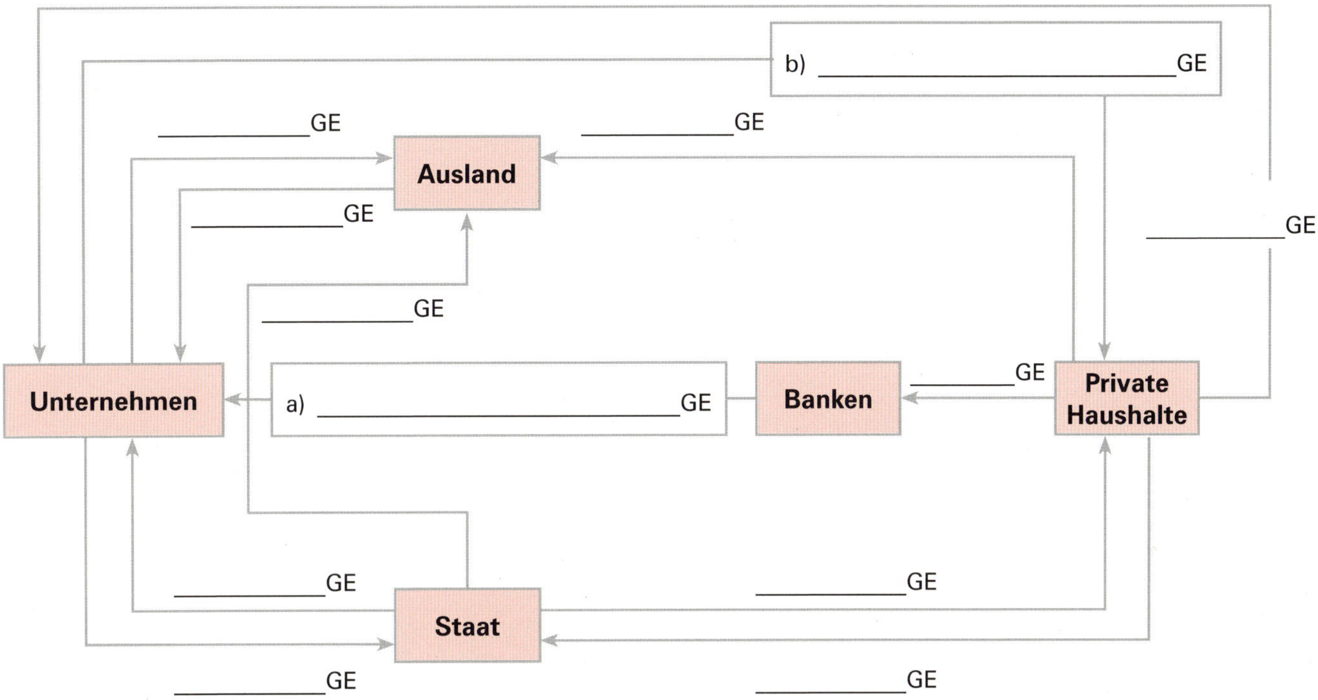

Folgende Vorgänge zwischen den Wirtschaftssektoren finden statt:

- Die Unternehmen erzielen Exporterlöse in Höhe von 300 GE.
- Der Staat erhält von den privaten Haushalten 330 GE Steuern.
- Die Haushalte sparen 270 GE.
- Die Unternehmen zahlen Steuern in Höhe von 120 GE.
- Die Haushalte machen Urlaub im Ausland und zahlen hierfür 120 GE.
- Der Staat zahlt 120 GE Entwicklungshilfe an das Ausland.
- Die Haushalte erhalten 30 GE an Transferzahlungen.
- Die Unternehmen verkaufen an den Staat Güter und Dienstleistungen im Gegenwert von 300 GE.
- Das Ausland erhält von den Unternehmen 60 GE für Exporte.
- Die Haushalte erwerben für 1 200 GE Waren und Dienstleistungen von den Unternehmen.

1. Ordnen Sie diese Transaktionen den einzelnen Pfeilen im erweiterten Wirtschaftskreislauf zu!
2. Bezeichnen Sie die mit a) und b) gekennzeichneten Geldströme in dem dafür in der Übersicht jeweils vorgesehenen Feld und ermitteln Sie deren jeweilige Höhe in GE!

3. Ermitteln Sie den Saldo des Handels mit dem Ausland in Bezug auf Waren- und Dienstleistungsgeschäfte. Erläutern Sie kurz, wodurch sich dieser Saldo zugunsten des Auslands verbessert und geben Sie die Höhe des Saldos unter Einbeziehung dieser Transaktion an!

Der Saldo verbessert sich durch: ____

____

____

____

____

Höhe des Saldos unter Einbeziehung der Transaktion: ____________________ GE

Kompetenz-Check

1. Der einfache Wirtschaftskreislauf bildet das Zusammenwirken der Sektoren Haushalte und Unternehmen ab. Welche der folgenden Aussagen zum einfachen Wirtschaftskreislauf ist falsch? Sind alle Aussagen richtig, tragen Sie bitte eine ⑨ ein!

Kompetenzstufe 1

① Die privaten Haushalte stellen den Unternehmen ihre Arbeitskraft, ihr Kapital oder auch Boden zur Verfügung.

② Für die geleistete Arbeit und die den Unternehmen zur Verfügung gestellten sonstigen Produktionsfaktoren erhalten die privaten Haushalte Einkommen in Form von Löhnen, Gehältern, Gewinnen, Mieten, Zinsen oder Pachten.

③ Dem realen Strom bzw. Güterstrom steht ein monetärer Strom gegenüber. Geld- und Güterstrom laufen in die gleiche Richtung.

④ Der Markt, auf dem Konsumgüter angeboten und nachgefragt werden, heißt Konsumgütermarkt.

⑤ Der in Geld gemessene Wert der an die privaten Haushalte verkauften Güter stellt für die Unternehmen Verkaufserlöse dar.

⑥ Bei dem einfachen Wirtschaftskreislauf gibt es keinen Staat und auch keine Außenhandelsbeziehungen.

☐

2. Welche der folgenden Aussagen zum erweiterten Wirtschaftskreislauf ist falsch? Sind alle Aussagen richtig, tragen Sie bitte eine ⑨ ein!

Kompetenzstufe 1

① Eine wachsende Wirtschaft, also eine Wirtschaft, die von Jahr zu Jahr mehr erzeugt, bezeichnet man als stationäre Wirtschaft.

② Die privaten Haushalte sparen einen Teil ihrer Einkommen und führen die gesparten Mittel den Banken zu.

③ Die Banken stellen die Mittel den Unternehmen zur Verfügung, die ihre Produktionsanlagen erweitern und/oder ihre Vorräte aufstocken, also investieren.

④ Die Investitionsgüterindustrie verkauft die von ihnen hergestellten Investitionsgüter an die Konsumgüterindustrie. Die Verkaufserlöse aus diesen Lieferungen fließen der Investitionsgüterindustrie zu.

⑤ Der Ausgleich von Kreditangebot und Kreditnachfrage vollzieht sich auf den Finanzmärkten.

☐

3. Welche der folgenden Aussagen zum vollständigen Wirtschaftskreislauf ist richtig? Sind alle Aussagen falsch, tragen Sie bitte eine ⑨ ein!

Kompetenzstufe 2

① Eine Volkswirtschaft ohne staatliche Aktivitäten ist nicht denkbar. Dem Staat fällt unter anderem die Aufgabe zu, mit wirtschafts- und gesellschaftspolitischen Maßnahmen den Wirtschaftsablauf zu steuern. In Deutschland fließen durch den staatlichen Sektor knapp 40 % des Bruttoinlandsprodukts.

② Eine moderne Wirtschaft ohne außenwirtschaftliche Beziehungen ist ebenfalls kaum vorstellbar. Unterschiedliche Rohstoffvorkommen, unterschiedliches technisches Wissen und die Ansprüche der Bevölkerung zwingen dazu, Güter zu importieren und zu exportieren.

③ Ein Teil der Einkommen der privaten Haushalte und Unternehmen wird von den öffentlichen Haushalten in Form von Steuern und anderen gesetzlichen Subventionen einbehalten.

④ Die Staatseinnahmen werden wieder ausgegeben. Sie fließen zum Teil den privaten Haushalten in Form von Löhnen und Gehältern für Staatsbedienstete zu. Ein weiterer Teil wird für die Vergabe von Staatsaufträgen an die Unternehmen verwendet, die dadurch Umsatzerlöse erzielen. Für besonders förderwürdige Zwecke erhalten die Unternehmen Geldbeträge, die nicht mehr zurückgezahlt werden müssen. Diese Zahlungen bezeichnet man auch als Transferzahlungen an private Haushalte.

⑤ Die Unternehmen verkaufen Dienstleistungen und Sachgüter an das Ausland. Für diese Exporte erhalten sie Geldeinnahmen oder Forderungen. Eine Außenwirtschaft mit Außenhandelsbeziehungen heißt „geschlossene Wirtschaft".

☐

4. Der Wirtschaftskreislauf ist ein Modell, das die Beziehungen der Teilnehmer einer Volkswirtschaft darstellt! Kennzeichnen Sie die nachfolgenden Aussagen mit einer

Kompetenzstufe 3

①, wenn diese die Beziehung zwischen Haushalt und Unternehmen betreffen und zum Güterstrom zählen,

②, wenn diese die Beziehung zwischen Haushalt und Unternehmen betreffen und zum Geldstrom zählen,

③, wenn diese die Beziehung zwischen Haushalt und Staat betreffen und zum Güterstrom zählen,

④, wenn diese die Beziehung zwischen Haushalt und Staat betreffen und zum Geldstrom zählen,

⑤, wenn diese die Beziehung zwischen Unternehmen und Staat betreffen und zum Güterstrom zählen,

8 Boller - ISBN 978-3-8120-1557-8

⑥, wenn diese die Beziehung zwischen Unternehmen und Staat betreffen und zum Geldstrom zählen,

⑨, wenn nichts zutrifft.

4.1	Die Familie Ümür erhält für ihre beiden Kinder jeden Monat eine Kindergeldzahlung.	
4.2	Manfred Koslowski arbeitet als Hausmeister an einem Berufskolleg für Wirtschaft und Verwaltung.	
4.3	Die Bürowelt Meier KG liefert dem Finanzamt Freiburg neue Rechner und Monitore.	
4.4	Einem Bundesligaverein werden aus Sicherheitsgründen bei den Heimspielen regelmäßig Polizisten unentgeltlich zur Verfügung gestellt.	
4.5	Ein deutscher Bundesligaprofi und Nationalspieler spielt für einen Verein im Breisgau.	
4.6	Die Stahlwerke Ditzingen AG überweist die Körperschaftsteuer an das Finanzamt.	
4.7	Ein Bundesligaverein aus Baden-Württemberg kauft einen niederländischen Nationalspieler von Ajax Amsterdam.	
4.8	Die Schülerin Jennifer arbeitet am Wochenende in einem Discounter und räumt dort Regale ein.	

5. In einer Volkswirtschaft finden im Geldkreislauf im Laufe eines Kalenderjahres nachfolgende Vorgänge zwischen Haushalten, Unternehmen, Staat, Banken und Ausland statt. Die Angaben sind jeweils in Milliarden Geldeinheiten (Mrd. GE) aufgeführt.

Kompetenzstufe 3

- Von den Unternehmen bezogene Einkommen der privaten Haushalte: 1400 Mrd. GE
- Der Staat erhält Subventionszuschüsse aus dem Ausland: 100 Mrd. GE
- Von den Haushalten an den Staat abgeführte Abgaben, Steuern und Gebühren: 500 Mrd. GE
- Die privaten Haushalte erzielen Einkünfte aus dem Ausland in Höhe von: 300 Mrd. GE
- Von den Unternehmen in Anspruch genommene Kredite: 400 Mrd. GE
- Die Ex- und Importe der Unternehmen betragen jeweils: 160 Mrd. GE
- Die privaten Haushalte sparen bei den Banken: 400 Mrd. GE
- Der Staat kauft von den Unternehmen Sachgüter und Dienstleistungen im Wert von: 200 Mrd. GE
- Die privaten Haushalte beziehen Güter und Dienstleistungen aus dem Ausland: 200 Mrd. GE
- Die Unternehmen führen Steuern und Abgaben an den Staat ab: 300 Mrd. GE
- Die privaten Haushalte erhalten vom Staat Einkommen und Sozialleistungen: 600 Mrd. GE
- Der Staat überweist Entwicklungshilfezahlungen an das Ausland: 200 Mrd. GE
- Konsumausgaben der Haushalte fließen den Unternehmen zu: ? Mrd. GE

Berechnen Sie die Höhe der Konsumausgaben der Haushalte in Mrd. GE!

Hinweis zur Lösung:

Zeichnen Sie den Geldkreislauf mit den einzelnen Sektoren auf die folgende Karofläche.

☐.☐☐☐ Mrd. GE

Kompetenzstufe 4

6. In einer Volkswirtschaft finden im Geldkreislauf im Laufe eines Kalenderjahres nachfolgende Vorgänge zwischen Haushalten, Unternehmen, Staat, Banken und Ausland statt. Die Angaben sind jeweils in Milliarden Geldeinheiten (Mrd. GE) aufgeführt.

- Von den Unternehmen bezogene Einkommen der privaten Haushalte: 1 400 Mrd. GE
- Der Staat erhält Subventionszuschüsse aus dem Ausland: 100 Mrd. GE
- Von den Haushalten an den Staat abgeführte Abgaben, Steuern und Gebühren: 500 Mrd. GE
- Die privaten Haushalte erzielen Einkünfte aus dem Ausland in Höhe von: 300 Mrd. GE
- Von den Unternehmen in Anspruch genommene Kredite: 400 Mrd. GE
- Die Ex- und Importe der Unternehmen betragen jeweils: 160 Mrd. GE
- Die privaten Haushalte sparen bei den Banken: 400 Mrd. GE
- Der Staat kauft von den Unternehmen Sachgüter und Dienstleistungen im Wert von: 200 Mrd. GE
- Die privaten Haushalte beziehen Güter und Dienstleistungen aus dem Ausland: 200 Mrd. GE
- Die Unternehmen führen Steuern und Abgaben an den Staat ab: 300 Mrd. GE
- Die privaten Haushalte erhalten vom Staat Einkommen und Sozialleistungen: 600 Mrd. GE
- Der Staat überweist Entwicklungshilfezahlungen an das Ausland: 200 Mrd. GE
- Konsumausgaben der Haushalte fließen den Unternehmen zu: 1 200 Mrd. GE

6.1 Bestimmen Sie, welche der nachfolgenden gesamtwirtschaftlichen Wirkungen mit hoher Wahrscheinlichkeit nicht eintritt, wenn der Staat die Steuern erhöht, ohne seine Ausgaben zu steigern! Treten alle Wirkungen ein, tragen Sie bitte eine ⑨ ein!

① Das Haushaltsdefizit des Staates wird sich unter sonst gleichen Bedingungen erhöhen.

② Die Haushalte kaufen weniger Konsumgüter.

③ Die Unternehmen investieren weniger.

④ Das verfügbare Einkommen der privaten Haushalte sinkt.

⑤ Die Wirtschaft entwickelt sich rückläufig, die Arbeitslosigkeit steigt.

6.2 Entscheiden Sie, welche der nachfolgenden gesamtwirtschaftlichen Wirkungen mit hoher Wahrscheinlichkeit nicht eintritt, wenn die Nettoinvestitionen der Unternehmen steigen! Treten alle Wirkungen ein, tragen Sie bitte eine ⑨ ein!

① Die Gesamtkapazität der Volkswirtschaft wächst.

② Die Umsätze der Investitionsgüterindustrie steigen.

③ Die Arbeitseinkommen der Haushalte sinken.

④ Die Gewinne steigen.

⑤ Es findet eine Belebung der gesamten Wirtschaft statt.

Kompetenzstufe 4

7. In einer Volkswirtschaft finden im Geldkreislauf im Laufe eines Kalenderjahres nachfolgende Vorgänge zwischen Haushalten, Unternehmen, Staat, Banken und Ausland statt. Die Angaben sind jeweils in Milliarden Geldeinheiten (Mrd. GE) aufgeführt.

- Von den Unternehmen bezogene Einkommen der privaten Haushalte: 1 400 Mrd. GE
- Der Staat erhält Subventionszuschüsse aus dem Ausland: 100 Mrd. GE
- Der Staat zahlt Zinsen an die Banken: 50 Mrd. GE
- Von den Haushalten an den Staat abgeführte Abgaben, Steuern und Gebühren: 500 Mrd. GE
- Die privaten Haushalte erzielen Einkünfte aus dem Ausland in Höhe von: 300 Mrd. GE
- Von den Unternehmen in Anspruch genommene Kredite: 400 Mrd. GE
- Die Ex- und Importe der Unternehmen betragen jeweils: 160 Mrd. GE
- Die privaten Haushalte sparen bei den Banken: 400 Mrd. GE
- Der Staat kauft von den Unternehmen Sachgüter und Dienstleistungen im Wert von: 200 Mrd. GE
- Die privaten Haushalte beziehen Güter und Dienstleistungen aus dem Ausland: 200 Mrd. GE
- Die Unternehmen führen Steuern und Abgaben an den Staat ab: 300 Mrd. GE
- Die Banken zahlen Steuern und Abgaben an den Staat: 40 Mrd. GE
- Die privaten Haushalte erhalten vom Staat Einkommen und Sozialleistungen: 600 Mrd. GE
- Der Staat überweist Entwicklungshilfezahlungen an das Ausland: 200 Mrd. GE
- Konsumausgaben der Haushalte fließen den Unternehmen zu: ? Mrd. GE

Berechnen Sie das Defizit des Staatshaushalts, das dieser auf dem ausländischen Kapitalmarkt finanzieren muss!

Hinweis zur Lösung:

Zeichnen Sie den Geldkreislauf mit den einzelnen Sektoren auf die folgende Karofläche.

Mrd. GE

Kompetenzstufe 4

8. In einer Volkswirtschaft finden im Geldkreislauf im Laufe eines Kalenderjahres nachfolgende Vorgänge zwischen Haushalten, Unternehmen, Staat, Banken und Ausland statt. Die Angaben sind jeweils in Milliarden Geldeinheiten (Mrd. GE) aufgeführt.

- Unternehmen zahlen Steuern an den Staat: 300 Mrd. GE
- Haushalte erhalten vom Staat finanzielle Unterstützung: 250 Mrd. GE
- Haushalte erhalten von den Unternehmen Löhne, Gehälter, Zinsen und Miete: 2 800 Mrd. GE
- Unternehmen exportieren ins Ausland Güter und Dienstleistungen: 750 Mrd. GE
- Die Banken legen Geld im Ausland an: 200 Mrd. GE
- Die Haushalte sparen bei den Banken: 720 Mrd. GE
- Die Haushalte verbringen ihren Urlaub im Ausland: 450 Mrd. GE
- Der Staat zahlt Entwicklungshilfe an das Ausland: 280 Mrd. GE
- Die Unternehmen importieren Rohstoffe aus dem Ausland: 150 Mrd. GE
- Die Haushalte zahlen Steuern und Abgaben: 760 Mrd. GE
- Die Banken erhalten Zinsen aus dem Ausland: 20 Mrd. GE
- Der Staat zahlt den Banken Zinsen für Kredite: 80 Mrd. GE
- Die Unternehmen erhalten von den Banken Kredite für Investitionen: 400 Mrd. GE
- Für diese Kredite zahlen die Unternehmen an die Banken Zinsen: 50 Mrd. GE
- Unternehmen beliefern den Staat mit Gütern und Dienstleistungen: 520 Mrd. GE
- Die Banken zahlen den Haushalten Zinsen für ihre Ersparnisse: 40 Mrd. GE
- Der Staat zahlt den Haushalten Einkommen: 460 Mrd. GE
- Die Banken kaufen von den Unternehmen Güter und Dienstleistungen: 380 Mrd. GE
- Das Ausland zahlt fällige Kredite an die Banken zurück: 310 Mrd. GE
- Haushalte kaufen Staatsanleihen des Staates: 370 Mrd. GE
- Konsumausgaben fließen den Unternehmen von den Haushalten zu: ?

8.1 Zeichnen Sie zur Lösung der nachfolgenden Aufgaben zunächst den Wirtschaftskreislauf in das Arbeitsheft! Nutzen Sie hierzu die nachfolgende Karofläche.

8.2 Berechnen Sie

8.2.1 die Höhe der Konsumausgaben der Haushalte an die Unternehmen in Mrd. GE,

☐ . ☐☐☐ Mrd. GE

8.2.2 die Höhe des Staatsdefizits in Mrd. GE!

– ☐☐☐ Mrd. GE

8.3 Erläutern Sie anschließend kurz eine Möglichkeit, wie der Staat in diesem Wirtschaftskreislauf das vorhandene finanzielle Defizit ausgleichen könnte!

____

____

____

8.4 Berechnen Sie die Sparquote der privaten Haushalte, also jenen Anteil des frei verfügbaren Einkommens, den die Haushalte sparen (Ergebnis auf eine Nachkommastelle runden)!

☐☐, ☐ %

9 Boller - ISBN 978-3-8120-1557-8

2 Bruttoinlandsprodukt als Maß für die wirtschaftliche Leistung eines Landes berechnen und beurteilen

Lernsituation 2:

Lesen Sie zunächst folgenden Artikel und betrachten Sie die nachfolgende Abbildung!

Glück statt Wachstum – Die Grenzen der wirtschaftlichen Produktivität

Im Kapitalismus ist das Bruttoinlandsprodukt das Maß aller Dinge. Und obwohl die sogenannte Erste Welt nach wie vor reicher und produktiver ist als die Dritte, sind die Menschen hier nicht glücklich. Woran liegt das?

Bereits in den 1970ern erkannte der Club of Rome die Grenzen des Wachstums. Wirtschaftliche Produktivität sei kein alleiniger Gradmesser von Lebensqualität und Wohlstand – wichtig seien auch andere Dinge wie Gesundheit, Bildung, das persönliche Umfeld oder eine ökologische Umwelt.

Durch die unsichtbare Hand, die Selbstregulierung des Marktes, werde gleichzeitig auch das allgemeine, gesellschaftliche Glück erhöht – so wollte es der Begründer der modernen Marktökonomie, Adam Smith. Viele unsichtbare Hände stürzten gut 230 Jahre später die Welt in die Krise. Die Wirtschaft wuchs wild, die Finanzwelt wucherte – bis zum Overkill. Wachstum, so das Mantra, soll nun sogar wieder aus der Krise führen. „Wir haben das fast aus dem Auge verloren, kulturell und kollektiv, dass eigentlich Glück der Indikator ist und nicht Wachstum", sagt der Soziologe Hartmut Rosa. […] Längst gehe es bei unserer Produktion nicht mehr darum, Mangel zu beheben. Das einzige, was steige, sei das Tempo. „Inzwischen ist Wachstum zu einem derart unerbittlichen Zwang geworden, dass es uns alle wie in ein Hamsterrad setzt, das uns jedes Jahr zwingt, ein bisschen schneller zu laufen, ein bisschen höher die Wettbewerbsfähigkeit zu steigern", so Rosa. […]

Je höher das Bruttosozialprodukt, desto mehr Wohlstand – diese Rechnung geht für moderne Industriestaaten nicht mehr auf. Hier läuft die Suche nach neuen Gradmessern für Lebensqualität, zum Beispiel dem Bruttoinlands-Glück. Den jüngsten Vorstoß wagten die Nobelpreisträger Joseph Stiglitz und Amartya Sen. […] „Arbeit etwa hat einen Einfluss auf unser Wohlbefinden, der jenseits des Einkommens liegt. Gesundheit, Bildung, Sicherheit und soziale Beziehungen machen Lebensqualität aus, aber werden nicht vom Bruttosozialprodukt erfasst", so Stiglitz.

Das statistische Maß ist blind gegen Leid und Wohl. Es zeigt die Welt im Zerrspiegel: Ganz gleich, ob eine Ölpest Arbeit schafft, Staus den Benzinverbrauch steigern oder Katastrophen Aufräumarbeiten bedingen, das Bruttosozialprodukt wird dadurch gesteigert. Wie aber lassen sich Wohl- und Missstand überhaupt bestimmen? „Der Bettler, der sich am Wegesrand sonnt", schrieb Adam Smith, „hat eine Zufriedenheit, für welche die Könige kämpfen müssen." Das kleine Land Bhutan, ökonomisch betrachtet nicht der Rede wert, ist beim Bruttosozialglück Vorreiter. Das kleine Königtum im Himalaya misst seit gut 40 Jahren Lebensqualität: Spirituelle Wohlfahrt zählt wie auch Fertigkeiten im Handwerk. Kann uns Bhutan Vorbild sein?

[…] Was wir sehen wollen, berechnen wir. Ein realistisches Maß für Wohlstand würde abwägen, mit welchen Umwelt- und Sozial-Kosten wir unsere Produktivität bezahlen. […] „Die Krise hat vor Augen geführt, wie wichtig unsere Bedenken sind", sagt Joseph Stiglitz. „Das Finanzwesen ist das Mittel einer produktiven Wirtschaft und kein Selbstzweck. Die Wirtschaft soll unserem Wohlergehen dienen – auch sie ist nicht Selbstzweck." Politik müsste Wirtschaft zum Allgemeinwohl verpflichten. So könnte der durchaus vorhandene Reichtum gerechter verteilt werden. Keine Gesellschaft kann gedeihen und glücklich sein, in der der weitaus größte Teil ihrer Mitglieder arm und elend ist.

Quelle: www.3sat.de/kulturzeit/themen/141024/index.html, 2012/3sat, Donya Ravasani.

Glücksgefühl weltweit

Umfrage in 138 Ländern zur eigenen Lebenszufriedenheit

Zufriedenheitsindex (je höher, desto glücklicher)

über 75 | *61 bis 75* | *45 bis 60* | *unter 45* | *k. A.*

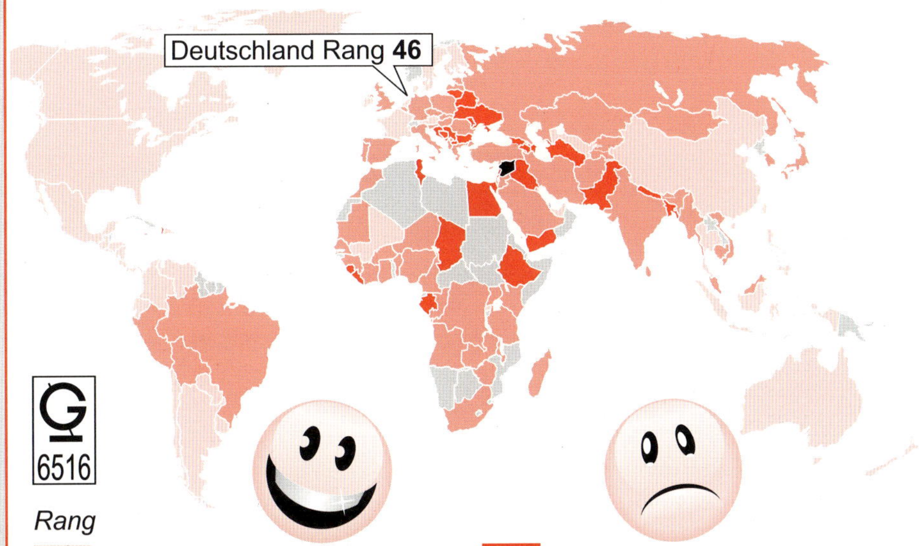

Rang

1	Paraguay	**87**	134	Serbien	**54**
2	Panama	**86**	135	Bosnien u. Herzegowina	**54**
3	Guatemala	**83**	136	Litauen	**53**
4	Nicaragua	**83**	137	Tschad	**52**
5	Ecuador	**83**	138	Syrien	**36**

© **Globus** Stand 2013 Quelle: Gallup

Zum dritten Mal in Folge führt Paraguay die Liste der glücklichsten Länder der Welt an. Neun der zehn glücklichsten Länder 2013 liegen in Lateinamerika. Der eine Ausreißer: Dänemark liegt auf Platz acht. Jedes Jahr erstellt das Washingtoner Gallup-Institut den internationalen Glücksatlas. Menschen in 138 Nationen wurden unter anderem gefragt, ob sie am Tag zuvor gelacht haben, mit Respekt behandelt wurden und sich glücklich fühlten. Die unglücklichste Nation ist das kriegszerrüttete Syrien. Deutschland liegt auf Rang 46, gleichauf mit dem Senegal und Kenia. Dass Deutschland als eines der reichsten Länder der Erde nur im oberen Mittelfeld liegt, zeigt, dass Geld nicht automatisch glücklich macht. Fest steht: Menschen ohne Geldsorgen sind zufriedener. Allerdings gilt diese Regel nur bis zu einem bestimmten Einkommensniveau. Experten beobachten, dass ab einem Jahreseinkommen von 75 000 Dollar das Glücksgefühl nicht mehr deutlich ansteigt.

Kompetenzorientierte Arbeitsaufträge:

1. Notieren Sie sich zunächst die Begriffe in dem vorangestellten Text, die Ihnen unverständlich erscheinen und recherchieren Sie diese anschließend im Internet!

Begriff	Kurze Umschreibung

Begriff	Kurze Umschreibung

2. Nennen Sie fünf allgemeine Bestimmungsfaktoren für den Wohlstand eines Landes!

3. Versuchen Sie Argumente dafür zu finden, warum im Falle von Wirtschaftswachstum in Deutschland nicht alle Einwohner gleichermaßen davon profitieren! Gehen Sie dabei insbesondere auf mögliche Ursachen für diese Ungleichverteilung ein!

Argument	Kurze Umschreibung

Argument	Kurze Umschreibung

4. Entwickeln Sie abseits der Umverteilung von Einkommen einen möglichen Lösungsansatz zur dauerhaften Beseitigung solcher Ungleichverteilungen!

Mein Lösungsansatz zur dauerhaften Beseitigung von Ungleichverteilungen

5. Erläutern Sie anhand von drei Beispielen, inwiefern Wirtschaftswachstum hierzulande auch negative Auswirkungen für die Bevölkerung haben kann!

	Beispiel	Kurze Erläuterung
1		
2		
3		

6. Veranschaulichen Sie anhand eines konkreten Beispiels, wie sich Wirtschaftswachstum und Umweltschutz miteinander verbinden lassen!

Beispiel für Verbindung von Wirtschaftswachstum und Umweltschutz

7. Erläutern Sie, auf welchen Wegen das Bruttoinlandsprodukt ermittelt wird und welche Fragen dabei im Zentrum der jeweiligen Ermittlung stehen!

➤

➤

➤

Zusatzauftrag: Lückentext

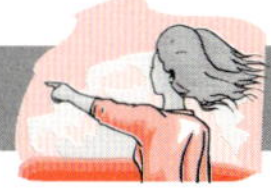

Ergänzen Sie den Lückentext, indem Sie das jeweils fehlende Wort einsetzen!

Bearbeitungshinweis:

Versuchen Sie zunächst, den Lückentext ohne weitere Hilfsmittel zu vervollständigen. Nutzen Sie in Zweifelsfällen und zur abschließenden Selbstkontrolle die an den Lückentext anschließenden Füllwörter.

Das Bruttoinlandsprodukt gilt als wichtiger Maßstab für eine Steigerung des Wohlstandes einer Volkswirtschaft. Grundsätzlich lassen sich zwei Arten von Wirtschaftswachstum unterscheiden, das ____________ und das ____________ Wachstum.

Das Bruttoinlandsprodukt kann in ____________ Preisen oder ____________ berechnet werden. Im ersten Fall spricht man vom ____________, im zweiten vom ____________ Bruttoinlandsprodukt.

Addiert man das Unternehmens- und das Vermögenseinkommen sowie das ____________, so erhält man das ____________.

Wenn man zu dieser Größe die Abschreibungen addiert sowie die Produktions- und Importabgaben abzüglich der ____________, so stellt diese Summe das ____________ dar.

Berücksichtigt man nunmehr noch den Saldo der ____________ aus der übrigen Welt, so ergibt sich das ____________.

Das Bruttoinlandsprodukt als Wohlstandsindikator steht jedoch auch in der ____________. So werden einige Leistungen – wie z.B. Leistungen des Staates – nicht mit Marktpreisen, sondern zu ____________ bewertet. Auch ist das Bruttoinlandsprodukt teilweise zu hoch, da ____________, wie etwa Umweltschäden, nicht berücksichtigt werden. Schließlich sind einige Leistungen, wie die Schattenwirtschaft, nur als ____________ enthalten.

- [ ] Arbeitnehmerentgelt
- [ ] Bruttoinlandsprodukt
- [ ] Bruttonationaleinkommen
- [ ] Herstellungskosten
- [ ] jeweiligen
- [ ] Kritik
- [ ] nominalen
- [ ] preisbereinigt
- [ ] Primäreinkommen
- [ ] qualitative
- [ ] quantitative
- [ ] realen
- [ ] Schätzgröße
- [ ] soziale Kosten
- [ ] Subventionen
- [ ] Volkseinkommen
- [✓] Wohlstandes

Zusatzauftrag: Persönliches Glück reflektieren

1. Notieren Sie in Einzelarbeit, was Sie ganz persönlich aktuell glücklich macht bzw. was Sie sich für Ihre Zukunft wünschen, um glücklich zu leben!

Glück ☺

Was mich aktuell glücklich macht:	Was ich mir für die Zukunft wünsche, um glücklich zu leben:
1. ______	1. ______
2. ______	2. ______
3. ______	3. ______
4. ______	4. ______
5. ______	5. ______

2. Überlegen Sie anschließend, was Sie in Zukunft konkret tun können, um die von Ihnen notierten Voraussetzungen für Ihr persönliches Glück zu erreichen!

Was muss ich in Zukunft konkret für mein persönliches Glück tun? ☺
1. ______
2. ______
3. ______
4. ______
5. ______

Kompetenz-Check

1. Unter Wirtschaftswachstum wird meist die Erhöhung des innerhalb einer Periode erzielten Bruttoinlandsprodukts verstanden, also die Zunahme der produzierten Menge an Gütern und Dienstleistungen innerhalb einer Volkswirtschaft. Welche zwei der nachfolgenden Aussagen zum Bruttoinlandsprodukt sind falsch? Ist nur eine Aussage falsch, so tragen Sie bitte eine ⑨ in das zweite Kästchen ein!

Kompetenzstufe 1

① Bei dem quantitativen Wachstum steht die rein mengenmäßige Erhöhung des Bruttoinlandsprodukts im Vordergrund.

② Bei dem qualitativen Wachstum steht vor allem die Verbesserung der Lebens- und Umweltbedingungen im Vordergrund.

③ Das quantitative Wachstum findet seinen Ausdruck z. B. in der Entwicklung sparsamer und umweltschonender Produktionsverfahren, größerer Freizeit oder qualifizierten Ausbildungen.

④ Das Wachstum einer Volkswirtschaft wird durch den Bestand und die Auslastung der Produktionsfaktoren bestimmt. Daraus lässt sich das gesamtwirtschaftliche Produktionspotenzial ermitteln.

⑤ Die wirtschaftliche Leistung einer Volkswirtschaft und deren Veränderung wird von Statistischen Ämtern gemessen und in den Größen Bruttoinlandsprodukt und Bruttonationaleinkommen ausgedrückt.

⑥ Das Bruttoinlandsprodukt misst die Produktion von Waren und Dienstleistungen in einem bestimmten Gebiet für einen bestimmten Zeitraum, unabhängig davon, ob diejenigen, von denen die Produktionsfaktoren bereitgestellt werden, ihren ständigen Wohnsitz in diesem Gebiet haben oder nicht.

⑦ Das Bruttonationaleinkommen bezieht sich auf die Güter, die mithilfe der Faktorleistung der Einwohner eines bestimmten Gebiets produziert wurden, unabhängig davon, ob diese Faktorleistung im Inland oder in der übrigen Welt erbracht wurde.

⑧ Die Berechnung des Bruttoinlandsprodukts basiert auf dem Inländerkonzept, die Berechnung des Bruttonationaleinkommens hingegen auf dem Inlandskonzept.

☐ ☐

2. Das Bruttoinlandsprodukt als Wohlstandsindikator wird immer wieder kritisiert. Welche zwei der nachfolgenden Aussagen zur Kritik am Bruttoinlandsprodukt als Wohlstandsindikator sind falsch? Ist nur eine Aussage falsch, so tragen Sie bitte eine ⑨ in das zweite Kästchen ein!

Kompetenzstufe 1

① Die Ermittlung der volkswirtschaftlichen Leistung stößt auf Erfassungs- und Bewertungsprobleme, sodass Schätzungen erforderlich werden, die auf mehr oder weniger willkürlichen Annahmen beruhen.

② Die volkswirtschaftliche Gesamtleistung ist vor allem deshalb zu niedrig berechnet, weil die sozialen Kosten nicht erfasst werden.

③ Nicht berücksichtigte Leistungen wie Kindererziehung oder Arbeitsleistungen privater Haushalte sorgen dafür, dass das Bruttoinlandsprodukt zu niedrig angesetzt wird.

④ Die im Rahmen der Schattenwirtschaft geschaffenen Leistungen sind illegal und finden in der Berechnung des Bruttoinlandsprodukts keine Berücksichtigung.

⑤ Die Leistungen des Staates sind nicht ausreichend bewertet. Da es für staatliche Leistungen keine Marktpreise gibt, müssen diese zu Herstellungspreisen bewertet werden.

⑥ Die Gesamtleistung wird auch deshalb zu hoch wiedergegeben, weil Teile der sozialen Kosten der Gesamtleistung hinzugerechnet werden, so z. B. die Behandlungskosten von Unfallopfern und Berufskranken, die Reparaturen an Unfallfahrzeugen oder -maschinen sowie die Neuanschaffungen von Fahrzeugen und Maschinen, die aufgrund von Unfällen erforderlich waren.

☐ ☐

10 Boller - ISBN 978-3-8120-1557-8

3. In der volkswirtschaftlichen Gesamtrechnung gibt es drei verschiedene Ansätze zur Berechnung des Bruttoinlandsprodukts. Welche zwei der folgenden Aussagen zur Berechnung des Bruttoinlandsprodukts sind falsch? Ist nur eine Aussage falsch, so tragen Sie bitte eine ⑨ in das zweite Kästchen ein!

Kompetenzstufe 2

① Die Entstehungsrechnung basiert auf der Frage: „Wo ist das Bruttoinlandsprodukt entstanden?“ Sie erfasst die wirtschaftliche Leistung einer Periode nach ihren Quellen, d. h. nach den Wirtschaftsbereichen, die in drei Gruppen untergliedert sind: primärer, sekundärer und tertiärer Sektor.

② Die Summe der wirtschaftlichen Leistungen der einzelnen Wirtschaftsbereiche ergibt die Bruttowertschöpfung. Sie ergibt sich aus der Addition von Produktionswert zuzüglich der Vorleistungen.

③ Werden zu der Bruttowertschöpfung die Gütersteuern addiert und die Gütersubventionen subtrahiert, so erhält man das Bruttoinlandsprodukt.

④ Um den tatsächlichen Wertzuwachs der Wirtschaftsbereiche zu ermitteln, muss der Wertverlust, der durch die Nutzung der Produktionsmittel entstanden ist, abgezogen werden.

⑤ Werden vom Bruttoinlandsprodukt die Abschreibungen abgezogen, erhält man das Nettoinlandsprodukt.

⑥ Das Bruttoinlandsprodukt lässt sich sowohl preisbereinigt als auch in jeweiligen Preisen berechnen. Im ersten Fall handelt es sich um das nominale Bruttoinlandsprodukt, im zweiten Fall um das reale Bruttoinlandsprodukt.

⑦ Als Nettoproduktionsabgabe bezeichnet man den Saldo aus Gütersteuern abzüglich Gütersubventionen.

⑧ Die Entstehungsrechnung macht den Anteil der einzelnen Wirtschaftsbereiche am Bruttoinlandsprodukt deutlich.

4. In der volkswirtschaftlichen Gesamtrechnung gibt es drei verschiedene Ansätze zur Berechnung des Bruttoinlandsprodukts. Welche zwei der folgenden Aussagen zur Berechnung des Bruttoinlandsprodukts sind falsch? Ist nur eine Aussage falsch, so tragen Sie bitte eine ⑨ in das zweite Kästchen ein!

Kompetenzstufe 2

① Bei der Verwendungsrechnung steht die Frage im Vordergrund: „Wie wird das Bruttoinlandprodukt verwendet?“ Die Verwendungsrechnung setzt an der Angebotsseite an.

② Der Außenbeitrag errechnet sich aus der Differenz von Exporten und Importen.

③ Zu den Bruttoinvestitionen im Rahmen der Verwendungsrechnung zählen die Ausrüstungen, Bauten, sonstigen Anlagen und Vorratsveränderungen.

④ Das Volkseinkommen setzt sich aus dem Arbeitnehmerentgelt und den Unternehmens- und Vermögenseinkommen zusammen.

⑤ Der Unterschied zwischen dem Bruttonationaleinkommen und dem Volkseinkommen basiert auf den Abschreibungen sowie den Produktions- und Importabgaben abzüglich Subventionen.

⑥ Die Differenz zwischen dem Bruttoinlandsprodukt und dem Bruttonationaleinkommen ist der Saldo der Primäreinkommen aus der übrigen Welt.

⑦ Bei der Berechnung der Lohnquote wird das Arbeitnehmerentgelt ins Verhältnis zu dem Volkseinkommen gesetzt.

⑧ Setzt man das Unternehmens- und Vermögenseinkommen ins Verhältnis zum Volkseinkommen, so erhält man die Gewinnquote.

5. Innerhalb einer Volkswirtschaft lassen sich vier Sektoren unterscheiden. Ordnen Sie den nachfolgenden Beispielen die Ziffer des richtigen Sektors zu!

① Erzeugung (primärer Sektor),

② Weiterverarbeitung (sekundärer Sektor),

③ Verteilung (tertiärer Sektor),

④ sonstige Dienstleistungsbetriebe.

Kompetenzstufe 3

5.1	Schreinerei Eder und Söhne KG	
5.2	Steuerberater Geissen und Partner	
5.3	Feinkostladen Gut und Gerne	
5.4	Modegeschäft Young Collection Sportswear	
5.5	Windradanlagenbetreiber Knut Hansen	
5.6	Biolandwirt Malte Sonnenkalb	
5.7	Stadtsparkasse Entenhausen	
5.8	Stahlwerke Ingolstadt AG	

6. In einer Volkswirtschaft liegen folgende Daten vor:

Volkseinkommen: 2856,8 Mrd. GE

Unternehmens- und Vermögenseinkommen: 951,3 Mrd. GE

Berechnen Sie die Lohnquote (Ergebnis auf eine Nachkommastelle runden)!

Kompetenzstufe 3

☐☐,☐ %

Kompetenzstufe 3

7. In einer Volkswirtschaft liegen folgende Daten vor (in Mrd. GE):

Unternehmens- und Vermögenseinkommen:	322,5
Arbeitnehmerentgelt:	845,8
Primäreinkommen, die Inländer aus dem Ausland beziehen:	63,6
Primäreinkommen, die Ausländer aus dem Inland beziehen:	35,1
Abschreibungen:	186,2
Produktions- und Importabgaben abzüglich Subventionen:	122,4

7.1 Ermitteln Sie das Volkseinkommen (in Mrd. GE)!

☐.☐☐☐,☐ Mrd. GE

7.2 Ermitteln Sie das Bruttonationaleinkommen (in Mrd. GE)!

☐.☐☐☐,☐ Mrd. GE

7.3 Ermitteln Sie das Bruttoinlandsprodukt (in Mrd. GE)!

☐.☐☐☐,☐ Mrd. GE

8. Zur Lösung der nachfolgenden Aufgabenstellungen nutzen Sie bitte das folgende Material zur Entstehung und Verwendung des Inlandsprodukts sowie zur Verteilung des Volkseinkommens.

Kompetenzstufe 4

Material:
Entstehung und Verwendung des Inlandsprodukts, Verteilung des Volkseinkommens

	Jahr 01	Jahr 02
Position	Index 20.. = 100	
Preisbereinigt, verkettet		
I. Entstehung des Inlandsprodukts		
Produzierendes Gewerbe (ohne Baugewerbe)	108,1	110,4
Baugewerbe	104,0	103,8
Handel, Verkehr, Gastgewerbe	105,2	106,9
Information und Kommunikation	125,5	129,1
Erbringung von Finanz- und Versicherungsdienstleistungen	99,8	98,8
Grundstücks- und Wohnungswesen	103,6	105,0
Unternehmensdienstleister	106,6	109,6
Öffentliche Dienstleister, Erziehung und Gesundheit	103,7	105,0
Sonstige Dienstleister	98,5	98,9
Bruttowertschöpfung	106,0	107,7
Bruttoinlandsprodukt	106,1	107,9
...	...	...
In jeweiligen Preisen (Mrd EUR)		
III. Verwendung des Inlandsprodukts		
Private Konsumausgaben	1 592,2	1 632,7
Konsumausgaben des Staates	564,0	589,2
Ausrüstungen	189,8	197,3
Bauten	291,8	297,2
Sonstige Anlagen	103,5	108,5
Vorratsveränderungen	– 22,0	– 35,2
Inländische Verwendung	2 719,3	2 789,7
Außenbeitrag		
Exporte	1 333,2	1 419,0
Importe	1 136,8	1 182,0
Bruttoinlandsprodukt	2 915,7	3 026,6
IV. Preise (20.. = 100)		
Privater Konsum	105,9	106,6
Bruttoinlandsprodukt	106,6	108,8
Terms of Trade	99,7	102,5
V. Verteilung des Volkseinkommens		
Arbeitnehmerentgelt	1 485,3	1 542,8
Unternehmens- und Vermögenseinkommen	690,9	722,3
Volkseinkommen	2 176,2	2 265,1
Nachr.: Bruttonationaleinkommen	2 982,4	3 093,8

8.1 Ermitteln Sie, um wie viel Prozent das nominale Bruttoinlandsprodukt von Jahr 01 auf Jahr 02 gestiegen ist; runden Sie das Ergebnis auf eine Stelle hinter dem Komma!

☐,☐%

8.2 Berechnen Sie die prozentuale Veränderung des realen Bruttoinlandsprodukts von Jahr 01 auf Jahr 02 (Ergebnis auf eine Stelle nach dem Komma runden)!

☐,☐%

8.3 Ermitteln Sie den Außenbeitrag für das Jahr 02 in Mrd. Euro!

Mrd. €

8.4 Berechnen Sie die prozentuale Veränderung des nominalen Außenbeitrags im Vergleich zum Jahr 01!

, %

8.5 Berechnen Sie die Lohnquote für das Jahr 02 (Ergebnis auf eine Stelle nach dem Komma runden)!

☐☐,☐ %

8.6 Wie hoch waren die Bruttoinvestitionen im Jahr 02? Die Bruttoinvestitionen setzen sich zusammen aus Bauten, Ausrüstungen, sonstigen Anlagen und Vorratsveränderungen.

☐☐☐,☐ Mrd. €

Kompetenzstufe 4

9. Berechnen Sie aus den nachfolgenden Daten in Mrd. GE das Bruttoinlandsprodukt!

Primäreinkommen, die Ausländer aus dem Inland bezogen haben:	148,9
Primäreinkommen, die Inländer aus dem Ausland bezogen haben:	157,6
Produktions- und Importabgaben an den Staat:	541,7
Abschreibungen:	112,2
Subventionen:	238,9
Arbeitnehmerentgelt:	1856,1

Die Lohnquote betrug im Betrachtungszeitraum 68,5 %.

Runden Sie das Ergebnis auf eine Stelle nach dem Komma!

☐.☐☐☐,☐ Mrd. GE

11 Boller - ISBN 978-3-8120-1557-8

3 Grundgedanken und Ordnungsmerkmale der Sozialen Marktwirtschaft in der Bundesrepublik Deutschland beschreiben und deren Einfluss untersuchen

Lernsituation 3:

Lesen Sie zunächst den nachfolgenden Artikel!

Soziale Marktwirtschaft

Die deutsche Wirtschaftspolitik orientiert sich seit Mitte des 20. Jahrhunderts am Konzept der Sozialen Marktwirtschaft. Es geht zurück auf Ludwig Erhard, der von 1949 bis 1963 der erste Bundeswirtschaftsminister der Bundesrepublik Deutschland war. Die zentrale Idee besteht darin, die Freiheit aller, die als Anbieter oder Nachfrager am Markt teilnehmen, zu schützen und gleichzeitig für sozialen Ausgleich zu sorgen. Erstmals schriftlich erwähnt wurde der Begriff „Soziale Marktwirtschaft" von Erhards Mitstreiter Alfred Müller-Armack, 1952 Leiter der wirtschaftspolitischen Grundsatzabteilung im BMWi [Bundesministerium Wirtschaft] und ab 1958 Staatssekretär für Europapolitik.

Die Soziale Marktwirtschaft ist ein wesentlicher Teil unserer freiheitlichen, offenen und solidarischen Gesellschaft. Mit ihr gibt es einen bewährten Kompass, der Wohlstand und Vollbeschäftigung ermöglicht und zugleich den sozialen Ausgleich und den gesellschaftlichen Zusammenhalt in unserem Land festigt.

Der erste Grundsatz in der Sozialen Marktwirtschaft ist, dass die Märkte über den Preismechanismus für den Ausgleich von Angebot und Nachfrage sorgen: Sind besonders begehrte Güter knapp, steigt deren Preis. Das drängt Nachfrage zurück und bietet zugleich Gewinnmöglichkeiten für zusätzliche Anbieter. Anbieter werden versuchen, die Produktion so kostengünstig wie möglich zu gestalten. So kommt es zu einer effizienten Verwendung der Produktionsmittel und zu günstigen Preisen für die Verbraucher. Dafür ist wichtig, dass Wettbewerb mit offenem Marktzugang herrscht und Marktmacht verhindert wird. Der Marktmechanismus erhöht dann die Konsummöglichkeiten, motiviert die Anbieter zu Innovationen und technischem Fortschritt und verteilt Einkommen und Gewinn nach individueller Leistung. Es ist eine wichtige Aufgabe des Staates, den Rahmen für einen funktionierenden Wettbewerb zu schaffen und zu erhalten. Gleichzeitig muss er die Bereitschaft und die Fähigkeit der Menschen zu eigenverantwortlichem Handeln und mehr Selbstständigkeit fördern.

Der zweite Grundsatz der Sozialen Marktwirtschaft neben dem freien Markt ist der soziale Ausgleich. Dieser soll eine soziale Absicherung für diejenigen bereitstellen, die aufgrund von Alter, Krankheit oder Arbeitslosigkeit keine Markteinkommen erzielen können. Zu einer Sozialen Marktwirtschaft gehören zudem nicht nur gute Wettbewerbsbedingungen und ein gutes Investitionsklima, sondern auch soziale Teilhabe sowie Chancengerechtigkeit.

Rechtliche Grundlage

Die Soziale Marktwirtschaft wurde nie namentlich als Wirtschaftssystem Deutschlands im Grundgesetz verankert, weil das Grundgesetz keinen eigenen Abschnitt zur Wirtschaft enthält. Allerdings legen zentrale Elemente unserer Rechtsordnung, wie u. a. die Grundrechte, die Vertrags- und Koalitionsfreiheit oder das Recht auf eine freie Berufs- und Arbeitsplatzwahl die Grundlage für die Soziale Marktwirtschaft und schließen die Extreme einer reinen Zentralverwaltungswirtschaft oder einer schrankenlosen Marktwirtschaft aus.

Im Mai 1990 wurde die Soziale Marktwirtschaft im Vertrag über die Schaffung einer Währungs-, Wirtschafts- und Sozialunion zwischen der Bundesrepublik und der ehemaligen DDR rechtlich als gemeinsame Wirtschaftsordnung verankert.

Textquelle: www.bmwi.de.

Kompetenzorientierte Arbeitsaufträge:

1. Notieren Sie sich zunächst die Begriffe in dem vorangestellten Text, die Ihnen unverständlich erscheinen und recherchieren Sie diese anschließend im Internet!

Begriff	Kurze Umschreibung

2. Nennen Sie die zentrale Idee der Sozialen Marktwirtschaft und legen Sie kurz dar, wo die Soziale Marktwirtschaft in der Bundesrepublik Deutschland verankert ist!

Zentrale Idee der Sozialen Marktwirtschaft:

3. Erläutern Sie in wenigen Worten die aus dieser Idee (vgl. Aufgabe 2) resultierende Zielsetzung der Sozialen Marktwirtschaft!

Zielsetzung der Sozialen Marktwirtschaft

4. Ein Grundsatz der Sozialen Marktwirtschaft betont den sogenannten „sozialen Ausgleich". Erläutern Sie kurz, was man hierunter versteht und führen Sie konkrete Beispiele an, wie dieser Grundsatz im Alltag anzutreffen ist!

Sozialer Ausgleich	______________________________ ______________________________
Konkrete Beispiele	➤ ______________________________ ➤ ______________________________ ➤ ______________________________

5. Nicht wenige Kritiker führen immer wieder an, dass der „soziale Ausgleich" ein wesentlicher Grund für die zunehmende Belastung der öffentlichen Haushalte darstellt.

Recherchieren Sie im Internet, wie hoch die Sozialausgaben aktuell die öffentlichen Haushalte belasten und diskutieren Sie über Möglichkeiten, diese Ausgaben künftig einzudämmen!

Notizen zu den Sozialausgaben

Zusatzauftrag: Schaubild ergänzen

Vervollständigen Sie das nachfolgende Schaubild, indem Sie die folgenden Formulierungen sachlogisch korrekt in die vorgegebenen Felder einfügen:

- legt in Gesetzen die Regeln fest
- Verbraucherschutz
- freie Konsumwahl
- wirtschaftlich Schwacher
- Gewerbefreiheit
- Sicherung
- Privateigentums
- Arbeitnehmerschutz
- Handelsfreiheit
- solidarische Unterstützung
- freiwilliges

SOZIALE MARKTWIRTSCHAFT

Freier Wettbewerb ______ **des Wettbewerbs**	◀ **Staat** ▶	**Sozialer Ausgleich zugunsten** ______
➤ ______ ➤ Produktions- und ______ ➤ Europäische Niederlassungsfreiheit ➤ freie Arbeitsplatzwahl ➤ freie Berufswahl ➤ ______ ➤ Schutz des ______	______ ______ ______ ______ ______	➤ Sozialversicherungen: ______ ______ in Notsituationen ➤ ______ ➤ ______
Bürgergesellschaft, ______ **Engagement**		

Quelle: Sozialpolitik, Ausgabe 2015/2016.

Kompetenz-Check

Kompetenzstufe 1

1. Entscheiden Sie, welche der nachfolgenden Aussagen zur sozialen Marktwirtschaft falsch ist! Sind alle Aussagen richtig, tragen Sie bitte eine ⑨ in das Kästchein ein!

① Die soziale Marktwirtschaft ist eine Wirtschaftsordnung, die grundsätzlich den freien Markt befürwortet, ohne die Nachteile der freien Marktwirtschaft in Kauf nehmen zu wollen.

② Das Grundgesetz der Bundesrepublik Deutschland schreibt ausdrücklich keine bestimmte Wirtschaftsform vor, sondern lässt einen großen Spielraum für denkbare Wirtschaftsordnungen.

③ Das Grundziel der sozialen Marktwirtschaft ist: „So viel Freiheit wie gerade nötig und so viel staatlichen Zwang wie möglich."

④ In einem Rechtsstaat muss die Wirtschaftsordnung in eine Rechtsordnung eingebunden sein, die sich wiederum an der Verfassung auszurichten hat.

⑤ Im Grundgesetz werden verschiedene Freiheitsrechte garantiert, so z. B. die Vertragsfreiheit, die Konsum- oder Gewerbefreiheit.

⑥ Gemäß dem Grundgesetz ist die Grenze der Freiheitsrechte dort erreicht, wo die Rechte anderer verletzt werden können.

☐

Kompetenzstufe 2

2. Entscheiden Sie, welche beiden der nachfolgenden Aussagen zu Individualismus bzw. Kollektivismus richtig sind! Ist nur eine Aussage richtig, tragen Sie bitte eine ⑨ in das zweite Kästchen ein!

① Vor dem Fall der Mauer gab es vor allem in Osteuropa Staaten, in denen die Zentralverwaltungswirtschaft vollständig verwirklicht wurde.

② Beim Individualismus wird vor allem die Freiheit des Einzelnen betont. Bei diesem Ansatz ist der einzelne Mensch eine eigenständige Persönlichkeit, der für sich selbst verantwortlich ist.

③ Die Bundesrepublik Deutschland ist eine der führenden Industrienationen, in denen die freie Marktwirtschaft vollständig umgesetzt wird.

④ Für den Kollektivismus ist der Mensch in erster Linie ein Gemeinschaftswesen. Deswegen stehen die Interessen des Einzelnen über den Interessen des Staates bzw. der Gesellschaft.

⑤ Für Wirtschaftsordnungen, die vor allem den Individualismus in den Mittelpunkt stellen, bedeutet dies, dass sich der Staat vor allem durch Gesetze und Verordnungen in die Wirtschaft einmischen soll.

⑥ Wirtschaftsordnungen, die den Kollektivismus in den Mittelpunkt stellen, bezeichnet man als Zentralverwaltungswirtschaft.

⑦ Bei der Wirtschaftsordnung der Zentralverwaltungswirtschaft stellt der Einzelne Pläne auf und versucht diese zu verwirklichen. Der Staat hingegen greift allenfalls korrigierend in das Wirtschaftsgeschehen ein.

Kompetenzstufe 3

3. Beurteilen Sie für die nachfolgenden Situationen, welches Freiheitsrecht im Mittelpunkt steht. Tragen Sie eine

① ein, wenn die Gewerbefreiheit,

② ein, wenn die Vertragsfreiheit,

③ ein, wenn die Konsumfreiheit,

④ ein, wenn die Vereinigungsfreiheit,

⑤ ein, wenn das Recht auf Freizügigkeit,

⑥ ein, wenn das Recht auf Berufsfreiheit,

⑦ ein, wenn das Recht auf Privateigentum,

⑨ ein, wenn keines der genannten Freiheitsrechte

zutrifft.

3.1	Der 19-jährige Maximilian Benzko möchte im Anschluss an sein Abitur entgegen den Empfehlungen seines Vaters nicht Medizin studieren, sondern eine Ausbildung zum Drogisten absolvieren.	
3.2	Die erfolgreiche Immobilienkauffrau Wiebke Wendelin eröffnet ein Konto bei der Baden-Direktbank AG, da sie dort keine Kontoführungsgebühren zahlen muss.	
3.3	Robert Geissen kauft bei der Bodenseewerft GmbH ein neues Motorboot. Entgegen den gesetzlichen Regelungen vereinbart er mit dem Unternehmen eine individuelle Gewährleistungsfrist von 10 Jahren.	
3.4	Nach der Ausbildung zur Medienkauffrau verwirklicht sich Leonie Klum ihren Traum und nimmt ein Jobangebot in New York an.	
3.5	Jennifer Beierle arbeitet seit Jahren als Verkäuferin in einer Modeboutique in Stuttgart. Nun beschließt sie, sich mit einem eigenen Modelabel „Schwabenchic" selbstständig zu machen und hierfür Geschäftsräume in bester Citylage anzumieten.	

3.6	Der 17-jährige Dave Mutschke kauft in der Nähe des Bahnhofs in Karlsruhe von einem Dealer eine größere Menge Cannabis für den Eigenkonsum.	
3.7	Der Kurierfahrer Robert Vettel fühlt sich seit vielen Jahren als Arbeitnehmer bezüglich seiner Rechte nicht ordentlich vertreten. Über das Internet startet er deshalb deutschlandweit eine Kampagne mit dem Ziel, eine eigene Gewerkschaft zu gründen, die sich insbesondere für die Interessen dieser Berufsgruppe einsetzen soll.	
3.8	Die Immobilienkauffrau Lina-Sophie Kümmerle erwirbt in der Nähe von Freiburg eine Eigentumswohnung in bester Lage. Wenige Wochen nach Vertragsunterzeichnung wird sie als Eigentümerin in das Grundbuch eingetragen.	

4. Die Grenze der Freiheitsrechte nach Artikel 2 Grundgesetz ist dort erreicht, wo die Rechte anderer verletzt werden können. Beurteilen Sie für die nachfolgenden Situationen, welche Einschränkung von Freiheitsrechten im Mittelpunkt steht. Tragen Sie eine

① ein, wenn die Einschränkung die Gewerbefreiheit,
② ein, wenn die Einschränkung die Eigentumsrechte,
③ ein, wenn die Einschränkung die Wettbewerbsgesetzgebung,
④ ein, wenn die Einschränkung die Tarifautonomie,
⑤ ein, wenn die Einschränkung die Sozialgesetzgebung,
⑨ ein, wenn der Sachverhalt keinen der genannten Bereiche

betrifft.

Kompetenzstufe 4

4.1	Die Freiburger Maschinenfabrik AG hat ein größeres Grundstück erworben, um dort eine neue Produktionsstätte zu errichten. Bei dem Investitionsvorhaben muss sie allerdings einige Auflagen zum Landschaftsschutz beachten.	
4.2	Nach dem Abitur unterzieht sich Chantal Bauerle einigen Eignungstests bei der Agentur für Arbeit und lässt sich auf der Basis der Ergebnisse dieser Untersuchungen Vorschläge für mögliche Ausbildungsberufe unterbreiten.	
4.3	Die angehende Abiturientin Charlotte von Wienkamp möchte Kinderärztin werden. Bei einem ersten Orientierungspraktikum in einer Arztpraxis muss sie jedoch erfahren, dass man für diesen Beruf neben einem Studium auch eine entsprechende staatliche Zulassung benötigt.	
4.4	Um dem zunehmenden Preiskampf zu entgehen, treffen sich mehrere Gastronomen in Stuttgart und sprechen ihre Preise ab.	
4.5	Fiona Meier möchte eine Ausbildung zur Drogistin beginnen. Die sehr gesundheitsbewusste Fiona informiert sich vor Ausbildungsbeginn bei unterschiedlichen Krankenkassen über deren Leistungskatalog.	
4.6	Die Weinheimer Lackfabrik KG produziert hochwertige Speziallacke für den Weltmarkt. Bei der Produktion kommen zahlreiche Gefahrstoffe zum Einsatz, sodass das Unternehmen vielfältige Vorschriften im Umgang mit diesen Stoffen beachten muss.	

4 Formen und Ziele der Kooperation und Konzentration unterscheiden und bearbeiten

Lernsituation 4:

Lesen Sie zunächst den nachfolgenden Artikel!

Die verordnete Solidarität

Wettbewerb war selbst unter Zunftmitgliedern verboten – Verstöße dagegen wurden sogar mit dem Tod bestraft

Am 29. September 1615 zogen die Kölner Handwerker aus, ihren Lebensunterhalt zu verteidigen. Mit Äxten, Pickeln und Pferdewagen setzten Zimmerleute, Dachdecker und Maurer über den Rhein und marschierten unter dem Schutz von 500 Soldaten gegen die Festung Mülheim. Sie rissen die Festungsmauern ein, zerstörten Häuser und Gewerbebetriebe. In der zum Herzogtum Berg gehörenden „Freiheit" Mülheim hatte sich in den vergangenen Jahrzehnten eine für die stadtkölnischen Zunfthandwerker ruinöse Konkurrenz entwickelt.

All jene Protestanten und aufstrebenden Manufakturbetreiber, denen im katholischen Köln das Produzieren verboten war, wurden in Mülheim kostenlos in den Bürgerstand aufgenommen. Sie statteten ihre Betriebe mit modernen mechanischen Hilfsmitteln aus, deren Gebrauch den Zunftmeistern verboten war, und sie stellten zur Arbeit ein, wer arbeiten wollte und konnte – ohne Rücksicht auf Gesellenbrief und Zunftfähigkeit. Die dynamischen Mülheimer Unternehmer erdrückten das zünftige Handwerk auf der anderen Rheinseite. Sie nahmen ihm die Märkte und kauften ihm die Rohstoffe vor der Nase weg. Der Feldzug von 1615 hat den Siegeszug des freien Gewerbes allerdings nicht aufhalten können. [...]

Textquelle: DIE ZEIT vom 05.12.1997; Bildquelle: Gästeamt Wangen im Allgäu.

Kompetenzorientierte Arbeitsaufträge:

1. Nennen Sie kurz Gründe, die die Kölner Handwerker dazu bewegt haben, gegen die Festung Mülheim zu ziehen! Gehen Sie dabei insbesondere auf die im Text genannten Ursachen ein!

Gründe für das Eingreifen der Kölner Handwerker

____

____

____

____

____

2. Erläutern Sie kurz, warum es im Rahmen der Sozialen Marktwirtschaft eine wichtige Aufgabe des Staates ist, den Rahmen für einen funktionierenden Wettbewerb zu schaffen und zu erhalten.

Gründe für einen funktionierenden Wettbewerb

➤ ______________________________

➤ ______________________________

➤ ______________________________

➤ ______________________________

3. Vielfach muss das Bundeskartellamt namhafte Unternehmen mit Strafen belegen, weil sie gegen geltendes Wettbewerbsrecht verstoßen, indem sie versuchen, den Wettbewerb auszuschalten. Recherchieren Sie hierzu aktuelle Fälle und präsentieren Sie die Ergebnisse Ihrer Recherche Ihren Mitschülern!

Notizen zur Recherche

____

____

____

____

____

____

Kompetenz-Check

Kompetenzstufe 1

1. Überprüfen Sie die nachfolgenden Aussagen zur Kooperation und Konzentration! Welche zwei der folgenden Aussagen sind falsch? Ist nur eine Aussage falsch, so tragen Sie in das zweite Kästchen bitte eine ⑨ ein!

① Kooperation ist jede Zusammenarbeit zwischen Unternehmen, wobei die einzelnen Kooperationsformen als Unternehmenszusammenschlüsse oder Unternehmensverbindungen bezeichnet werden.

② Kartelle sind vertragliche Zusammenschlüsse von wirtschaftlich selbstständig bleibenden Unternehmen eines Wirtschaftszweigs, deren rechtliche Selbstständigkeit mehr oder weniger stark eingeschränkt ist.

③ Konzerne sind horizontale, vertikale oder anorganische Zusammenschlüsse von Unternehmen, die rechtlich selbstständig sind, ihre wirtschaftliche Selbstständigkeit aber aufgeben, indem sie sich einer einheitlichen Leitung unterstellen.

④ Trusts sind Zusammenschlüsse von Unternehmen, die ihre rechtliche und wirtschaftliche Selbstständigkeit aufgeben.

⑤ Gemäß dem Kartellgesetz sind Vereinbarungen zwischen Unternehmen, Beschlüsse von Unternehmensvereinigungen sowie aufeinander abgestimmte Verhaltensweisen zu Verhinderung, Einschränkung oder Verfälschung des Wettbewerbs verboten.

⑥ Eine missbräuchliche Ausnutzung einer marktbeherrschenden Stellung durch ein oder mehrere Unternehmen ist verboten.

12 Boller - ISBN 978-3-8120-1557-8

⑦ Vom Kartellverbot nicht freigestellt sind Vereinbarungen zwischen Unternehmen, die unter angemessener Beteiligung der Unternehmen an dem entsprechenden Gewinn, zur Verbesserung der Warenerzeugung oder -verteilung oder zur Förderung des technischen oder wirtschaftlichen Fortschritts beitragen.

⑧ Marktbeherrschend sind z. B. zwei oder mehr Unternehmen, wenn zwischen ihnen für eine bestimmte Art von Waren oder von gewerblichen Leistungen kein wesentlicher Wettbewerb besteht.

2. Entscheiden Sie in den nachfolgenden Fällen, ob es sich um eine
① vertikale Kooperation oder Konzentration,
② horizontale Kooperation oder Konzentration oder
③ anorganische Kooperation oder Konzentration
handelt!

Kompetenzstufe 2

2.1	Ein Kreditinstitut kooperiert mit einer Bausparkasse und einer Versicherungsgesellschaft.	
2.2	Ein Sternerestaurant kauft die Zutaten für die zubereiteten Speisen überwiegend von heimischen Landwirten.	
2.3	Ein Möbelhaus kooperiert mit einem Berufskolleg für Wirtschaft und Verwaltung, indem es die SV-Räume kostenlos mit einem Sofa ausstattet.	
2.4	Zwei Automobilhersteller schließen sich zu einer Einkaufskooperation zusammen, um so günstigere Konditionen zu erhalten.	
2.5	Ein Metzger kooperiert mit heimischen Landwirten und ortsansässigen Restaurants.	
2.6	Ein Kreditkartenanbieter schließt einen Kooperationsvertrag mit einem Bundesligaverein.	
2.7	Mehrere Unternehmen schließen sich zu einem „Mischkonzern" zusammen, um so in wirtschaftlichen Krisen weniger anfällig zu sein.	
2.8	Ein Unternehmen der Stahlerzeugung kauft einen Konkurrenten in Baden-Württemberg auf.	

3. Entscheiden Sie in den nachfolgenden Fällen, ob es sich um
① einen Trust,
② aufeinander abgestimmtes Verhalten,
③ eine Preisbindung,
④ Missbrauch einer marktbeherrschenden Stellung,
⑤ ein Mittelstandskartell,
⑥ eine Fusion
handelt!

Kompetenzstufe 3

3.1	Ein Automobilzulieferer aus dem Sauerland produziert fast ausschließlich für ein Unternehmen, welches nunmehr auf erpresserische Art erhebliche Preisnachlässe fordert.	
3.2	Die europäischen Zementhersteller haben nach einer Fachtagung einheitlich die Preise um 15 % angehoben.	
3.3	Das Bundeskartellamt genehmigt einer deutschen Großbank die Übernahme eines Konkurrenten.	

3.4	Mehrere Unternehmen schließen sich zusammen und geben dabei ihre rechtliche und wirtschaftliche Selbstständigkeit auf.	
3.5	Eine Großbrauerei versucht einen kleineren Konkurrenten auszuschalten, indem er ihn von den Hopfenlieferanten boykotieren lässt.	
3.6	Ein Hersteller von Markenuhren gibt seine begehrte Ware nur an solche Händler ab, die sich verpflichten, sich ohne jegliche Abweichung an die Preisliste des Herstellers zu halten.	
3.7	Einige im Wettbewerb stehende Unternehmen vereinbaren eine zwischenbetriebliche Zusammenarbeit zur Rationalisierung wirtschaftlicher Vorgänge.	
3.8	Nach Ablehnung des Bundeskartellamtes wenden sich die beiden betroffenen Unternehmen an den Bundesminister für Wirtschaft und Technologie, um ein überragendes Interesse der Allgemeinheit geltend zu machen.	

4. Kennzeichnen Sie nachfolgende Aussagenpaare mit einer
   ①, wenn nur Aussage A richtig ist,
   ②, wenn nur Aussage B richtig ist,
   ③, wenn sowohl Aussage A als auch Aussage B richtig sind,
   ④, wenn beide Aussagen falsch sind!

Kompetenzstufe 4

4.1	**A:**	Unter einem Syndikat versteht man eine von einzelnen Produzenten unabhängige Verkaufseinrichtung.	
	B:	Ein Konsortium ist ein vorübergehender, loser Zweckverband zur Durchführung von Geschäften, die mit geringem Kapitaleinsatz und hohem Risiko verbunden sind.	
4.2	**A:**	Bei sogenannten Dachgesellschaften übertragen die Konzernunternehmen ihre Aktien auf eine übergeordnete Gesellschaft, die dann die Produktion und den Absatz übernimmt.	
	B:	Von Trusts, die durch Fusion entstehen, verspricht man sich Synergieeffekte, d. h. Kosteneinsparungen durch Zusammenlegung von Abteilungen.	
4.3	**A:**	Abgestimmte Verhaltensweisen fallen unter das Kartellverbot. Sie sind dadurch gekennzeichnet, dass eine verbindliche Übereinkunft zwischen den sich am Markt gleichförmig verhaltenden Unternehmen fehlt.	
	B:	Nicht gegen das Kartellgesetz verstoßen verbindliche Vorgaben für Verkaufspreise durch die Hersteller an die Händler.	
4.4	**A:**	Vereinbarungen von miteinander in Wettbewerb stehender Unternehmen, die der Rationalisierung wirtschaftlicher Vorgänge dienen, sind gemäß dem Kartellgesetz verboten.	
	B:	Das Kartellrecht schafft die Voraussetzungen dafür, dass der Wettbewerb zwischen den Unternehmen nicht zu groß wird.	
4.5	**A:**	Marktbeherrschenden Unternehmen ist es gemäß dem Kartellgesetz verboten, ihre Stellung missbräuchlich auszunutzen.	
	B:	Marktbeherrschend ist ein Unternehmen, wenn es auf einem Markt über einen Marktanteil von 40 % verfügt.	
4.6	**A:**	Alle Unternehmenszusammenschlüsse in der Bundesrepublik Deutschland sind vor dem Vollzug beim Bundeskartellamt anzumelden.	
	B:	Auf Antrag kann der Bundesminister für Finanzen die Erlaubnis zu einem vom Bundeskartellamt untersagten Zusammenschluss erteilen, wenn dieser von gesamtwirtschaftlichem Vorteil ist oder ein überragendes Interesse der Allgemeinheit gerechtfertigt ist.	

5 Markt als Ort des Zusammentreffens von Angebot und Nachfrage systematisieren und analysieren

Lernsituation 5:

Der 18-jährige Schüler Max Schlaumeier verdient sich gerne ein wenig Geld zusätzlich. Da Max schon recht früh in seinem Leben für sich erkannt hat, dass er gerne „sein eigenes Ding macht", kam für ihn kein normaler Job infrage, sodass er sich vor drei Monaten selbstständig machte. Zu diesem Zweck hat er gemeinsam mit seinem Vater den Kleinwohnwagen des Großvaters zu einem schönen „Marktstand" umgebaut und mit tollen Graffitis versehen. Mit dem mobilen Verkaufsstand fährt er dann zu verschiedenen Festen in der näheren Umgebung seines Wohnortes, um frisch zubereitete Crêpes zu verkaufen.

Zurzeit überlegt Max, ob er seinen Crêpestand für das eintägige Stadtfest seines Wohnortes am Sonntag anmelden soll, an dem vielfältige Marktstände die Einkaufspassage bereichern und zudem alle örtlichen Geschäfte geöffnet haben. Nach Auskunft der Organisatoren dieses Festes müsste er für den Stand eine Tagesgebühr von 150,00 € entrichten. Max verkauft die Crêpes zurzeit mit drei verschiedenen Belägen. Nach seiner Berechnung betragen die Kosten pro Crêpe inklusive Crêpetüte und Serviette unabhängig vom Belag ca. 1,00 €. Den Verkaufspreis hat Max seit Beginn seiner Geschäftstätigkeit auf 2,50 € festgelegt.

Da Max für das Backen eines Crêpes nur eine Herdplatte zur Verfügung steht, kann er während des zehnstündigen Stadtfestes maximal 300 Crêpes herstellen und verkaufen. Dieser „Engpass" ist Max schon seit Längerem ein Dorn im Auge. Grundsätzlich wäre er in der Lage, zwei Herdplatten gleichzeitig zu bedienen und somit die oft langen und auch geschäftsschädigenden Warteschlangen an seinem Stand zu vermeiden. Die Anschaffung einer zweiten Herdplatte hat Max jedoch bisher noch zurückgestellt, da diese Spezialplatten sehr teuer sind.

Kompetenzorientierte Arbeitsaufträge:

1. Angenommen, Sie wollen bei herrlichem Sonnenschein dieses Stadtfest besuchen. Bestimmen Sie, welche Faktoren konkret Ihr Einkaufsverhalten an den einzelnen Ständen bzw. in den Geschäften beeinflussen!

Faktoren, die mein Einkaufsverhalten beeinflussen

2. Erläutern Sie beispielhaft, wie sich Preisänderungen auf Ihr Nachfrageverhalten auswirken!

3. Angenommen, Crêpes zählen zu Ihren absoluten Lieblingsspeisen. Kurz bevor Sie den Marktstand von Max erreichen, sehen Sie, wie er den Preis pro Crêpe um 1,00 € erhöht. Welche Auswirkung hat diese Preiserhöhung auf Ihre Kaufentscheidung, wenn es keinen anderen Crêpestand gibt und Sie über ausreichend Taschengeld verfügen? Wie würde Ihre Entscheidung ausfallen, wenn Crêpes nicht Ihre einzige Lieblingsspeise wären?

Auswirkung der Preiserhöhung auf meine Kaufentscheidung von Crêpes

4. Erläutern Sie, wie Sie sich verhalten würden, wenn es weitere Crêpestände auf dem Markt geben würde und Sie unbedingt Crêpes essen möchten!

5. Diskutieren Sie, welche Auswirkungen es auf die Preisgestaltung von Max hat, ob es Konkurrenzanbieter gibt oder nicht!

Verhalten von Max	Kurze Umschreibung
Ohne Konkurrenz	
Mit Konkurrenz	

6. Angenommen, Max hätte mit einem Verkaufspreis von 2,00 € kalkuliert. Nunmehr stellt er aber fest, dass die beiden anderen Crêpeanbieter 2,50 € pro Crêpe nehmen. Erläutern Sie kurz, welche Auswirkungen sich für Max ergeben, wenn er sich den anderen Anbietern anpassen möchte!

Auswirkungen für Max bei Anpassung an die Konkurrenz

____

____

7. Aus den Erfahrungen der Vergangenheit heraus ist Ihnen bei Crêpes ein Preis von 4,00 € in Erinnerung. Erläutern Sie, was konkret die in Aufgabe 6 formulierte preisliche Ausgangssituation für Sie bedeutet!

Auswirkungen von geringeren Preisen auf mich als Konsument

____

____

8. Max hat noch immer keine Entscheidung getroffen, ob er für das Stadtfest seinen Stand anmelden möchte. Von den Organisatoren erfährt er, dass er der einzige Anbieter von Crêpes sein wird. Unterstellen Sie, dass Max einen Verkaufspreis von 2,50 € für realistisch hält. Berechnen Sie, wie viele Crêpes er verkaufen müsste, damit er keinen Verlust erleidet; bei welcher Verkaufsmenge also seine „Gewinnschwelle" läge! Ermitteln Sie, wie hoch der für ihn maximal auf dem Stadtfest erzielbare Gewinn wäre!

Berechnung der Gewinnschwelle

Berechnung des Gewinnmaximums

Zusatzauftrag: Diagramme erstellen bzw. analysieren

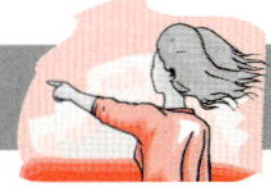

1. Lösen Sie die beiden nachfolgenden Situationen grafisch, indem Sie die Geschehnisse in das vorgegebene Marktschema einzeichnen! Achten Sie dabei bitte auf eine vollständige Beschriftung der Skizze!

1.1 Infolge einer Krise im Euroraum kommt es zu verstärkten Goldkäufen. Das Angebot des Edelmetalls kann nicht ausgeweitet werden.

1.2 Auf dem deutschen Holzmarkt stagnieren seit Jahren die Preise für Brenn- und Bauholz. Durch einen starken Orkan in großen Teilen der Bundesrepublik Deutschland werden über 200 000 Hektar Waldfläche entwurzelt. Das Holz muss – nicht zuletzt wegen der schlechten Lagerfähigkeit dieses Rohstoffs – umgehend aufgearbeitet und verkauft werden.

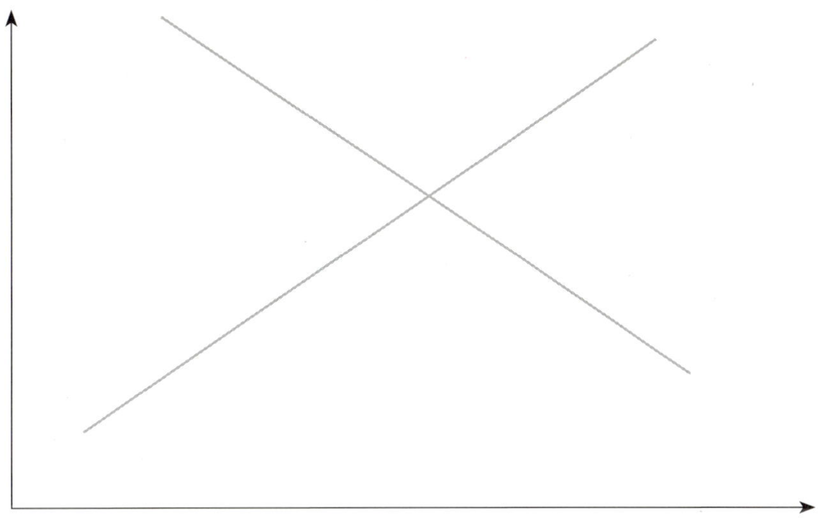

2. Ein Orkan richtete in den Waldstücken von vier Forstwirten erheblichen Schaden an. Nur noch als Brennholz verwertbar sind 4000 Kubikmeter aus dem Wald des Forstwirts A, 5000 Kubikmeter aus dem Wald des Forstwirts B, 500 Kubikmeter aus dem Wald des Forstwirts C und 6000 Kubikmeter aus dem Wald des Forstwirts D.

Interpretieren Sie das in den Diagrammen dargestellte Marktverhalten der vier Forstwirte! Tragen Sie die Lösung jeweils in den unterhalb der Skizze angebrachten Lösungskasten ein!

Forstwirt A

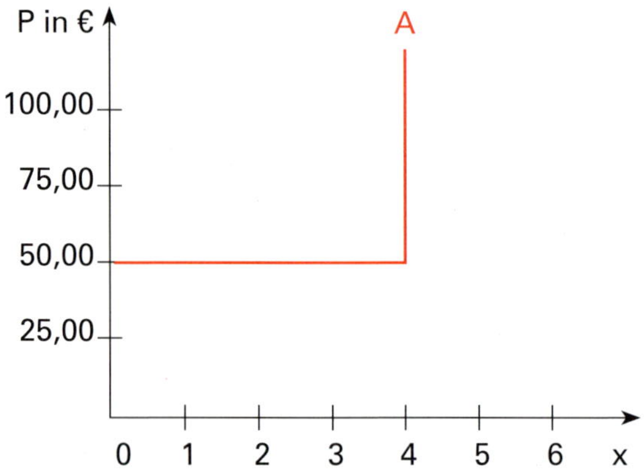

____

____

____

____

Forstwirt B

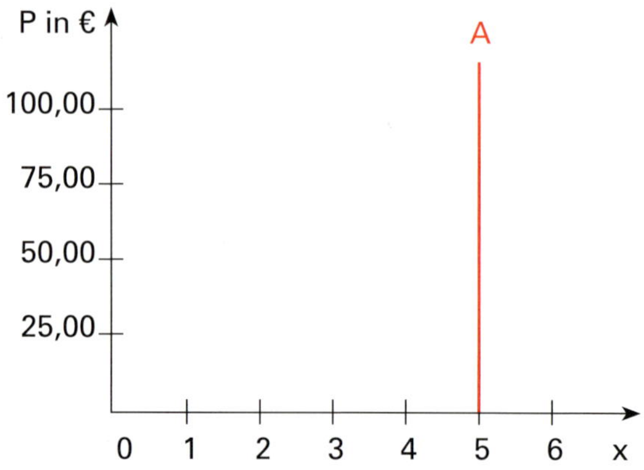

____

____

____

____

Forstwirt C

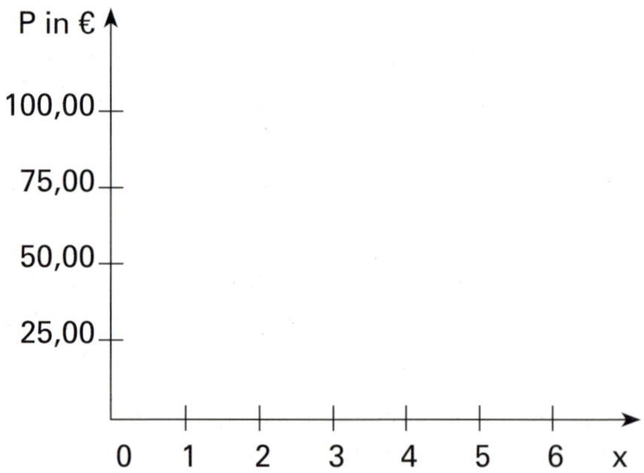

____

____

____

____

Forstwirt D

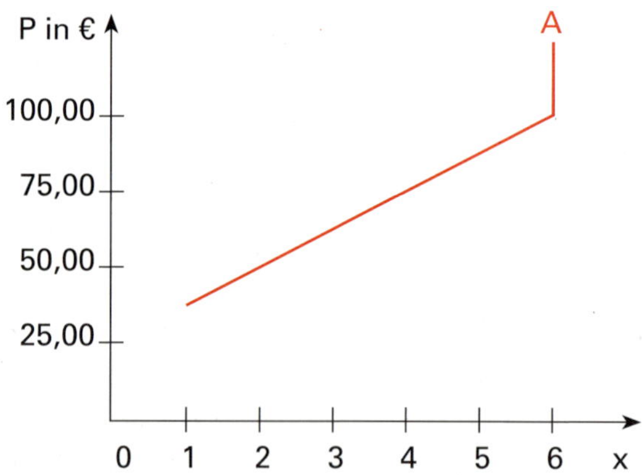

____

____

____

____

x = Brennholz in 1000 Kubikmeter

A = Angebotskurve

Zusatzauftrag: Lückentext

Ergänzen Sie den Lückentext, indem Sie das jeweils fehlende Wort einsetzen!

Bearbeitungshinweis:

Versuchen Sie zunächst, den Lückentext ohne weitere Hilfsmittel zu vervollständigen. Nutzen Sie in Zweifelsfällen und zur abschließenden Selbstkontrolle die an den Lückentext anschließenden Füllwörter.

Staatliche Eingriffe in die Preisbildung

In Fällen, in denen der Staat die *Ergebnisse* des Marktes so nicht hinnehmen möchte, greift er in das ______________ ein, um entweder die Anbieter oder die ______________ zu schützen. Dabei kann der Staat so eingreifen, dass der ______________ nicht außer Kraft gesetzt wird. Derartige Eingriffe des Staates bezeichnet man als ______________. Sie liegen beispielsweise vor, wenn der Staat selbst die Nachfrage nach Gütern und Dienstleistungen ______________ oder senkt.

Möchte der Staat hingegen nicht selbst auf dem ______________ als Nachfrager aktiv werden, so kann er auch ______________ eingreifen. Eine Erhöhung der Nachfrage würde er unter anderem durch die Zahlung von ______________ versuchen zu unterstützen. Möchte der Staat hingegen die Nachfrage ______________, so könnte er dies über ______________ bewirken, da in der Regel weniger gekauft wird, wenn die Einkommen durch die höheren Steuern ______________ ausfallen.

Die ______________ Eingriffe des Staates in den Markt über Höchst- oder Mindestpreise zerstören den ______________ des Marktes. Möchte der Staat beispielsweise die Anbieter vor nicht ______________ Preisen schützen, so setzt er einen ______________ fest, der ______________ dem aktuellen Marktpreis liegt und der nicht unterschritten werden darf. Als Folge dieses Eingriffs kommt es jedoch zu erheblichen ______________, da dem hohen Angebot eine wesentlich geringere Nachfrage gegenübersteht. Dies erfordert nunmehr weitere ______________ des Staates, so z.B. den ______________ der Angebotsüberschüsse.

13 Boller - ISBN 978-3-8120-1557-8

Möchte der Staat hingegen den Nachfrager vor ______________ Preisen schützen, legt er einen ______________ fest, der __________ dem aktuellen Marktpreis liegt und der nicht ______________ werden darf. Als Folge dieses Eingriffs kommt es jedoch zu erheblichen ______________________, die ein weiteres Eingreifen des Staates erfordern, so z.B. ________________ oder ein eigenes staatliches __________ zur Reduzierung des Nachfrageüberschusses.

- ☐ Angebot
- ☐ Angebotsüberschüssen
- ☐ Aufkauf
- ☐ Eingriffe
- ☑ Ergebnisse
- ☐ erhöht
- ☐ geringer
- ☐ Höchstpreis
- ☐ indirekt
- ☐ kostendeckenden
- ☐ Markt
- ☐ Marktgeschehen
- ☐ marktkonform
- ☐ marktkonträren
- ☐ Mindestpreis
- ☐ Nachfrager
- ☐ Nachfrageüberschüssen
- ☐ Preismechanismus
- ☐ Preismechanismus
- ☐ Rationierungen
- ☐ senken
- ☐ Steuererhöhungen
- ☐ Subventionen
- ☐ über
- ☐ überhöhten
- ☐ überschritten
- ☐ unter

Kompetenz-Check

1. Die Erwartungen der Unternehmen für die Zukunft sind positiv, gleichzeitig gibt es in vielen Branchen einen technologischen Fortschritt, der die Produktivität deutlich erhöht. Das Angebot verschiebt sich unter sonst gleichen Bedingungen in die entsprechende Richtung.

Wie verändert sich die Erlössumme der Unternehmungen?

① Die Erlössumme wird kleiner.

② Die Erlössumme verändert sich nicht.

③ Die Erlössumme wird in Grenzen kleiner.

④ Die Erlössumme wird größer.

⑤ Andere Lösung.

Kompetenzstufe 1

☐

2. Auf einem stark umkämpften Markt ist ein Gleichgewichtspreis erreicht und es tritt eine Verschiebung der Nachfragekurve und der Angebotskurve nach rechts ein.

Kompetenzstufe 1

Welche Wirkung haben diese Ereignisse unter sonst gleichen Bedingungen?

① Die neue Gleichgewichtsmenge wird niedriger sein.

② Der neue Preis könnte niedriger, gleich oder höher sein.

③ Der neue Preis wird höher sein.

④ Die neue Menge könnte niedriger, gleich oder höher sein.

⑤ Andere Lösung.

☐

3. Auf einem Markt besteht für ein Gut folgende Gesamtnachfrage und folgendes Gesamtangebot:

Kompetenzstufe 1

Preis pro Stück in €	Gesamte Nachfragemenge	Gesamte Angebotsmenge
5,00	2500	1500
5,20	2250	1750
5,40	2000	2000
5,60	1750	2250
5,80	1500	2500

Welche der folgenden Aussagen kann durch das obige Zahlenbeispiel bestätigt werden?

① Bei einem Preis von 5,80 € besteht ein Nachfrageüberhang von 1000 Stück.

② Der Gleichgewichtspreis bildet sich bei einer Nachfragemenge von 2250 Stück.

③ Bei einem Preis von 5,00 € ergibt sich ein Angebotsüberhang von 1000 Stück.

④ Bei einem Preis von 5,60 € ergibt sich eine Gleichgewichtsmenge von 1750 Stück.

⑤ Bei einem Preis von 5,20 € ergibt sich ein Nachfrageüberhang von 500 Stück.

☐

4. Welche der folgenden Aussagen zur Konsumentenrente ist richtig? Sind alle Aussagen falsch, tragen Sie bitte eine ⑨ ein!

Kompetenzstufe 2

Die Konsumentenrente

① ist gleich der Zahlungsbereitschaft der Käufer minus der Summe der Kaufpreiszahlungen.

② misst den Nutzen der Verkäufer aus der Marktteilnahme.

③ entspricht dem Nutzen, den Produzenten aus der Teilnahme am Marktgeschehen ziehen.

④ entspricht dem Nutzen, den Produzenten und Konsumenten aus der Teilnahme am Marktgeschehen ziehen.

⑤ ist die Fläche unter der Nachfragekurve und unter dem Preis.

⑥ ist die Fläche über der Angebotskurve und unter dem Preis.

☐

5. Entscheiden Sie, welche der nachfolgenden Aussagen zu Mindestpreisen richtig sind! Wählen Sie anschließend die richtige Antwortkombination aus den Lösungen ① bis ⑥!

Kompetenzstufe 2

Mindestpreise

a) erzeugen eine Wirkung nur dann, wenn sie unterhalb des Gleichgewichtspreises liegen.
b) erzeugen eine Wirkung nur dann, wenn sie oberhalb des Gleichgewichtspreises liegen.
c) werden zum Schutz der Produzenten festgelegt.
d) werden zum Schutz der Konsumenten festgelegt.
e) erzeugen einen Nachfrageüberschuss auf dem Markt.
f) erfordern weitere staatliche Regulierungen wie beispielsweise Abnahmegarantien und Anreize, weniger zu produzieren.

① Die Aussagen a), c) und e).
② Die Aussagen b), c) und e).
③ Die Aussagen b), d) und f).
④ Die Aussagen b), c) und d).
⑤ Die Aussagen b), c) und f).
⑥ Andere Lösung.

6. Entscheiden Sie, welche der nachfolgenden Aussagen zu Höchstpreisen richtig sind! Wählen Sie anschließend die richtige Antwortkombination aus den Lösungen ① bis ⑥!

Kompetenzstufe 2

Höchstpreise

a) erzeugen eine Wirkung nur dann, wenn sie unterhalb des Gleichgewichtspreises liegen.
b) erzeugen eine Wirkung nur dann, wenn sie oberhalb des Gleichgewichtspreises liegen.
c) werden zum Schutz der Produzenten festgelegt.
d) werden zum Schutz der Konsumenten festgelegt.
e) erzeugen einen Nachfrageüberschuss auf dem Markt.
f) erfordern weitere staatliche Regulierungen wie beispielsweise Abnahmegarantien und Anreize, weniger zu produzieren.

① Die Aussagen a), c) und e).
② Die Aussagen b), c) und e).
③ Die Aussagen a), d) und f).
④ Die Aussagen b), c) und d).
⑤ Die Aussagen a), c) und f).
⑥ Andere Lösung.

Kompetenzstufe 2

7. Nachfrager und Anbieter treffen ihre Entscheidungen nicht selten auf der Grundlage von Präferenzen.

Entscheiden Sie in den nachfolgenden Fällen, welche Präferenz jeweils besonders im Vordergrund steht. Verwenden Sie hierzu folgende Ziffern:

① sachliche Präferenz,

② persönliche Präferenz,

③ räumliche Präferenz,

④ zeitliche Präferenz.

Tragen Sie die entsprechende Ziffer in das jeweilige Feld ein!

Ist nach Ihrer Einschätzung keine genaue Zuordnung möglich bzw. wird die Entscheidung nicht durch eine Präferenz beeinflusst, tragen Sie bitte eine ⑨ ein!

7.1	Viele Hotels und Pensionen in Bayern verlangen für ihre Unterkünfte saisonbedingt unterschiedlich hohe Preise.	
7.2	Vergleicht man die Preise von Gaststätten im Tal mit den Preisen auf den Berghütten, stellt man häufig deutliche Preisunterschiede fest.	
7.3	Der Extremsportler Marvin Heinle übernachtet seit vielen Jahren während seines Trainingslagers in der gleichen Pension, obwohl diese vergleichsweise teuer ist.	
7.4	Eine große Molkerei hat erkannt, dass man für die Milch einen höheren Preis erzielen kann, wenn man auf der Verpackung ein Alpenpanorama mit der Aufschrift „Frische Gebirgsmilch“ abdruckt.	
7.5	Die Familie Heiderer möchte sich eine Immobilie in der Gegend vom Bodensee kaufen. Dabei stellt sie fest, dass die Preise stark steigen, je näher das Grundstück am See liegt.	
7.6	Der Schüler Louis Neuner isst jeden Morgen zum Frühstück Cornflakes einer bestimmten Marke. Seine Mutter hat es mittlerweile aufgegeben, andere Cornflakes zu kaufen, da Louis diese nicht anrührt.	
7.7	Das Bauunternehmen Alois Geiger GmbH benötigt einen neuen Tieflader. Nach ausführlichen Recherchen bestellen sie das Fahrzeug bei dem Händler, der ihnen den größten Preisnachlass einräumt.	
7.8	Vergleicht man während des Jahres die Fahrpreise für Seilbahnen oder Skilifte, kann man teilweise feststellen, dass ein und dieselbe Person im Zeitverlauf unterschiedliche Preise zahlen muss.	
7.9	Der Betreiber des Gasthofs Prinz Luitpold kauft sämtliches Fleisch und Gemüse bei seinem Schwager ein, der einen größeren Bauernhof bewirtschaftet.	
7.10	Der Lehrer Stefan Scheuer fährt grundsätzlich während der Osterferien in Skiurlaub, um sich von seinem stressigen Beruf zu erholen.	

8. Entscheiden Sie in den nachfolgenden Fällen, welcher Begriff dem jeweiligen Sachverhalt zugeordnet werden kann. Verwenden Sie hierzu folgende Ziffern:

① Käufermarkt,

② Verkäufermarkt,

③ Konsumentenrente,

④ Produzentenrente.

Kompetenzstufe 2

Tragen Sie die entsprechende Ziffer in das jeweilige Feld ein!

Ist nach Ihrer Einschätzung keine genaue Zuordnung möglich bzw. wird die Entscheidung nicht durch eine Präferenz beeinflusst, tragen Sie bitte eine ⑨ ein!

8.1	Der Schüler Paul Müller möchte auf dem Münchener Oktoberfest ein Brathendl essen. Hierzu hat er sich 15,00 € eingesteckt. Auf dem Festplatz stellt er fest, dass er lediglich 12,00 € zahlen muss.	
8.2	Lisa Müller möchte im Anschluss an die Berufsausbildung in München studieren. Bei der Wohnungssuche erkennt sie, dass auf eine Mietwohnung sehr viele Bewerber kommen.	
8.3	Der Biolandwirt Martin Moser möchte auf dem örtlichen Wochenmarkt seine Bioäpfel anbieten. Um kostendeckend zu arbeiten, schwebt ihm ein Preis von 2,50 € je kg vor. Auf dem Markt stellt er fest, dass er problemlos 3,50 € je kg verlangen kann.	
8.4	Der Lehrer Peter Schlaumeier möchte seinen Gebrauchtwagen über das Internet veräußern. Dabei bemerkt er, dass sehr viele dieser Fahrzeuge angeboten werden und sich in den ersten vier Wochen keine Interessenten gemeldet haben.	
8.5	Die Schülerin Constanze Meier möchte sich über das Internet eine ganz bestimmte Handtasche ihres Lieblingsdesigners kaufen. Bei den Angeboten fällt ihr auf, dass die Tasche deutlich reduziert wurde.	
8.6	Max Tauscher besucht einen Skibasar in seiner Heimatstadt. Nach einiger Zeit stellt er fest, dass das Angebot die Nachfrage deutlich übersteigt.	

9. Der Staat hat unterschiedliche Möglichkeiten, die Marktpreisbildung zu beeinflussen. Entscheiden Sie bei den nachfolgenden Fällen, welche Art von Staatseingriff vorliegt! Tragen Sie die entsprechende Lösungskennziffer in das dafür vorgesehene Feld ein!

① Erhöhung der Nachfrage.

② Verringerung der Nachfrage.

③ Erhöhung des Angebots.

④ Verringerung des Angebots.

Kompetenzstufe 2

Tragen Sie bitte eine ⑨ ein, wenn keine dieser Zuordnungen richtig ist!

9.1	Der Staat erhöht die Zahlungen aus der gesetzlichen Rentenversicherung um 5 %.	
9.2	Um die Einnahmen der öffentlichen Haushalte zu verbessern, wird die Gewerbesteuer für die Unternehmen angehoben.	
9.3	Wegen der schlechten Haushaltslage werden zunehmend Schwimmbäder geschlossen und Busverbindungen stillgelegt.	

9.4	Mit Blick auf die steigende Einbruchskriminalität werden die Strafen für derartige Delikte drastisch erhöht.	
9.5	Die schlechte Haushaltslage zwingt verschiedene Bundesländer dazu, die Neuanschaffungen von Fahrzeugen für Polizei und Feuerwehr vorübergehend einzustellen.	
9.6	Nach einer Bundestagswahl verabschiedet die neue Regierung die im Wahlkampf versprochene deutliche Absenkung der Einkommensteuer.	

10. Entscheiden Sie, welche der nachfolgenden Aussagen zu Mindestpreisen richtig sind! Wählen Sie anschließend die richtige Antwortkombination aus den Lösungen ① bis ⑥!

Kompetenzstufe 3

Mindestpreise

a) erzeugen eine Wirkung nur dann, wenn sie unterhalb des Gleichgewichtspreises liegen.

b) erzeugen eine Wirkung nur dann, wenn sie oberhalb des Gleichgewichtspreises liegen.

c) werden zum Schutz der Anbieter (Produzenten) festgelegt.

d) werden zum Schutz der Nachfrager (Konsumenten) festgelegt.

e) erzeugen einen Nachfrageüberschuss auf dem Markt.

f) erfordern weitere staatliche Regulierungen wie beispielsweise Abnahmegarantien und Anreize, weniger zu produzieren.

① Die Aussagen a), c) und e).

② Die Aussagen b), c) und e).

③ Die Aussagen b), d) und f).

④ Die Aussagen b), c) und d).

⑤ Die Aussagen b), c) und f).

⑥ Andere Lösung.

11. Entscheiden Sie, welche der nachfolgenden Aussagen zu Höchstpreisen richtig sind! Wählen Sie anschließend die richtige Antwortkombination aus den Lösungen ① bis ⑥!

Kompetenzstufe 3

Höchstpreise

a) erzeugen eine Wirkung nur dann, wenn sie unterhalb des Gleichgewichtspreises liegen.

b) erzeugen eine Wirkung nur dann, wenn sie oberhalb des Gleichgewichtspreises liegen.

c) werden zum Schutz der Anbieter (Produzenten) festgelegt.

d) werden zum Schutz der Nachfrager (Konsumenten) festgelegt.

e) erzeugen einen Nachfrageüberschuss auf dem Markt.

f) erfordern weitere staatliche Regulierungen wie beispielsweise Abnahmegarantien und Anreize, weniger zu produzieren.

① Die Aussagen a), c) und e).

② Die Aussagen b), c) und e).

③ Die Aussagen a), d) und f).

④ Die Aussagen b), c) und d).

⑤ Die Aussagen a), c) und f).

⑥ Andere Lösung.

12. Die Marktforschung hat für einen bestimmten Gütermarkt die folgenden Nachfrage- und Angebotsfunktionen ermittelt:

$N(p) = 1\,600 - 300p;$

$A(p) = 1\,400 + 700p$

$N(p)$ = Nachfragemenge; $A(p)$ = Angebotsmenge; p = Güterpreis.

Kompetenzstufe 3

Welche der folgenden Lösungen beschreibt das Marktgleichgewicht, also den Gleichgewichtspreis (in Geldeinheiten/GE) und die Gleichgewichtsmenge, richtig?

① 0,1 GE und 1 360 Stück,

② 0,2 GE und 1 540 Stück,

③ 0,3 GE und 1 620 Stück,

④ 0,4 GE und 1 750 Stück,

⑤ 0,5 GE und 1 910 Stück,

⑥ 0,6 GE und 1 980 Stück,

⑦ 0,7 GE und 2 020 Stück.

13. Auf dem Markt für einen bestimmten Rohstoff liegen dem Makler folgende Kauf- und Verkaufsaufträge in Tonnen (t) vor:

Kompetenzstufe 3

Käufer	**Jeweils akzeptierte Preisobergrenze**
Kunde A möchte 480 t kaufen	130,00 € pro t
Kunde B möchte 192 t kaufen	180,00 € pro t
Kunde C möchte 288 t kaufen	220,00 € pro t
Kunde D möchte 144 t kaufen	250,00 € pro t

Verkäufer	**Jeweils akzeptierte Preisuntergrenze**
Kunde E möchte 480 t verkaufen	250,00 € pro t
Kunde F möchte 288 t verkaufen	220,00 € pro t
Kunde G möchte 432 t verkaufen	180,00 € pro t
Kunde H möchte 192 t verkaufen	130,00 € pro t

Wie hoch ist der vom Makler festzusetzende Marktpreis?

① 130,00 €,

② 180,00 €,

③ 220,00 €,

④ 250,00 €,

⑤ andere Lösung.

14. Auf dem Markt für einen bestimmten Rohstoff liegen dem Makler folgende Kauf- und Verkaufsaufträge in Tonnen (t) vor:

Kompetenzstufe 3

Käufer	**Jeweils akzeptierte Preisobergrenze**
Kunde A möchte 480 t kaufen	130,00 € pro t
Kunde B möchte 192 t kaufen	180,00 € pro t
Kunde C möchte 288 t kaufen	220,00 € pro t
Kunde D möchte 144 t kaufen	250,00 € pro t

Verkäufer	**Jeweils akzeptierte Preisuntergrenze**
Kunde E möchte 480 t verkaufen	250,00 € pro t
Kunde F möchte 288 t verkaufen	220,00 € pro t
Kunde G möchte 432 t verkaufen	180,00 € pro t
Kunde H möchte 192 t verkaufen	130,00 € pro t

Wie hoch ist der Angebotsüberhang bei einem Preis von 220,00 € je Tonne?

① 192 Tonnen,
② 480 Tonnen,
③ 624 Tonnen,
④ 768 Tonnen,
⑤ 912 Tonnen,
⑥ andere Lösung.

14 Boller - ISBN 978-3-8120-1557-8

15. Die Magolves GmbH stellt Ziertonkrüge mit dem Namen „Mäckes" her.

Die fixen Kosten pro Monat belaufen sich auf 25 000,00 €.

Im Monat Januar wurden die Produktionskapazitäten voll ausgeschöpft, die Gesamtkosten der Produktion beliefen sich auf 49 000,00 €. Im Februar sank die Auslastung der Produktionskapazität wegen der schlechten Auftragslage auf 90 % und betrug 1 800 Stück. Die Gesamtkosten der Produktion beliefen sich nunmehr auf 46 600,00 €.

Kompetenzstufe 4

Durch eine Rationalisierung verringern sich die variablen Kosten voraussichtlich im nächsten Jahr um 3,50 € pro Stück; die fixen Kosten bleiben unverändert. Berechnen Sie nach Durchführung der Rationalisierungsmaßnahmen den Gesamtgewinn des Unternehmens, wenn die Auslastung über das ganze Jahr betrachtet bei 80 % liegt, und der Verkaufspreis zur Gewinnung von Marktanteilen auf 28,00 € abgesenkt wurde!

① 6 200,00 €,

② 74 400,00 €,

③ 84 600,00 €,

④ 144 000,00 €,

⑤ andere Lösung.

16. Wir unterstellen einen Markt mit einem Nachfrageverlauf (D) und einem Angebotsverlauf (S) wie nachfolgend dargestellt. Angenommen der Staat legt zum Schutz der Anbieter einen Mindestpreis (pM) fest und garantiert den Produzenten dazu noch die Abnahme der gesamten Angebotsmenge. Bestimmen Sie die staatlichen Kosten für diese Abnahmegarantie, indem Sie aus den unten stehenden Lösungen die entsprechende Fläche für diese Kosten auswählen!

Kompetenzstufe 4

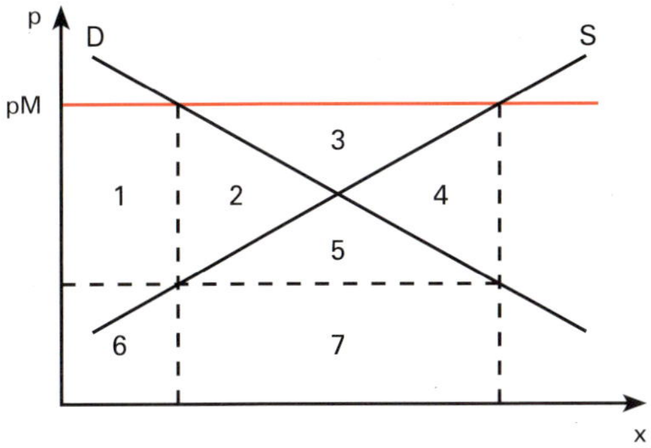

① Es handelt sich um die Flächen 1 und 6.
② Es handelt sich um die Flächen 6 und 7.
③ Es handelt sich um die Flächen 5 und 7.
④ Es handelt sich um die Flächen 2, 3, 4 und 5.
⑤ Es handelt sich um die Flächen 2, 3, 4, 5 und 7.
⑥ Es handelt sich um die Flächen 1 bis 7.
⑨ Keine der angegebenen Lösungen ist richtig.

17. Auf dem europäischen Markt herrscht für ein bestimmtes Agrarprodukt nachfolgende Angebots- und Nachfragesituation.

Kompetenzstufe 4

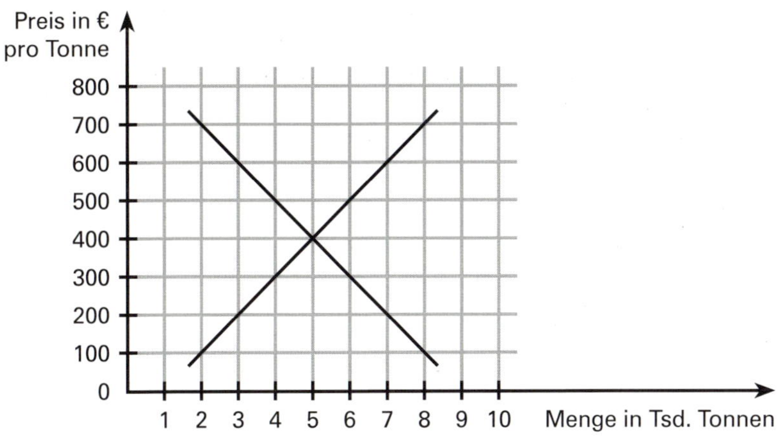

Die EU-Kommission setzt einen Mindestpreis fest, der pro Tonne um 300,00 € vom Gleichgewichtspreis entfernt ist.

17.1 Bestimmen Sie, wie hoch der von der EU-Kommission festgesetzte Mindestpreis pro Tonne ist!

□□□,□□ €/t

17.2 Ermitteln Sie den Aufwand der Europäischen Union, wenn diese die gesamte jährliche Angebotsmenge zum garantierten Mindestpreis aufkauft!

□.□□□.□□□,□□ €

17.3 Berechnen Sie, wie hoch der Verlust der EU pro Jahr ist, wenn diese die auf dem europäischen Markt zum Gleichgewichtspreis absetzbare Menge zu eben diesem Preis verkauft und die dann noch vorhandenen Überschüsse auf dem Weltmarkt für 200,00 € pro Tonne absetzt!

□.□□□.□□□,□□ €

17.4 Angenommen, der Europäischen Union gelänge es, durch die Einführung entsprechender Produktionskontingente den jährlichen Angebotsüberschuss des betrachteten Agrarproduktes um 2000 Tonnen abzusenken. Ermitteln Sie die unter den Annahmen der Aufgabenstellungen 17.1–17.3 hieraus resultierende jährliche Ersparnis!

☐.☐☐☐.☐☐☐,☐☐ €

17.5 In Abwandlung der Aufgabenstellung 17.4 soll nunmehr davon ausgegangen werden, dass die EU-Kommission plant, die Reduzierung der Angebotsmenge um 2000 Tonnen jährlich durch die Einführung einer sogenannten Flächenstilllegungsprämie zu erreichen. Langjährigen Studien zufolge liegt der Ernteertrag pro Hektar bei durchschnittlich 0,5 Tonnen im Jahr. Ermitteln Sie, wie hoch eine solche zur Produktionsreduzierung geplante Einmalzahlung pro Hektar an die Produzenten maximal ausfallen dürfte, wenn diese durch die Ersparnisse der ersten fünfzehn Folgejahre gegenfinanziert werden sollte!

☐.☐☐☐,☐☐ €/ha

6 Preisbildung im Angebotsmonopol und -oligopol darstellen und beurteilen

Lernsituation 6:

Mehrere Auszubildende zum Industriekaufmann stehen an einem Montag in der ersten Pause gemeinsam auf dem Schulhof und unterhalten sich über die gerade geschriebene Klassenarbeit. Aus dem Hintergrund nähert sich Kevin, den man von Weitem bereits lauthals vor sich hin schimpfen hört. Als er bei der Gruppe angekommen ist, lässt er seinem Ärger freien Lauf. Kevin erzählt, dass er sich gerade in der Schulkantine ein Schnitzelbrötchen gekauft hat und im Vergleich zur Vorwoche 0,50 € mehr zahlen musste. Dies sei aus seiner Sicht eine totale Abzocke; aber was bleibe einem Schüler in der 15-minütigen Pause auch anderes übrig, als in der Schulkantine etwas zu kaufen, wenn man sein Frühstück mal wieder zu Hause hat liegen lassen.

Der im Klassenverband stets besonnene Hendrik hält die Aufregung von Kevin für vollkommen übertrieben und führt an, Kevin solle sich bloß nicht so aufregen. Schließlich habe er ständig mit einer solchen Abzockerei zu tun. Seit ihm seine Eltern einen gebrauchten Kleinwagen vorfinanziert haben, müsste er beim Tanken aufpassen wie ein Luchs. In der näheren Umgebung seines Wohnortes gäbe es drei unterschiedliche Tankstellen, die täglich mehrfach ihre Preise ändern – teilweise um bis zu 0,10 € pro Liter, was insgesamt verhältnismäßig mehr ausmacht als die Preiserhöhung beim Schnitzelbrötchen. Was ihn besonders ärgert, ist die Tatsache, dass die unterschiedlichen Tankstellenbetreiber die Preise immer nahezu zeitgleich ändern; danach könne man quasi die Uhr stellen.

Sarah-Marie, die Klassenbeste, mischt sich in das Gespräch ein. Sie sagt, dass sie das Ganze nicht verstehen kann. Schließlich wäre Benzin doch gleich Benzin, so wie beim Telefonieren die verkaufte Leistung doch auch die gleiche sei. In diesem Markt allerdings würden sich die Anbieter bei den Preisen schon seit Langem gegenseitig ständig unterbieten. Erst diese Woche sei sie deshalb mit ihrem Smartphone zu einem wesentlich günstigeren Anbieter gewechselt. Dadurch würde sie jetzt monatlich mehr als 10,00 € einsparen und das, obwohl sie nunmehr sogar noch mehr SMS verschicken könne als bei dem vorherigen Anbieter.

Kevin erwidert daraufhin, dass er sich ja genau aus diesem Grund so aufregt. In der Stadt gäbe es viele Bäckereien und dort würden die Schnitzelbrötchen teilweise viel günstiger angeboten als in der Schulkantine.

Kevins Nachfrage nach Schnitzelbrötchen*

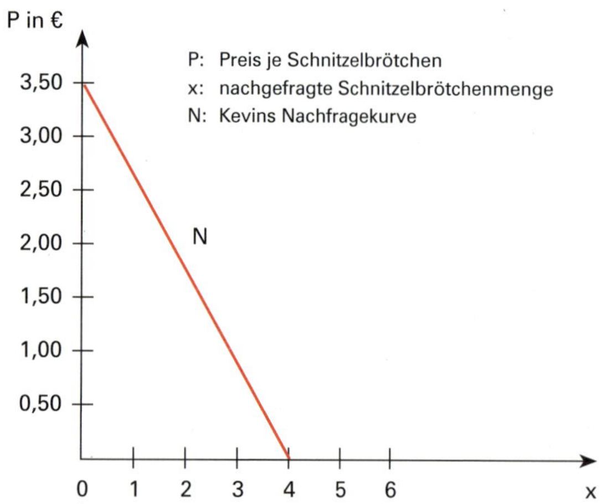

* Der Verlauf der Nachfragekurve unterstellt eine „beliebige Teilbarkeit" der Schnitzelbrötchen.

Kompetenzorientierte Arbeitsaufträge:

1. Betrachten Sie zunächst Kevins Nachfragekurve nach Schnitzelbrötchen und interpretieren Sie deren Verlauf!

   ➤ ______________________________

   ____

   ➤ ______________________________

   ____

   ➤ ______________________________

   ____

2. Vergleichen Sie die hier angesprochenen Marktformen und untersuchen Sie diese unter dem Aspekt der Verteilung von Marktmacht und Wettbewerb!

Marktform	Kurze Umschreibung
Schulkantine	
Tankstellen	
Telefon-anbieter	
Bäckereien in der Stadt	

3. Finden Sie heraus, welche Präferenzen in der vorangestellten Lernsituation beim Benzin und den Schnitzelbrötchen eine Rolle spielen könnten!

Benzin	______ ______ ______ ______
Schnitzel-brötchen	______ ______ ______ ______

4. Nennen Sie jeweils zwei weitere Beispiele für Märkte, auf denen der Wettbewerb aufgrund des „Preiskampfes" scheinbar funktioniert, und solche, auf denen mangels Preiskampf augenscheinlich kein Wettbewerb herrscht!

Märkte mit Preiskampf	➤ ______ ➤ ______
Märkte ohne Preiskampf	➤ ______ ➤ ______

5. Erläutern Sie, was Unternehmen dazu veranlassen könnte bezüglich der Preise „zu kooperieren", statt sich auf einen Preiskampf einzulassen!

➤ ______

➤ ______

➤ ______

6. Beurteilen Sie die Notwendigkeit, inwiefern der Staat Regelungen zum Schutz des Wettbewerbs einführen sollte!

______

______

______

______

______

Kompetenz-Check

1. Überprüfen Sie die nachfolgenden Aussagen zu der Preisbildung! Welche zwei der folgenden Aussagen sind falsch? Ist nur eine Aussage falsch, so tragen Sie in das zweite Kästchen bitte eine ⑨ ein!

Kompetenzstufe 1

① Ein Angebotsmonopol liegt vor, wenn einem einzigen Anbieter eine Vielzahl von Nachfragern gegenübersteht.

② Statt dem Preis kann der Monopolist auch die Absatzmenge festlegen und überlässt die Preisbildung dann dem Markt. Die Festlegung von Preis und Absatzmenge zugleich ist nicht möglich.

③ Die Gesamtangebotskurve eines Monopolisten wird auch als Preis-Absatz-Kurve bezeichnet, weil aus ihr ablesbar ist, welche Gütermengen der Monopolist bei alternativen Preisen verkaufen kann.

④ Ein Angebotsoligopol liegt vor, wenn wenigen Anbietern eine Vielzahl von Nachfragern gegenüberstehen.

⑤ Homogene Märkte können nur einen einheitlichen Preis aufweisen. Würde der Oligopolist versuchen, den Preis zu senken, gewänne er alle Kunden, falls die Konkurrenz nicht nachzieht.

⑥ Die staatliche Wirtschaftspolitik kann die positive Wohlfahrtswirkung dadurch fördern, dass sie die Kartellbildung verbietet.

⑦ Gelingt es dem stärkeren Anbieter im Oligopol, seine Konkurrenz aus dem Markt zu drängen, wird er zum Monopolisten.

⑧ Die Wirtschaftspolitik versucht Antworten auf die Fragen zu finden: Welche Ziele sind realisierbar und wie lassen sich die festgelegten Ziele erreichen?

2. Welche der folgenden Erklärungen zu den Marktformen ist falsch? Sind alle Aussagen richtig, tragen Sie bitte eine ⑨ ein!

Kompetenzstufe 2

① Es handelt sich um eine quantitative Einteilung der Märkte.

② Die Marktformen haben Auswirkungen auf den Preisbildungsprozess.

③ Stehen wenige Anbieter einem Nachfrager gegenüber, so spricht man von einem Angebotsmonopol.

④ Bei einem Angebotsoligopol treffen viele Nachfrager auf wenige Anbieter.

⑤ Die Marktformen geben auch Aufschluss über die Verteilung von Marktmacht.

3. Welche der folgenden Aussagen zur Preisbildung in unterschiedlichen Märkten ist richtig?

Kompetenzstufe 2

① Angebotsmonopolisten schaffen sich einen „monopolistischen Preisspielraum".

② Für den Oligopolisten im vollkommenen Markt ist der Preis ein Datum.

③ Monopolisten sind reine Preisfixierer.

④ Der Anbieter im Monopol strebt nach maximalem Gewinn.

⑤ Der Monopolist am vollkommenen Markt kann mittels Preisdifferenzierung den Markt segmentieren.

15 Boller - ISBN 978-3-8120-1557-8

4. Auf der Basis einer Marktanalyse stellt sich heraus, dass die Preiselastizität der Nachfrage nach dem Produkt des mittelständischen Monopolisten –2,0 beträgt. Um seinen Umsatz zu erhöhen, ist weiterhin eine Preiserhöhung um 5 % angedacht. Wird das Ziel der Umsatzerhöhung erreicht?

Kompetenzstufe 2

① Der Umsatz des Monopolisten verändert sich nicht.

② Der Umsatz des Monopolisten steigt um 10 %.

③ Der Umsatz des Monopolisten erhöht sich um 5 %.

④ Der Umsatz des Monopolisten verringert sich.

⑤ Der Umsatz des Monopolisten verringert sich um 50 %.

5. Die Bäckerei Franz Gruber sieht sich in einer Kleinstadt in Sübbaden keiner Konkurrenz ausgesetzt, da der Inhaber schon vor vielen Jahren seine Produktion umgestellt hat. In dem Familienbetrieb werden seither nach alter handwerklicher Tradition nur noch Biosemmeln gefertigt und an sieben Tagen in der Woche im Holzofen ausgebacken.

Kompetenzstufe 3

Die Zutaten werden ausschließlich von zertifizierten Biobetrieben aus der Region geliefert. Die Bäckerei hat gleich neben der Backstube die einzige Verkaufsfläche, Lieferungen außerhalb des Betriebes finden nicht statt.

Nach der Geschäftsübergabe an seinen Sohn Alois möchte dieser über einen Zeitraum von mehreren Wochen austesten, welche Preisspielräume er am Markt ausschöpfen kann, um seinen Gewinn zu steigern. Zur Vorbereitung auf diese Testphase hat sich der gelernte Einzelhandelskaufmann sehr detailliert in die Kosten des Betriebes eingearbeitet und aus den vorhandenen Daten eine Kalkulation erstellt. Nach seinen Berechnungen belaufen sich die Kosten für eine Biosemmel im Durchschnitt auf ca. 0,14 €. Da alle Familienmitglieder im Betrieb mitarbeiten, fallen kaum Personalkosten an, sodass die fixen Kosten pro Monat (kalkuliert mit vier vollen Arbeitswochen) mit 6 000,00 € veranschlagt werden können.

Im Rahmen seiner Markterkundung verlangt Alois nunmehr von Woche zu Woche jeweils unterschiedliche Preise für seine Biosemmeln und hält die Verkaufszahlen genau fest.

Am Ende der Testphase verfügt er über folgende Daten:

Woche	1	2	3	4	5	6	7
Preis (in €)	0,40	0,45	0,50	0,55	0,60	0,65	0,70
Absatz (in Stück)	25 000	23 000	22 000	21 800	21 600	15 000	10 000

5.1 Skizzieren Sie die Preis-Absatz-Kurve der Bäckerei in nachfolgendem Schemata!

Hinweis:

Zeichnen Sie zunächst die Absatzzahlen in das Schema ein und verbinden Sie anschließend diese Punkte miteinander!

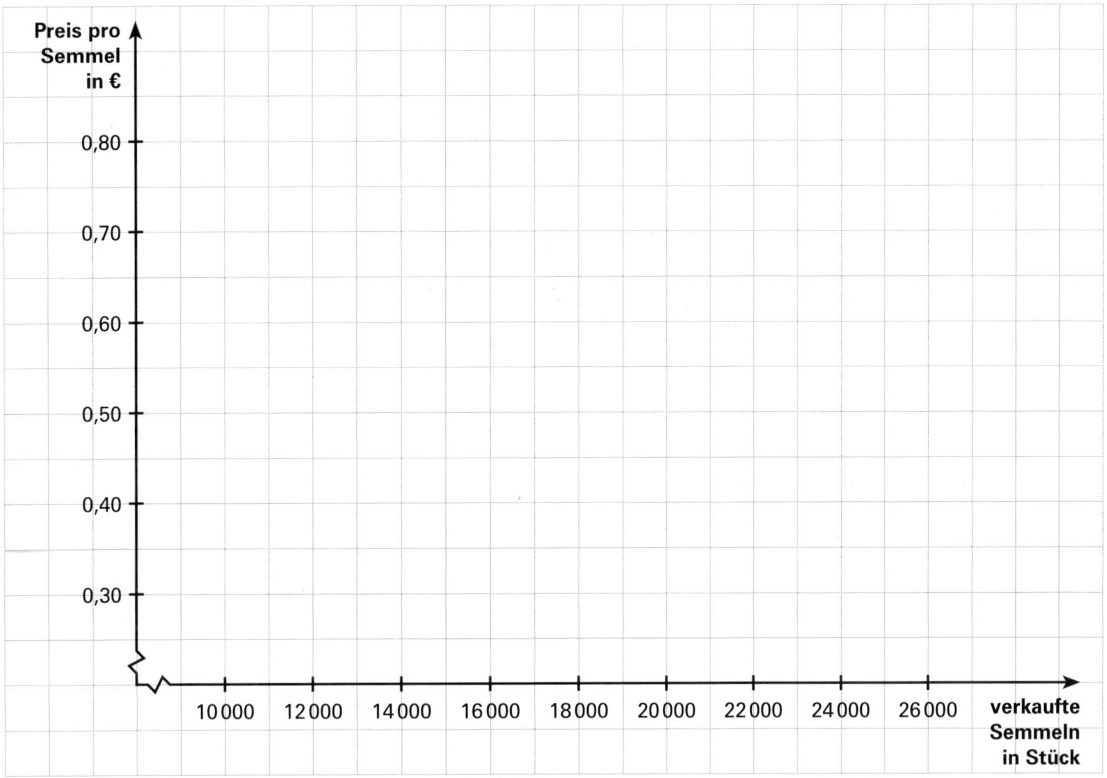

5.2 Ermitteln Sie den Absatzpreis, den Alois für seine Biosemmeln verlangen sollte, falls er nach maximalem Gewinn strebt! Nutzen Sie zur Lösung nachfolgende Tabelle!

Woche	1	2	3	4	5	6	7
Preis (in €)	0,40	0,45	0,50	0,55	0,60	0,65	0,70
Absatz (in Stück)	25 000	23 000	22 000	21 800	21 600	15 000	10 000
Umsatz pro Woche (in €)							
Kosten pro Woche (in €)							
Gewinn pro Woche (in €)							

Feld für Nebenrechnungen

☐ , ☐ ☐ €

6. Beantworten Sie nachfolgende Aufgaben zur Preisbildung im vollkommenen Monopol!

Ein Monopolist ermittelt mittels Marktforschung seine Preis-Absatz-Funktion $p(x) = 10 - 0{,}5x$.

Seine Gesamtkosten entsprechen der Funktion $K_G(x) = 4 + 1{,}5\,x$.

Kompetenzstufe 3

6.1 Wie verändert sich die gewinnmaximale Absatzmenge, wenn nur Fixkosten anfallen?

① Die gewinnmaximale Menge bleibt unverändert.

② Die gewinnmaximale Menge verringert sich.

③ Die gewinnmaximale Menge steigt.

④ Eine Aussage zur Veränderung der gewinnmaximalen Menge ist ceteris paribus nicht möglich.

6.2 Wie verändert sich die gewinnmaximale Absatzmenge, wenn sich die Fixkosten auf 6 Geldeinheiten erhöhen?

① Die gewinnmaximale Menge bleibt unverändert.

② Die gewinnmaximale Menge verringert sich.

③ Die gewinnmaximale Menge steigt.

④ Eine Aussage zur Veränderung der gewinnmaximalen Menge ist ceteris paribus nicht möglich.

6.3 Wie hoch sind die variablen Kosten pro Stück?

① 10 Geldeinheiten.

② 2 Geldeinheiten.

③ 1 Geldeinheit.

④ 4 Geldeinheiten.

⑤ 1,5 Geldeinheiten.

⑥ Andere Lösung.

6.4 Wie hoch ist der Preis, bei dem die nachgefragte Menge null beträgt (Schnittpunkt mit der y-Achse)?

① 10 Geldeinheiten.

② 2 Geldeinheiten.

③ 1 Geldeinheit.

④ 4 Geldeinheiten.

⑤ 1,5 Geldeinheiten.

⑥ Andere Lösung.

7. Die Marktforschungsabteilung eines Monopolisten ermittelt, dass bei einem Preis von 150,00 € das Produkt des Unternehmens am Markt keinen Absatz mehr finden würde. Bei dem derzeitigen Preis von 75,00 € werden gemäß Absatzstatistik 150 000 Stück verkauft.

Kompetenzstufe 4

Wie lautet die Preis-Absatz-Funktion?

① $p(x) = 150 - 0{,}5x$.

② $p(x) = 150 - 0{,}05x$.

③ $p(x) = 150 - 0{,}005x$.

④ $p(x) = 150 - 0{,}0005x$.

⑤ $p(x) = 150 - 0{,}00005x$.

⑥ Andere Lösung.

8. Auf dem Markt für Smartphone-Apps gilt folgende Nachfragefunktion:

$X_N(p) = 40 - 0{,}8p$

Dabei werden angegeben: x in 100 000 Apps und p in Euro.

Wie groß ist die Sättigungsmenge auf diesem Markt?

Kompetenzstufe 4

① 400 Stück

② 4 000 Stück

③ 40 000 Stück

④ 400 000 Stück

⑤ 4 000 000 Stück

⑥ 40 000 000 Stück

Kompetenzstufe 4

9. Ein kleiner Handwerksbetrieb stellt Schneeschieber her. Der Absatzpreis des Anbieters beträgt 30,00 €. Seine maximale Kapazität liegt bei 200 Stück pro Tag, seine fixen Kosten pro Tag bei 1 500,00 € und die variablen Kosten pro Stück bei 15,00 €.

9.1 Wie hoch wäre sein Gewinn pro Tag, wenn er täglich 150 Stück zu 30,00 € und 20 Stück zu 25,00 € absetzen könnte?

① mehr als 3 000,00 €,
② mehr als 2 500,00 €,
③ mehr als 2 000,00 €,
④ mehr als 1 500,00 €,
⑤ mehr als 1 000,00 € oder
⑥ mehr als 500,00 €.
⑦ Das Unternehmen macht einen Verlust.

9.2 Wie hoch wäre sein Gewinn pro Tag, wenn er täglich 150 Stück zu 30,00 €, 30 Stück zu 25,00 € und 20 Stück zu 16,00 € absetzen könnte?

① mehr als 3 000,00 €,
② mehr als 2 500,00 €,
③ mehr als 2 000,00 €,
④ mehr als 1 500,00 €,
⑤ mehr als 1 000,00 € oder
⑥ mehr als 500,00 €.
⑦ Das Unternehmen macht einen Verlust.

9.3 Bei wie viel € liegt die kurzfristige Preisuntergrenze?

① 30,00 €,
② 22,50 €,
③ 15,00 €,
④ 10,00 €,
⑤ andere Lösung.

10. Die Memminger Schnapsbrennerei GmbH verkauft seit Längerem sehr erfolgreich den Magenbitter „Alpenglühn". Nunmehr plant die Unternehmensleitung den Preis für eine 0,1 l-Flasche von 5,20 € auf 4,60 € zu senken. Dadurch könnte das Unternehmen seinen monatlichen Umsatz um 18 000,00 € auf insgesamt 1 058 000,00 € steigern.

Kompetenzstufe 4

Berechnen Sie die direkte Preiselastizität der Nachfrage!

① – 0,15,
② – 0,3,
③ – 0,45,
④ – 0,6,
⑤ – 1,3,
⑥ – 1,5,
⑦ andere Lösung.

Kompetenzbereich III: Wirtschaftspolitische Einflüsse auf den Ausbildungsbetrieb, das Lebensumfeld und die Volkswirtschaft einschätzen

1 Idealtypischen Konjunkturverlauf und die Folgen konjunktureller Schwankungen erläutern

Lernsituation 1:

Jennifer und Nils besuchen zurzeit die Berufsschule. Vor Unterrichtsbeginn treffen sich beide zufällig in der Cafeteria der Berufsschule. Nach einem kurzen belanglosen Gespräch kommen sie auf den gestrigen Unterrichtstag zu sprechen. Nils ist immer noch stocksauer auf einen Lehrer, der nach einer Auseinandersetzung mit der Klasse wegen des – aus seiner Sicht mal wieder unerträglichen – Lärmpegels auf die wenig erfreulichen Perspektiven der Schüler hingewiesen hat. Konkret führte der Lehrer an, dass mit Blick auf die Konjunkturprognosen die Anzahl der Übernahmen von Auszubildenden zukünftig wohl auf ein eher recht überschaubares Maß zurückgehen würde, sodass die meisten hier in der Klasse bei den bisher gezeigten Leistungen wohl eher Stammkunden bei der Agentur für Arbeit würden.

Jennifer versucht Nils zu beruhigen und deutet an, dass der Lehrer halt ziemlich genervt war und dann aus der Emotion heraus so ein Ding losgelassen hätte. Außerdem müsste Nils doch eigentlich wissen, wie dieser Typ von Lehrer in solchen Situationen tickt. Nils aber lässt sich nicht beruhigen. Schließlich habe er gestern Abend noch mit seinen Eltern über den Vorfall gesprochen und selbst sein Vater, Bankkaufmann von Beruf, hätte angedeutet, dass dieser Lehrer, zumindest was die Konjunkturprognosen betrifft, wohl Recht hätte.

In diesem Moment setzt sich ihr Mitschüler Arne an den Tisch. Er grinst über das ganze Gesicht und deutet an, dass die Äußerungen ihres Lehrers von gestern alles nur hohles Gequatsche seien. Vor allem die Sache mit den besagten Konjunkturprognosen wäre nichts als heiße Luft. Da müsse man nur mal ein wenig im Internet stöbern und schon hätte man in der Beziehung Klarheit. Um seine Äußerung zu untermauern, legt Arne demonstrativ ein Papier mit folgendem Text auf den Tisch:

Das zarte Pflänzchen Konjunktur von Mag. Oliver Pohl

Konjunkturprognosen haben die Trefferwahrscheinlichkeit von Wettervorhersagen. Das hat nicht nur mit den mathematischen Formeln zu tun, sondern auch viel mit der Wirtschaftstheorie, die zugrunde gelegt wird. […]

Kaum ein Wort beflügelt die Fantasie von Wirtschaftstreibenden und Politikern mehr als „Konjunktur". Gebannt starren sie auf die prognostizierten Vorzeichen des Auf- und Abschwungs der Welle der wirtschaftlichen Entwicklung. Die Stimmung hellt sich auf, wenn es nach oben geht, oder verfinstert sich, wenn die Gegenrichtung eingeschlagen wird. Es ist ein permanentes Auf und Ab der Gefühle, die in der Ökonomie über Investitionen, Stellenabbau oder Aufbruch in neue Märkte entscheiden.

Kläglich daneben

Dabei ist die Sache längst nicht so klar, wie es den Anschein hat, nur weil alle Welt davon redet. Unbestritten ist, dass es Zyklen gibt. Aber wie lange dauern sie? Und wann ist welche Stufe erreicht? Den ersten Rückschlag, und der saß, erlebte die damals noch junge Konjunkturforschung in den USA, als der Börsencrash und die Weltwirtschaftskrise von 1929 nicht vorausgesagt werden konnte. Die Ökonomen Arthur F. Burns und Wesley Clair Mitchell, die Urväter der amerikanischen Konjunkturforschung, hatten in den 1920er Jahren den Harvard-Indikator geschaffen, aber kläglich versagt. Daraufhin wurde es über mehrere Jahre ziemlich ruhig um die Vorhersage der wirtschaftlichen Entwicklung.

Schließlich hatte die Welt auch andere Sorgen, nachdem die Menschen im und nach dem Zweiten Weltkrieg um das nackte Überleben kämpften. Als in den 1950er Jahren sich die Lage langsam wieder zu entspannen begann, kehrte auch das Interesse zurück, sich wieder mit den Wellen der Wirtschaft zu beschäftigen. Konjunkturforschungsinstitute wurden gegründet, die, staatlich finanziert, den Blick in die Glaskugel der Zukunft der Volkswirtschaften werfen. Dabei bedient man sich aus dem Vergleich von Daten aus der Vergangenheit über die Zinsentwicklung und daraus resultierenden Investitionen bzw. dem Zusammenhang von Steuern und dem privaten Konsum. Daraus werden Konjunkturindikatoren abgeleitet.

In der Zusammenführung mit den mathematischen Formeln, die auf die volkswirtschaftliche Gesamtrechnung abstellen, ergibt sich daraus ein Wert, der im Periodenvergleich anzeigen soll, wohin die Reise geht. Das macht die Geschichte nicht unbedingt einfacher, weil oftmals noch Daten aus der staatlichen Statistik bei der Erstellung schlicht fehlen und deshalb geschätzt werden, aber das Gesamtbild wesentlich beeinflussen können. Dazu kommen dann noch zusätzlich eingefügte Faktoren zum Tragen, die die erwarteten Auswirkungen von politischen Entscheidungen in die mathematische Berechnung mit einfließen lassen sollen. Am Ende steht das erwartete Bruttoinlandsprodukt (BIP).

Und das ist meistens falsch, wie einschlägige Untersuchungen über die Treffsicherheit von Konjunkturprognosen feststellen. Seit die Branche sich im Wettlauf um die beste Prognose seit einigen Jahren auch noch bis auf die Kommastellen festlegen will, ist es überhaupt vorbei mit den Volltreffern. Dazu kommt, dass sich die Konjunkturforscher gegenseitig fest im Visier haben, weil keiner Gefahr laufen will, aus dem eingestimmten Gesamtkanon auszubrechen und sich damit dem Spott der Kollegen auszusetzen. Dafür haben nicht zuletzt auch die finanzierenden staatlichen Stellen gesorgt, die einmal im Jahr eine Gemeinschaftsprognose aller Institute fordern.

In das Reich der wirtschaftspolitischen Märchen gehört übrigens auch die These, dass die staatlichen Konjunkturforscher wegen der angenommenen Unabhängigkeit bessere Prognosen liefern als die private Konkurrenz von Banken, Versicherungen oder Verbänden. […]

Quelle: www.wianet.at, Zugriff vom 16.11.2012.

Kompetenzorientierte Arbeitsaufträge:

1. Markieren Sie zunächst die Begriffe, deren Verständnis Ihnen Probleme bereitet. Recherchieren Sie – eventuell unter Zuhilfenahme des Internets – anschließend die Bedeutung dieser Begriffe!

Begriff	Kurze Umschreibung

2. Nennen Sie die in dem Artikel aufgeführten Konjunkturindikatoren!

3. Beurteilen Sie auf der Basis des vorangestellten Artikels die Konjunkturindikatoren hinsichtlich ihrer Diagnose- und Prognosefähigkeit!

-
-
-

4. Erläutern Sie, was konkret aus den Konjunkturindikatoren abgeleitet werden kann und welchen Stellenwert sie für Unternehmen wie für die Politik haben!

Aussagekraft von Konjukturindikatoren und deren Stellenwert für die Politik

5. **Projekt mit regionalem Bezug:**

Durch die örtlichen Industrie- und Handelskammern sowie lokalen Verbände werden regionale Konjunkturdaten und Konjunkturerwartungen ermittelt und veröffentlicht. Recherchieren Sie zunächst, welche Institutionen in Ihrer Region derartige Konjunkturdaten erheben und veröffentlichen. Informieren Sie sich anschließend bei diesen Stellen über die aktuellsten Datensätze und stellen Sie diese für eine Präsentation vor Ihrer Klasse zusammen!

Entwickeln Sie anschließend auf der Basis dieser Daten gemeinschaftlich qualifizierte Empfehlungen zu Investitionsentscheidungen örtlich ansässiger Unternehmen sowie für wirtschaftspolitische Maßnahmen in Ihrer Region!

Notizen zur Recherche:

6. Beschreiben Sie die Wirtschaftsschwankungen als Konjunkturzyklus, unterscheiden Sie dabei vor allem deren Phasen!

Konjunkturphase	Kurze Umschreibung

7. Erläutern Sie vier mögliche Ursachen für die Wirtschaftsschwankungen!

Ursache	Kurze Umschreibung

8. **Projektvorschlag mit regionalem Bezug:**

Entwickeln Sie gemeinsam einen möglichen Fragenkatalog zur künftigen (wirtschaftlichen) Entwicklung Ihrer Region (z. B. Kreis, Stadt)! Zur Aufstellung dieses Fragenkatalogs könnten mögliche inhaltliche Themenschwerpunkte von arbeitsteiligen Gruppen zusammengestellt, der Klasse vorgetragen und dann zu einem endgültigen Arbeitspapier zusammengeführt werden.

Notizen zum Projekt

Zusatzauftrag: Lückentext

Ergänzen Sie den Lückentext, indem Sie das jeweils fehlende Wort einsetzen!

Bearbeitungshinweis:

Versuchen Sie zunächst, den Lückentext ohne weitere Hilfsmittel zu vervollständigen. Nutzen Sie in Zweifelsfällen und zur abschließenden Selbstkontrolle die an den Lückentext anschließenden Füllwörter.

Daten, mit denen man den Konjunkturverlauf messen oder vorhersagen kann, bezeichnet man als ______________. Beziehen diese sich vor allem auf die volkswirtschaftliche ______________ sowie auf den Arbeitsmarkt, handelt es sich um ______________ Indikatoren.

So deuten beispielsweise stagnierende oder ______________ Einzelhandelsumsätze auf eine ______________ Entwicklung des wirtschaftlichen Geschehens hin. Steigende Arbeitslosenzahlen und ______________ offene Stellen zeigen an, dass die Wirtschaft ______________ ist, die Unternehmen werden sich mit ______________ eher zurückhalten.

Nimmt der ______________ schneller zu als der Import, ist auf eine ______________ der Konjunktur zu schließen. Allerdings muss man bei einer vollbeschäftigten Wirtschaft mit ______________ Preisen rechnen, weil die Gesamtnachfrage das ______________ der Volkswirtschaft ______________.

Für die Einschätzung zukünftiger Entwicklungen spielen die ______________ der Unternehmen und der ______________ eine große Rolle. Nimmt beispielsweise das Vertrauen in die ______________ Entwicklung zu, ist mit einer ______________ Nachfrage nach Konsum- und ______________ zu rechnen.

Hinsichtlich der zeitlichen Erkennbarkeit lassen sich die Konjunkturindikatoren in Früh-, Präsenz- und ______________ unterteilen. Während die Frühindikatoren die ______________ Entwicklung der Wirtschaft für die kommenden ______________ anzeigen, beschreiben die Präsenzindikatoren die ______________ Situation. Zu den Spätindikatoren zählen mit Blick auf den Arbeitsmarkt und die Preisentwicklung die ______________ und die ______________.

Mithilfe der Konjunkturindikatoren kann die Regierung ____________________ Entscheidungen rechtzeitig treffen. In bestimmten Fällen kann eine solche ____________ allerdings auch dazu führen, dass durch sie die vorausgesagte Entwicklung selbst _____________ wird. Dieses Phänomen bezeichnet man als ________________________________.

- [ ] Arbeitslosenquote
- [ ] augenblickliche
- [ ] Belebung
- [ ] Erwartungen
- [ ] Export
- [ ] Gesamtangebot
- [ ] Gesamtnachfrage
- [ ] Investitionen
- [ ] Investitionsgütern
- [ ] Konjunkturindikatoren
- [ ] konjunkturpolitische
- [ ] Monate
- [ ] negative
- [ ] Preisindizes
- [ ] Prognose
- [ ] realwirtschaftliche
- [ ] Selffulfilling Prophecy
- [ ] sinkende
- [ ] sinkende
- [ ] Spätindikatoren
- [ ] steigenden
- [ ] steigenden
- [ ] übersteigt
- [ ] unterbeschäftigt
- [ ] Verbraucher
- [ ] verstärkt
- [ ] voraussichtliche
- [x] vorhersagen
- [ ] wirtschaftliche

Kompetenz-Check

Kompetenzstufe 1

1. Welche der folgenden Aussagen zu den Konjunkturindikatoren ist falsch? Ist keine Aussage falsch, so tragen Sie bitte eine ⑨ ein!

① Daten, die den Konjunkturverlauf messen und/oder Voraussagen für künftige Entwicklungen zulassen, werden als Konjunkturindikator bezeichnet.

② Realwirtschaftliche Konjunkturindikatoren beziehen sich vor allem auf die Entwicklung der volkswirtschaftlichen Gesamtnachfrage sowie auf den Arbeitsmarkt.

③ Finanzwirtschaftliche Konjunkturindikatoren nehmen vor allem die Geldpolitik und die Wechselkurse in den Fokus.

④ Nur, wenn die Informationen über die mutmaßliche Konjunkturentwicklung vorliegen, können die Regierungen ihre konjunkturpolitischen Entscheidungen – vorausgesetzt, die Prognosen stimmen – rechtzeitig treffen.

⑤ In bestimmten Situationen kann eine Prognose auch dazu führen, dass die vorausgesagte Entwicklung durch die Prognose selbst verstärkt wird (eine sogenannte Selffulfilling Prophecy).

☐

2. Entscheiden Sie bei den nachfolgenden Konjunkturindikatoren, ob es sich um Früh-, Präsenz- oder Spätindikatoren handelt. Verwenden Sie für die Zuordnung folgende Ziffern:

① Frühindikatoren,

② Präsenzindikatoren,

③ Spätindikatoren.

Tragen Sie eine ⑨ ein, wenn keine eindeutige Zuordnung möglich ist!

Kompetenzstufe 2

2.1	Anzahl der Insolvenzen	
2.2	Kapazitätsauslastung	
2.3	Konsumklimaindex	
2.4	Zinsniveauentwicklung	
2.5	Zinsen	
2.6	Entwicklung der Aktienmärkte	
2.7	Arbeitslosenquote	
2.8	Lagerbestände	
2.9	Baugenehmigungen im Hochbau	
2.10	Steuereinnahmen des Staates	

3. Überprüfen Sie die nachfolgenden Aussagen zu den realwirtschaftlichen Konjunkturindikatoren! Welche zwei der folgenden Aussagen sind falsch? Ist nur eine Aussage falsch, so tragen Sie in das zweite Kästchen bitte eine ⑨ ein!

Kompetenzstufe 3

① Für die Beurteilung zukünftiger Entwicklungen spielen die Erwartungen der Unternehmen und Verbraucher eine große Rolle und beeinflussen die Konsum- und Investitionsgüternachfrage.

② Nimmt der Export schneller ab als der Import, ist auf einen Abschwung der Konjunktur zu schließen.

③ Steigen die Lagerbestände der Unternehmen über das saisonal übliche Maß, so liegt offenbar Überproduktion vor. Es kann davon ausgegangen werden, dass die Unternehmen ihre Produktion drosseln und somit einen Abschwung einleiten.

④ Sinkt die Nachfrage nach Investitionsgütern, kann ein Absinken der Beschäftigung erwartet werden.

⑤ Steigt der private Konsum, kann eine Erhöhung der Beschäftigung erwartet werden. Bei Vollbeschäftigung können weiterhin sinkende Preise und sinkende Löhne vorausgesagt werden.

⑥ Aus dem Staatshaushalt kann entnommen werden, in welchem Verhältnis die Staatsausgaben zu den Staatseinnahmen stehen. Strebt der Staat große zusätzliche Konsum- oder Investitionsvorhaben an, ohne die Steuern zu erhöhen, ist eine Belebung der Wirtschaftstätigkeit wahrscheinlich.

⑦ Sinkende Arbeitslosenzahlen und steigende offene Stellen zeigen an, dass die Wirtschaft unterbeschäftigt ist.

4. Die wirtschaftliche Entwicklung einer Volkswirtschaft verläuft in konjunkturellen Schwankungen, typischerweise in vier Phasen. Stellen Sie fest, welche der unten stehenden Merkmale auf

① einen Aufschwung,
② eine Hochkonjunktur (Boom),
③ einen Abschwung (Rezession),
④ eine Talsohle

Kompetenzstufe 3

hindeutet. Tragen Sie die Ziffer vor der jeweiligen Konjunkturphase in die entsprechenden Kästchen ein! Ist keine eindeutige Zuordnung möglich, tragen Sie bitte eine ⑨ ein!

4.1	Die Auftragsbestände gehen zurück, die Arbeitslosigkeit steigt, die Zinsen sinken langsam, die Wertpapierkurse sind hoch und die Sparneigung niedrig.	
4.2	Die Wertpapierkurse sind hoch, die Zinsen niedrig, die konjunkturelle Arbeitslosigkeit hoch und die Auftragslage verharrt auf niedrigem Niveau.	
4.3	Die Zinsen steigen, die Wertpapierkurse sinken, die Sparneigung ist niedrig, die Zukunftserwartungen sind optimistisch und die Preise steigen sehr stark.	
4.4	Die Preise steigen ebenso geringfügig wie die Löhne, die Auftragsbestände steigen, die Sparneigung sinkt, die Zinsen sind noch niedrig, die Wertpapierkurse hoch.	
4.5	In dieser Phase fallen die Lohnerhöhungen mäßig aus, es kann zur Kosteninflation (Stagflation) kommen.	
4.6	Es kommt zu abnehmenden Preissteigerungsraten, die Zinsen sinken langsam, die konjunkturelle Arbeitslosigkeit steigt, die Zukunftserwartungen sind pessimistisch.	
4.7	Die Auftragsbestände sinken, die Sparneigung steigt, die Zukunftserwartungen sind optimistisch, die Lohnerhöhungen fallen kräftig aus.	
4.8	Die Kurse steigen, die Zinsen sinken, die Arbeitslosigkeit steigt, die Preissteigerungen sind hoch.	

5. Betrachten Sie nachfolgende Übersicht zur Entwicklung verschiedener Konjunkturindikatoren!

Kompetenzstufe 4

Indikatoren	1	2	3	4	5	6	7	8
Arbeitslosenquote	steigt	sinkt	steigt	steigt	sinkt	steigt	sinkt	steigt
Konsumklima	sinkt	steigt	sinkt	sinkt	steigt	steigt	steigt	sinkt
Zinsen	steigen	sinken	steigen	sinken	steigen	sinken	steigen	sinken
Insolvenzen	steigen	steigen	steigen	sinken	steigen	sinken	sinken	steigen
Aktienkurse	sinken	steigen	sinken	steigen	sinken	steigen	steigen	sinken
Kurzarbeit	sinkt	steigt	sinkt	sinkt	steigt	sinkt	sinkt	steigt
Lagerbestände	steigen	sinken	steigen	sinken	steigen	sinken	sinken	steigen
Baugenehmigungen	steigen	sinken	steigen	sinken	steigen	sinken	steigen	sinken
Sparquote	steigt	sinkt	sinkt	sinkt	steigt	steigt	sinkt	steigt

5.1 Welche Kombination lässt auf einen Aufschwung schließen? Trifft keine Kombination zu, so tragen Sie bitte eine ⑨ ein! ☐

5.2 Welche Kombination lässt auf einen Abschwung schließen? Trifft keine Kombination zu, so tragen Sie bitte eine ⑨ ein! ☐

17 Boller - ISBN 978-3-8120-1557-8

2 Konjunkturpolitische Maßnahmen im Hinblick auf die jeweilige Konjunkturphase ableiten

Lernsituation 2:

Die 17-jährige Auszubildende Lea hat nach einer Geburtstagsparty am Sonntagmorgen mal wieder länger geschlafen. Trotz einer gewissen Restmüdigkeit steht sie pünktlich zum Mittagessen auf, da es in ihrer Familie seit vielen Jahren üblich ist, zumindest an einem Sonntag gemeinsam zu Mittag zu essen. Als sie gut gelaunt und relativ ausgeschlafen das Esszimmer betritt, spürt sie sofort die leicht angespannte Stimmung zwischen ihren Eltern und ihrem Bruder. Anlass der wohl eher schlechten Laune der restlichen Familie ist ihr Bruder Dennis, der sich mal wieder ziemlich aufregt.

Dennis steckt gerade mitten in der Prüfungsvorbereitung zum Mechatroniker, hat aber vor zwei Wochen von seinem Ausbildungsbetrieb erfahren, dass er nach der Ausbildung nicht übernommen wird. Seither stellt er sich unentwegt die Frage, was die ganze Prüfungsvorbereitung überhaupt für einen Sinn hat, wenn er anschließend sowieso arbeitslos ist. Leas Mutter spricht Dennis seit dieser schlechten Nachricht vor zwei Wochen immer wieder Mut zu, indem sie versucht, ihn positiv zu stimmen und ihn ermuntert, nicht so negativ in die Zukunft zu blicken. Auch der Vater macht ihm immer wieder klar, dass er sich nun erst einmal auf die Prüfung konzentrieren soll. Danach könne er sich dann in aller Ruhe bei umliegenden Autohäusern als Mechatroniker bewerben. Er ist der Ansicht, dass eine gute Prüfung auch in wirtschaftlich schwierigen Zeiten eine sichere Eintrittskarte für das zukünftige Berufsleben ist. Dennis hingegen sieht das natürlich alles ganz anders. Sein Ausbilder habe ihm klar zu verstehen gegeben, dass es allen Autohäusern in Deutschland zurzeit eher schlecht ginge und immer mehr Betriebe sogar ganz schließen müssten. Die Absatzzahlen für Neufahrzeuge seien seit Monaten – unabhängig von der Automarke – im Sinkflug, da sich die Haushalte in Deutschland wegen der rückläufigen Konjunktur beim Kauf von Neufahrzeugen sehr zurückhielten.

Um die Stimmung an diesem Sonntagmittag zu verbessern, versucht nun auch Lea ihrem Bruder gut zuzureden. Sie erinnert Dennis an Oma, die bei größeren Problemen in der Familie immer sagte, dass nach jedem Tal auch wieder ein Berg komme. Lea fügt an, dass Oma zwar nicht ausdrücklich von der Konjunktur gesprochen habe, aber im übertragenen Sinne sei sie fest davon überzeugt, dass es mit der Wirtschaft sicher bald wieder bergauf gehen werde und es bis zum Ausbildungsende in vier Monaten für Dennis wieder besser aussieht. Außerdem solle er doch nur mal an eine ähnliche Situation vor ein paar Jahren denken, als der Staat der Autoindustrie mit der Zahlung einer Abwrackprämie in Höhe von 2 500,00 € schon einmal massiv geholfen hätte.

Leider hat Lea mit dieser Äußerung genau das Gegenteil bei ihrem Bruder bewirkt. Dennis explodiert förmlich. Er wirft Lea vor, dass sie sich seit dem Beginn ihrer Ausbildung zur Bankkauffrau wohl für besonders klug hält. Vor allem regt er sich darüber auf, dass sie gut reden hätte. Schließlich würde der Staat Milliarden ausgeben, um marode Banken und Sparkassen vor dem finanziellen Kollaps zu retten. Und das Beste daran: Hauptsache seine kluge Schwester bekäme im Anschluss an die Ausbildung den gewünschten Arbeitsplatz bei einer Bank. Und danach müsse sie sich wohl bis an ihr Lebensende keine Sorgen mehr um ihren Job machen, da der Staat ja, was Bankenrettung anbelangt, wohl eine Art unbegrenzten Freifahrtschein ausgestellt hätte. Da sei dann wohl leider kein Cent mehr für irgendwelche Autohäuser übrig.

Kompetenzorientierte Arbeitsaufträge:

1. Entwickeln Sie auf der Grundlage der Lernsituation drei mögliche Maßnahmen des Staates, die zur Belebung der Nachfrage nach Neuwagen beitragen könnten!

Maßnahme 1	
Maßnahme 2	
Maßnahme 3	

2. Wie in der Lernsituation dargelegt, hat der deutsche Staat die Automobilindustrie vor einigen Jahren schon einmal durch Zahlung einer Abwrackprämie unterstützt. Erläutern Sie kurz, welchen Beweggrund der Staat seinerzeit gehabt haben könnte, in konjunkturell schwierigen Zeiten ausgerechnet die Automobilindustrie hierzulande zu fördern!

Möglicher Beweggrund zur Zahlung einer Abwrackprämie

3. In der Lernituation wird darauf hingewiesen, dass der Staat in der jüngeren Vergangenheit Banken durch entsprechende Finanzspritzen gerettet hat. Nennen Sie drei mögliche Ursachen, die den Staat dazu bewegt haben könnten, ausgerechnet diese Branche in Krisenzeiten zu stützen!

Mögliche Ursachen zur Rettung von Banken

- ➤
- ➤
- ➤

4. Erläutern Sie kurz und anhand eines selbst gewählten Beispiels, was man unter Konjunkturpolitik versteht! Gehen Sie dabei auch auf den Begriff „Konjunkturpaket" ein!

Konkunktur-politik	
Konkunktur-paket	

5. Angenommen der Staat würde die Automobilindustrie mit einem wirtschaftspolitischen Maßnahmenbündel stützen! Beurteilen Sie, welche positiven Wirkungen mit solchen Maßnahmen verbunden sein könnten. Gehen Sie dabei insbesondere auf Aspekte wie Beschäftigung, Sozialversicherung und Bundeshaushalt ein!

Aspekt	Beurteilung der Wirkung
Beschäftigung	
Sozialversicherung	
Bundeshaushalt	

6. **Projektvorschlag:**

Analysieren Sie die aktuelle wirtschaftliche Situation Deutschlands und stellen Sie die wichtigsten Eckdaten für eine Präsentation zusammen.

Entwickeln Sie anschließend gemeinsam ein Maßnahmenbündel staatlicher Wirtschaftspolitik für die aktuelle Konjunkturphase!

Notizen zum Projekt	
Eckdaten zur aktuellen wirtschaftlichen Situation in Deutschland	➤ ➤ ➤ ➤ ➤
Maßnahmenbündel	➤ ➤ ➤ ➤

Zusatzauftrag: Kreuzworträtsel

1. Lösen Sie nachfolgendes Kreuzworträtsel!
2. Erläutern Sie anschließend kurz das Lösungswort in dem dafür vorgesehenen Feld.

① Konjunkturprogramm „auf Pump".

② Ein Konjunkturindikator.

③ Eine Konjunkturphase.

④ Nachfrageorientierte Wirtschaftspolitik.

⑤ Bestandteil der Fiskalpolitik.

⑥ Sie ist Aufgabe der Europäischen Zentralbank und zählt zu den finanzwirtschaftlichen Konjunkturindikatoren.

⑦ Ein Konjunkturindikator.

⑧ Er basiert auf dem Auf und Ab der Entwicklung des realen Bruttoinlandsproduktes.

⑨ Sie zählt die „Miesen" des Staates.

⑩ Eine wirkungsvolle Konjunkturpolitik setzt auch die Bewältigung einer Reihe von … voraus.

⑪ Er zeigt eine Entwicklung alles andere als frühzeitig an.

⑫ Sie sind der „Tod" einer stationären Wirtschaft.

⑬ Sie ist sehr wankelmütig und muss deshalb vom Staat oft „aufgepäppelt" werden.

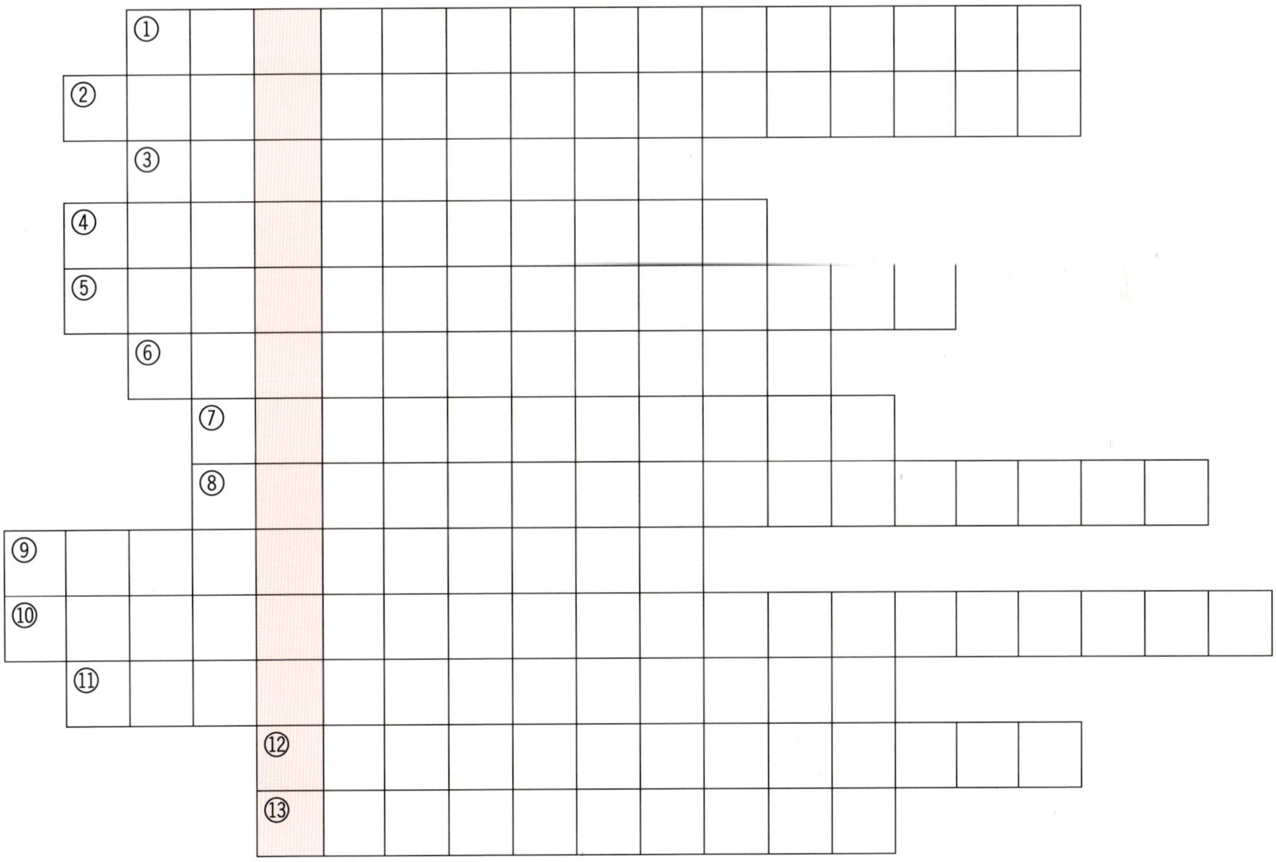

Lösungswort:

Erläuterung: ______________________________

Kompetenz-Check

1. Welche der folgenden Aussagen zu den wirtschaftspolitischen Instrumenten zur Steuerung der Konjunktur ist falsch? Ist keine Aussage falsch, so tragen Sie bitte eine ⑨ ein!

Kompetenzstufe 1

① Die staatliche Konjunkturpolitik mithilfe der Einnahmen- und Ausgabenpolitik wird auch als Fiskalpolitik bezeichnet.

② Die Konjunkturpolitik hat die Aufgabe, die Konjunkturausschläge so gering wie möglich zu halten, d. h. für ein stetiges und angemessenes Wirtschaftswachstum bei gleichzeitiger Stabilität des Preisniveaus, hohem Beschäftigungsgrad und außenwirtschaftlichem Gleichgewicht zu sorgen.

③ Eine wirkungsvolle staatliche Konjunkturpolitik setzt auch die Bewältigung einer Reihe von Abstimmungsproblemen voraus.

④ Durch die Steigerung der Staatsausgaben und/oder durch Steuersenkungen ist der Staat in der Lage, die Wirtschaft aus einem konjunkturellen Tal herauszuführen und die Arbeitslosigkeit zu bekämpfen.

⑤ Die Geldpolitik der Zentralbank spielt in der fiskalistischen Theorie eine wichtige Rolle.

2. Überprüfen Sie nachfolgende Aussagenpaare auf ihre Richtigkeit. Bei welchem Aussagenpaar sind beide Aussagen (Aussage A und Aussage B) falsch? Ist kein Aussagenpaar komplett falsch, tragen Sie bitte eine ⑨ ein!

Kompetenzstufe 2

①	**A:**	Die Politik des bewussten Schuldenmachens durch den Staat zum Zweck der Konjunkturförderung wird als Deficit-Spending bezeichnet.
	B:	Besteht Inflationsgefahr, kann der Staat die Steuern erhöhen, dem Wirtschaftskreislauf wird Geld entzogen, die Inflation wird gebremst.
②	**A:**	In Zeiten des Konjunkturaufschwungs sollte der Staat im Rahmen der antizyklischen Fiskalpolitik die Steuern erhöhen.
	B:	In Zeiten des Konjunkturabschwungs sollte der Staat im Rahmen der antizyklischen Fiskalpolitik die Ausgaben erhöhen.
③	**A:**	In Zeiten des Konjunkturaufschwungs sollte der Staat im Rahmen der antizyklischen Fiskalpolitik die Ausgaben für Investitionen senken.
	B:	In Zeiten des Konjunkturabschwungs sollte der Staat im Rahmen der antizyklischen Fiskalpolitik die Steuern senken.
④	**A:**	Durch die kreditfinanzierte Nachfrage des Staates im Rahmen des Fiskalismus kann es zu steigenden Zinsen kommen.
	B:	Den Regierungen fällt es häufig leichter, die öffentlichen Ausgaben zu erhöhen als in Zeiten des Aufschwungs dann Ausgaben zu senken.

3. Beurteilen Sie die nachfolgenden fiskalpolitischen Maßnahmen im Hinblick auf ihre Eignung zur Stabilisierung von Konjunktur und Wachstum. Tragen Sie bitte eine

① ein, wenn diese Maßnahme in einer Aufschwungphase eingesetzt werden sollte,

② ein, wenn diese Maßnahme in einer Abschwungphase eingesetzt werden sollte.

Kompetenzstufe 3

Tragen Sie eine ⑨ ein, wenn keine eindeutige Zuordnung möglich ist!

3.1	Erhöhung des steuerfreien Grundfreibetrages für Arbeitnehmer.	
3.2	Senkung der Einkommens- und Körperschaftsteuer.	
3.3	Aufhebung der degressiven Abschreibungsmöglichkeiten.	
3.4	Streichung von Investitionszulagen.	
3.5	Reduzierung von Sozialleistungen.	
3.6	Erstellen eines Jahreswirtschaftsberichts durch die Bundesregierung.	
3.7	Abwrackprämie für Altautos.	
3.8	Erhöhung des Kindergeldes finanziert durch Erhöhung der Umsatzsteuer.	
3.9	Gewährung von Exportsubventionen.	
3.10	Staatliche Zulagen für energetische Sanierungen von Altbauten für Privathaushalte.	

4. Welches der nachfolgenden fiskalpolitischen Maßnahmebündel kann in einer Abschwungphase am ehesten zur Stabilität von Konjunktur und Wachstum beitragen? Ist kein Maßnahmenbündel geeignet, so tragen Sie bitte eine ⑨ ein!

Kompetenzstufe 3

① Ausweitung der Staatsausgaben bei gleichzeitiger Erhöhung der Steuersätze zur Finanzierung der Mehrausgaben.

② Senkung der Einkommen- und Körperschaftsteuer bei gleichzeitiger Einschränkung der steuerlichen Abschreibungsmöglichkeiten zur Schaffung von mehr Steuergerechtigkeit.

③ Einführung von Investitionsprämien, deren Finanzierung durch entsprechende Kürzungen bei den Sozialtransfers sichergestellt wird.

④ Senkung der Abschreibungs- und Steuersätze.

⑤ Ausweitung der öffentlichen Aufträge und gleichzeitige Absenkung der Steuersätze.

5. Welches der nachfolgenden fiskalpolitischen Maßnahmenbündel kann in einer Aufschwungphase am ehesten zur Stabilität von Konjunktur und Wachstum beitragen? Ist kein Maßnahmenbündel geeignet, so tragen Sie bitte eine ⑨ ein!

Kompetenzstufe 3

① Reduzierung von Straßenbaumaßnahmen, Verringerung von Abschreibungsmöglichkeiten und Erhöhung von Verbrauchssteuern.

② Senkung der Staatsausgaben bei gleichzeitiger Senkung der Einkommen- und Körperschaftsteuer.

③ Abschaffung von Sonderabschreibungsmöglichkeiten und Auflösen der Konjunkturausgleichsrücklage.

④ Kürzung von Sozialtransfers und Investition der hierdurch eingesparten Gelder in den Ausbau der Infrastruktur.

⑤ Kreditaufnahme zur Ausweitung der Staatsausgaben, um somit die private Nachfrage vom Markt zu verdrängen.

6. Betrachten Sie nachfolgende Übersicht zum Einsatz unterschiedlicher wirtschaftspolitischer Maßnahmen!

Kompetenzstufe 4

Maßnahmen	1	2	3	4	5	6	7	8
Einkommen-steuersatz	steigt	sinkt	steigt	steigt	sinkt	steigt	sinkt	steigt
Abschreibungs-dauer	sinkt	sinkt	sinkt	sinkt	steigt	steigt	steigt	sinkt
Sozialtransfers	steigen	steigen	steigen	sinken	steigen	sinken	steigen	sinken
Export-subventionen	steigen	steigen	steigen	sinken	steigen	sinken	sinken	steigen
Investitions-zulagen	sinken	steigen	sinken	steigen	sinken	sinken	steigen	sinken
Kindergeld	sinkt	steigt	sinkt	sinkt	steigt	sinkt	sinkt	steigt
Infrastruktur-investitionen	steigen	steigen	steigen	sinken	steigen	sinken	sinken	steigen
Gütersteuern	steigen	sinken	steigen	sinken	steigen	steigen	steigen	sinken
Beschäftigung im Öffentlichen Dienst	steigt	steigt	sinkt	sinkt	steigt	sinkt	sinkt	steigt

Welche Kombination eignet sich am ehesten für den Einsatz in einer Aufschwungphase? Trifft keine Kombination zu, so tragen Sie bitte eine ⑨ ein!

☐

7. Betrachten Sie nachfolgende Übersicht zum Einsatz unterschiedlicher wirtschaftspolitischer Maßnahmen!

Kompetenzstufe 4

Maßnahmen	1	2	3	4	5	6	7	8
Einkommen-steuersatz	steigt	sinkt	steigt	steigt	sinkt	steigt	sinkt	steigt
Abschreibungs-dauer	sinkt	sinkt	sinkt	sinkt	steigt	steigt	steigt	sinkt
Sozialtransfers	steigen	steigen	steigen	sinken	steigen	sinken	steigen	sinken
Export-subventionen	steigen	steigen	steigen	sinken	steigen	sinken	sinken	steigen
Investitions-zulagen	sinken	steigen	sinken	steigen	sinken	sinken	steigen	sinken
Kindergeld	sinkt	steigt	sinkt	sinkt	steigt	sinkt	sinkt	steigt
Infrastruktur-investitionen	steigen	steigen	steigen	sinken	steigen	sinken	sinken	steigen
Gütersteuern	steigen	sinken	steigen	sinken	steigen	steigen	steigen	sinken
Beschäftigung im Öffentlichen Dienst	steigt	steigt	sinkt	sinkt	steigt	sinkt	sinkt	steigt

Welche Kombination eignet sich am ehesten für den Einsatz in einer Abschwungphase? Trifft keine Kombination zu, so tragen Sie bitte eine ⑨ ein!

☐

3 Wirtschaftspolitische Ziele charakterisieren und mögliche Zielkonflikte begründen

Lernsituation 3:

Nadine, Jennifer, Sarah und Meike – allesamt Auszubildende – sind seit vielen Jahren eine typische Mädchenclique, die viel Zeit miteinander verbringt. Alle vier sind in den letzten acht Monaten volljährig geworden und dürfen nun erstmals bei der in Kürze stattfindenden Bundestagswahl wählen. Als sogenannte Erstwählerinnen wollen sie auf jeden Fall an der Wahl teilnehmen und außerdem nicht irgendeiner Partei ihre Stimme geben, nur weil deren Kandidat oder Kandidatin sympathisch wirkt. Vielmehr haben sie sich fest vorgenommen, sich genauer darüber zu informieren, wofür die einzelnen Parteien wirklich stehen und welche Ziele sie konkret verfolgen. Vor diesem Hintergrund haben sich alle vier in den letzten Wochen mehr oder weniger intensiv für die Ziele der Parteien interessiert und öfter als früher Nachrichten und politische Diskussionsrunden angeschaut.

An einem Wochenende treffen sich die vier Freundinnen mal wieder nach einer ausgiebigen Shoppingtour in ihrem Lieblingscafe, um den Tag in gemütlicher Runde langsam ausklingen zu lassen. Im Laufe der schon länger andauernden Unterhaltung werden auch die in Kürze anstehenden Wahlen zum Gesprächsthema. Jennifer, die seit einem Jahr eine Ausbildung zur Kauffrau für Büromanagement absolviert, führt an, dass ihr heute beim Shoppen mal wieder aufgefallen sei, dass in letzter Zeit doch alles recht teuer geworden ist. Auch ihre Eltern würden sich schon länger über diese Entwicklung total aufregen. Gestern habe sie dann in einer Talkshow einen Politiker gehört, der sich im Falle eines Wahlsieges seiner Partei vor allem für einen stabileren Euro und somit auch für eine Eindämmung des spürbaren Preisanstiegs einsetzen möchte. Er habe sogar ausdrücklich darauf hingewiesen, dass dem Großteil der arbeitenden Bevölkerung diese Entwicklung dauerhaft nicht mehr zuzumuten sei und deshalb dringend politischer Handlungsbedarf bestehe. Dass habe ihr sehr imponiert und sie würde deshalb wahrscheinlich dieser Partei ihre Stimme geben.

Meike erklärt, dass ihr aufgefallen sei, dass die einzelnen Parteien recht unterschiedliche Ziele formuliert hätten, wobei ihr die Sache mit dem Euro noch nicht begegnet sei. Vielmehr ist ihr ein Werbespot in Erinnerung, wo die betreffende Partei sich im Falle einer Regierungsbeteiligung für mehr Wachstum und somit auch für mehr Ausbildungs- und Arbeitsplätze einsetzen möchte. Da sie nach Beendigung der Ausbildung im kommenden Jahr eine Anstellung bei einem Kreditinstiut anstrebt und von Bekannten weiß, wie schwierig es zurzeit ist, einen solchen Arbeitsplatz bei einer Bank oder Sparkasse zu bekommen, hält sie diese Zielsetzung aus ihrer Sicht für besonders wichtig, sodass sie sich durchaus vorstellen könnte, genau diese Partei zu wählen.

Jetzt schaltet sich auch Sarah in das Gespräch ein und ist spürbar verärgert über Meike. Sie kann nicht verstehen, wie man eine Partei wählen kann, die ganz offensichtlich die Industrie noch stärker fördern möchte und damit wahrscheinlich auch noch mehr Industriegebiete entstehen ließe. Und mehr Industriegebiete bedeuten auch mehr Straßen und Autobahnen, mehr Lkw-Verkehr, mehr Lärm und mehr Abgase. Dies würde doch die Natur und somit die Umwelt noch weiter zerstören und die Zukunft der jungen Menschen stark gefährden. Eine solche Partei würde sie niemals wählen. Vielmehr habe sie in letzter Zeit immer wieder Politiker einer

Jennifer:
„... vor allem ein stabilerer Euro ...“

Meike:
„... mehr Wachstum und somit auch mehr Ausbildungs- und Arbeitsplätze ...“

Sarah:
„... total begeistert, wie die Zukunft unseres Planeten in den Mittelpunkt gestellt wird ...“

18 Boller - ISBN 978-3-8120-1557-8

bestimmten Partei darüber sprechen hören, dass sie im Falle eines Wahlsieges genau das nicht mehr weiter zulassen werden. Daraufhin habe sie sich im Internet deren Parteiprogramm angesehen und sei total begeistert, wie die Politiker dieser Partei die Zukunft unseres Planeten in den Mittelpunkt ihrer Politik stellen – das sei eine Partei, die man als junger Mensch wählen müsse.

Nadine:
„... Diskussion erübrigt sich. Fast alle Parteien sind für soziale Gerechtigkeit ...“

Nadine kann die ganze Aufregung ihrer Freundinnen überhaupt nicht verstehen und sagt, dass sie sich doch gar nicht streiten müssten, schließlich wäre es doch letztlich völlig egal, welcher Partei man seine Stimme gibt. Auf die Frage, wie sie denn darauf kommt, antwortet Nadine, dass ihr aufgefallen sei, dass auf den Wahlplakaten fast aller Parteien immer das Gleiche steht: „Für mehr soziale Gerechtigkeit“. Und wenn doch alle Parteien ganz offensichtlich das gleiche Ziel verfolgen, erübrige sich wohl jegliche Diskussion.

Kompetenzorientierte Arbeitsaufträge:

1. Formulieren Sie, welche Ziele die Parteien in der vorangestellten Lernsituation konkret verfolgen. Erläutern Sie anschließend, mit welchen Messgrößen das Erreichen dieser jeweiligen Ziele überprüft werden kann!

Schülerin	Ziel	Messgröße

2. In der Lernsituation wird erkennbar, dass zumindest zwei der angesprochenen Ziele miteinander in Konflikt stehen. Erklären Sie, um welche Ziele es sich handelt, und beschreiben Sie anschießend anhand eines eigenständig gewählten Beispiels diesen Zielkonflikt!

Zielkonflikt	Eigenes Beispiel

3. Erläutern Sie, was man unter „sozialer Gerechtigkeit" versteht! Überprüfen Sie dabei auch kritisch die Frage, inwiefern tatsächlich alle Parteien das Gleiche meinen, wenn sie von mehr sozialer Gerechtigkeit sprechen!

Soziale Gerechtigkeit:

- ______________________________
- ______________________________
- ______________________________

4. Nennen Sie die vier Ziele nach dem Stabilitätsgesetz und erläutern Sie jeweils deren politisch akzeptierten Zielerreichungsgrad!

Stabilitätsgesetz

Ziel: ______________________________

akzeptierter Erreichungsgrad:

____

Ziel: ______________________________

akzeptierter Erreichungsgrad:

____

Ziel: ______________________________

akzeptierter Erreichungsgrad:

____

Ziel: ______________________________

akzeptierter Erreichungsgrad:

____

5. Zeichnen Sie das „magische Sechseck der Wirtschaftspolitik" und entwickeln Sie für jedes einzelne Ziel des „magischen Sechsecks" jeweils zwei mögliche wirtschaftspolitische Maßnahmen, die zu einem höheren Zielerreichungsgrad beitragen könnten!

Magisches Sechseck der Wirtschaftspolitik

Wirtschaftspolitisches Ziel	Wirtschaftspolitische Maßnahmen
	➤ ____________________ ➤ ____________________
	➤ ____________________ ➤ ____________________
	➤ ____________________ ➤ ____________________
	➤ ____________________ ➤ ____________________
	➤ ____________________ ➤ ____________________
	➤ ____________________ ➤ ____________________

Kompetenz-Check

1. Überprüfen Sie die nachfolgenden Aussagen zur Wirtschaftspolitik! Welche zwei der folgenden Aussagen zur Wirtschaftspolitik sind falsch? Ist nur eine Aussage falsch, so tragen Sie in das zweite Kästchen bitte eine ⑨ ein!

Kompetenzstufe 1

① Am Anfang der Wirtschaftspolitik steht ein Ziel, das realisiert werden soll. Die Festlegung solcher Ziele und Normen, also dessen, was sein sollte, lässt sich wissenschaftlich allgemeingültig vornehmen.

② Unter Wirtschaftspolitik versteht man die Beeinflussung der Wirtschaft durch politische Maßnahmen, mit denen der Staat regelnd und gestaltend in die Wirtschaft eingreift.

③ Zu der Ordnungspolitik zählt u.a. die Wettbewerbsordnung, die Gewerbeordnung und die Eigentumsordnung.

④ Wirtschaftspolitik umfasst u.a. alle Maßnahmen staatlicher Instanzen zum Ablauf des arbeitsteiligen Wirtschaftsprozesses. Zur Prozesspolitik gehören z.B. Arbeitsmarktpolitik, Konjunkturpolitik und Geldpolitik.

⑤ Die anzustrebenden Ziele sind im Wesentlichen politisch durch die Träger der Wirtschaftspolitik, etwa durch das Parlament, zu bestimmen.

⑥ Die Wirtschaftspolitik kann sich auf die gesamte Volkswirtschaft (allgemeine Wirtschaftspolitik) oder auf Teilbereiche (spezielle Wirtschaftspolitik) erstrecken.

⑦ Die Wirtschaftspolitik versucht Antworten auf die Fragen zu finden: Welche Ziele sind realisierbar und wie lassen sich die festgelegten Ziele erreichen?

☐ ☐

2. Politik ist zielgerichtetes Handeln. Der Staat muss sich also Ziele setzen, nach denen er seine Wirtschaftspolitik ausrichtet! Welche zwei der folgenden Aussagen zu den Zielen der Wirtschaftspolitik sind falsch? Ist nur eine Aussage falsch, so tragen Sie in das zweite Kästchen bitte eine ⑨ ein!

Kompetenzstufe 1

① Nach § 1 des Gesetzes zur Förderung der Stabilität und des Wachstums der Wirtschaft haben Bund und Länder bei ihren wirtschafts- und finanzpolitischen Maßnahmen die Erfordernisse des gesamtwirtschaftlichen Gleichgewichts zu beachten.

② Ein gesamtwirtschaftliches Gleichgewicht liegt vor, wenn alle Produktionsfaktoren vollbeschäftigt sind und sich alle Märkte ausgleichen.

③ Die Stabilität des Preisniveaus, ein hoher Beschäftigungsstand, ein außenwirtschaftliches Gleichgewicht sowie ein stetiges und angemessenes Wirtschaftswachstum bilden das magische Viereck und sind sogenannte quantitative Ziele.

④ Eine sozial verträgliche Einkommens- und Vermögensverteilung und die Erhaltung der natürlichen Lebensgrundlagen sind nicht ausdrücklich im Stabilitätsgesetz erwähnt und zählen zu den quantitativen Zielen.

⑤ Werden die quantitativen und die qualitativen Ziele gleichzeitig verfolgt, so spricht man von einem magischen Sechseck.

⑥ Zu den langfristigen Zielen der Wirtschaftspolitik zählen das außenwirtschaftliche Gleichgewicht, die sozial verträgliche Einkommens- und Vermögensverteilung sowie die Erhaltung der natürlichen Lebensgrundlagen.

☐ ☐

Kompetenzstufe 2

3. Betrachten Sie nachfolgende Abbildung zum magischen Viereck der Wirtschaftspolitik! Welche zwei der folgenden Aussagen zu den Zielen der Wirtschaftspolitik sind richtig? Ist nur eine Aussage richtig, so tragen Sie in das zweite Kästchen bitte eine ⑨ ein!

① Im Betrachtungszeitraum wurde das Ziel Preisniveaustabilität nach der Definition der Europäischen Zentralbank erreicht.

② Das angestrebte Ziel des stetigen und angemessenen Wirtschaftswachstums wurde in den abgebildeten Betrachtungszeiträumen in keinem Jahr realisiert.

③ Der Saldo der Leistungsbilanz lässt darauf schließen, dass die Zahlungsbilanz im Betrachtungszeitraum defizitär war.

④ Die Abbildung verdeutlicht, dass im Betrachtungszeitraum Unterbeschäftigung herrschte.

⑤ In der Abbildung werden nur die quantitativen Ziele der Wirtschaftspolitik dargestellt.

⑥ Die Darstellung verdeutlicht, dass die hohe Arbeitslosigkeit auf die geringe Preisniveaustabilität zurückzuführen ist.

☐ ☐

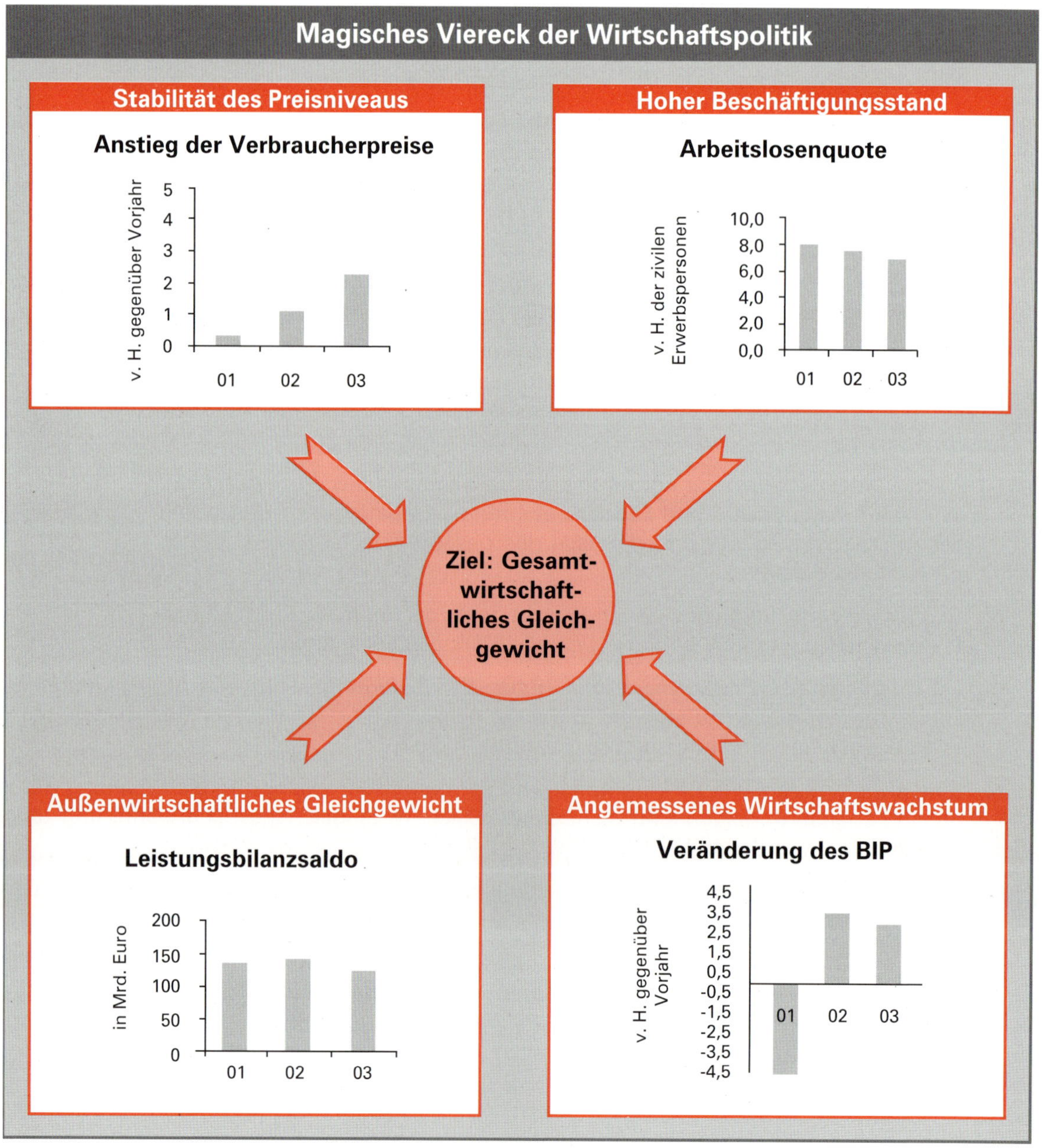

4. Überprüfen Sie nachfolgende Aussagenpaare auf ihre Richtigkeit. Bei welchem Aussagenpaar sind beide Aussagen (Aussage A und Aussage B) falsch? Ist nur ein Aussagenpaar komplett falsch, tragen Sie bitte eine ⑨ in eines der beiden Kästchen ein!

Kompetenzstufe 2

①	**A:**	Überbeschäftigung liegt vor, wenn die Zahl der offenen Stellen erheblich unter der Zahl der Arbeitslosen liegt.
	B:	Die Arbeitslosenquote wird ermittelt, indem man die Zahl der Erwerbspersonen durch die Zahl der Arbeitslosen dividiert und mit 100 multipliziert.
②	**A:**	Vollbeschäftigung liegt vor, wenn die Arbeitslosenquote nicht mehr als 2 % beträgt.
	B:	Drohende Arbeitslosigkeit bewirkt einen Rückgang der Nachfrage.
③	**A:**	Unter den Erwerbspersonen sind die selbstständigen und die unselbstständigen Erwerbspersonen zu verstehen.
	B:	Eine absolute Preisniveaustabilität liegt vor, wenn sich das Preisniveau nicht stärker als 2 % verändert.
④	**A:**	Unter außenwirtschaftlichem Gleichgewicht versteht man den mittelfristigen Ausgleich der Zahlungsbilanz.
	B:	Exportüberschüsse führen zu Devisenüberschüssen.
⑤	**A:**	Ein stetiges Wirtschaftswachstum liegt vor, wenn das Wachstum des realen Bruttoinlandsprodukts keine oder nur geringe Konjunkturschwankungen aufweist.
	B:	Nur wenn die Produktion wirtschaftlicher Güter schneller als die Bevölkerung wächst, kann der materielle Lebensstandard pro Kopf der Bevölkerung erhöht werden.
⑥	**A:**	Die begrenzten Rohstoff- und Energievorräte machen zugleich auch die möglichen Grenzen des Wirtschaftswachstums sichtbar.
	B:	Von Zielharmonie spricht man, wenn bestimmte wirtschaftspolitische Maßnahmen der Erreichung mehrerer Ziele dienlich sind.

☐ ☐

5. In einer Volkswirtschaft liegen folgende Arbeitsmarktdaten vor:

Zahl der Arbeitslosen:	2578500
Zahl der offenen Stellen:	248758
Zahl der Kurzarbeiter:	174375
Arbeitslosenquote:	6,45 %

Berechnen Sie die Zahl der Erwerbspersonen (auf glatte 1000 Personen abrunden)!

Kompetenzstufe 3

☐☐.☐☐☐.☐☐☐ Erwerbspersonen

6. In einer Volkswirtschaft übersteigen die Importe die Exporte um ca. 30 %. Welche der folgenden Wirkungsketten ist zutreffend?

Kompetenzstufe 4

① Die Devisenvorräte der Binnenwirtschaft steigen an, die Zahlungsbilanz wird passiv. Die abnehmende Geldmenge bremst den Preisauftrieb, gefährdet aber die Arbeitsplätze.

② Die Importüberschüsse führen zu Devisenüberschüssen, der Geldumlauf in der Binnenwirtschaft steigt, bei bestehender Vollbeschäftigung steigt das Preisniveau.

③ Die Devisenvorräte der Binnenwirtschaft schrumpfen, die Zahlungsbilanz wird passiv, die abnehmende Geldmenge führt zur Inflation und gefährdet die Arbeitsplätze.

④ Es kommt zu sinkenden Devisenvorräten der Binnenwirtschaft, die Zahlungsbilanz wird passiv. Die abnehmende Geldmenge bremst den Preisauftrieb, gefährdet jedoch die Arbeitsplätze.

⑤ Die Devisenvorräte der Binnenwirtschaft steigen, somit steigt auch der Geldumlauf. Bei bestehender Vollbeschäftigung kommt es zur importierten Inflation.

⑥ Der Devisenvorrat der Binnenwirtschaft sinkt, die Zahlungsbilanz wird passiv. Die abnehmende Geldmenge bremst den Preisauftrieb, es kommt zu einer Mehrbeschäftigung.

4 Arbeitslosigkeit und deren Ursachen beschreiben sowie beschäftigungspolitische Maßnahmen diskutieren

Lernsituation 4:

Zur einführenden Auseinandersetzung mit dem Thema Arbeitslosigkeit lesen Sie zunächst nachfolgenden Artikel:

Arbeitslosigkeit erhöht die Depressionsgefahr

Die Arbeit ist ein wichtiger Pfeiler des menschlichen Daseins. Bricht dieser Pfeiler weg und man wird arbeitslos, steigt für Betroffene die Gefahr einer psychischen Krankheit wie Depression. Häufig werden die Erkrankungen aber nicht erkannt.

In der EU waren im Februar dieses Jahres 24,55 Millionen Menschen arbeitslos. Die Arbeitslosenquote von 10,2 Prozent ist die höchste seit 1997. In Spanien und Griechenland war jeder zweite Jugendliche unter 25 Jahren ohne Arbeit. Auch in Deutschland waren im März über drei Millionen Menschen von Arbeitslosigkeit betroffen, die Quote betrug 7,2 Prozent. […]

Arbeitslosigkeit: Ein großer Einschnitt ins Leben

Nicht für alle dieser Menschen ist die Arbeitslosigkeit gleich schlimm. Die staatliche Unterstützung ist unterschiedlich und es gibt Menschen, die die Zuversicht nicht verlieren, die in der Arbeitslosigkeit auch die Chance für einen Neuanfang sehen. Für ganz viele Betroffene ist sie aber ein großer Einschnitt. Oft sind psychische Erkrankungen wie eine Depression die Folge.

Arbeit als Mittelpunkt des Lebens

Ein Grund für die Probleme, die Arbeitslosigkeit mit sich bringt, ist in unserer Einstellung zur Arbeit zu suchen. In der Antike war Arbeit noch verpönt. Und auch im Mittelalter wurde Arbeit bis zur Reformation noch als Mühsal, ja eigentliche Strafe aufgefasst. Erst viel später entwickelte sich die sogenannte protestantische Arbeitsethik. Sie ist gekennzeichnet durch die Vorstellung von Arbeit als Pflicht und von der Arbeit als Mittelpunkt des Lebens, um den herum die Freizeit gestaltet wird.

Als Grundmodell dienen diese Vorstellungen heute noch, aber natürlich ist die Entwicklung fortgeschritten. Arbeit muss heute nicht Pflicht sein und einzig dem Broterwerb dienen. Sie kann mit Leidenschaft erfüllt werden, sie kann Spaß und Freude machen. Sie kann spannend und herausfordernd sein. Arbeitszeitmodelle ermöglichen heute mehr Flexibilität. Und Unternehmen sind heute sehr oft auch ein Teil des sozialen Lebens der Beschäftigten. […]

Arbeitslose häufiger von einer Depression betroffen

Die Arbeit ist also ein Hauptpfeiler des menschlichen Daseins. Und entsprechend dramatisch können die Folgen sein, wenn dieser Pfeiler wegbricht, oft von einem Tag auf den anderen. So haben Studien ergeben, dass Arbeitslose häufiger von psychischen Krankheiten wie einer Depression betroffen sind als Erwerbstätige. […]

Laut der Psychologin Gisela Mohr von der Universität Leipzig belastet viele Arbeitslose der Zwang, möglichst schnell wieder eine Arbeit und zurück zur oben erwähnten protestantischen Arbeitsethik zu finden. „Je höher die Arbeitsorientierung bei einem Menschen ist, umso stärker sind die Auswirkungen auf die psychische Gesundheit in der Situation der aussichtslosen Arbeitslosigkeit." […]

Wenn das soziale Umfeld wegbricht

Auch die Anforderung, dass Betroffene für eine neue Stelle bereit sein sollten, ihren Wohnort zu wechseln, wirkt sich nach Mohrs Einschätzung negativ auf die psychische Gesundheit aus. „Vor allem, wenn man eine Familie hat, ist das ein großes Problem", schätzt Mohr. „Bei jedem Umzug verliert man sein soziales Umfeld und muss sich ein neues aufbauen", warnt sie. Dabei sei ein gutes soziales Netz wichtig für Arbeitslose. Es könne ihnen helfen, eine neue Arbeit zu finden.

Ablehnung schwächt das Selbstwertgefühl

Der psychischen Gesundheit ebenfalls nicht förderlich ist nach Ansicht Mohrs die Anforderung, möglichst viele Bewerbungen in einem definierten Zeitraum zu verschicken. Werden die Vorgaben nicht eingehalten, droht eine Leistungskürzung. Dabei ist gemäß der Psychologin kein Zusammenhang feststellbar, dass viele Bewerbungen die Erfolgsaussichten verbessern würden. Hingegen würden viele erfolglose Bewerbungen die psychische Gesundheit gefährden. Jede Ablehnung oder Absage gelte als Misserfolg und schwäche das Selbstwertgefühl. […]

Textquelle: Myhandicap.de, Text: Patrick Gunti – 04/2012.

19 Boller - ISBN 978-3-8120-1557-8

Kompetenzorientierte Arbeitsaufträge:

1. Markieren Sie zunächst die Begriffe, deren Verständnis Ihnen Probleme bereitet. Recherchieren Sie – eventuell unter Zuhilfenahme des Internets – anschließend die Bedeutung dieser Begriffe!

Begriff	Kurze Umschreibung

2. Erläutern Sie die Gefahr der Arbeitslosigkeit, die im Mittelpunkt des vorangestellten Artikels steht!

3. Erläutern Sie den Stellenwert der Arbeit in unserer modernen Gesellschaft! Gehen Sie anschließend auch darauf ein, welchen Stellenwert Arbeit in Ihrem künftigen Leben einnehmen soll!

Stellenwert der Arbeit in der Gesellschaft	
Stellenwert der Arbeit in meinem künftigen Leben	

4. Führen Sie an, welche Kriterien eine Arbeitsstelle nach Ihren Vorstellungen erfüllen müsste, damit Sie Ihren künftigen Beruf über viele Jahre hinweg mit Spaß und Freude ausüben könnten!

Kriterien einer Arbeitsstelle

5. Analysieren Sie für sich persönlich, wie sich die Ausübung eines Berufes, mit dem Sie nicht glücklich wären, auf Ihr persönliches Leben auswirken würde!

Mögliche Auswirkungen einer „ungeliebten" Arbeit auf mein persönliches Leben:

- ➤ ______
- ➤ ______
- ➤ ______
- ➤ ______
- ➤ ______

6. Erläutern Sie kurz drei Entstehungsarten der Arbeitslosigkeit!

Entstehungsart	Kurze Erläuterung

7. Arbeitsvorschlag mit regionalem Bezug:

Eine kleine Gruppe aus der Klasse sollte in Form eines Referates die wichtigsten Informationen über den Arbeitsmarkt in Ihrer Region vorbereiten! Im Fokus der Präsentation sollte neben den üblichen Arbeitsmarktdaten (Anzahl der Arbeitslosen, Arbeitslosenquote, Entwicklung des Arbeitsmarktes in den vergangenen Jahren/Monaten) vor allem stehen, welcher Personenkreis und welche Berufsgruppen besonders von der Arbeitslosigkeit in Ihrer Region betroffen sind. Hilfreich bei der Vorbereitung wären nicht nur Informationsunterlagen der örtlichen Agentur für Arbeit, auch andere Institutionen (z. B.: IHK, Gewerkschaften, Verbände) könnten Ihre Arbeit unterstützen.

Diskutieren Sie im Anschluss an die Präsentation als Klassengemeinschaft darüber, welche Maßnahmen konkret dazu beitragen könnten, die Arbeitslosigkeit in Ihrer Region zu verringern!

Notizen zum Projekt:

____

____

____

____

____

____

____

Zusatzauftrag: Lückentext

Ergänzen Sie den Lückentext, indem Sie das jeweils fehlende Wort bzw. die jeweils fehlende Zahl einsetzen!

Bearbeitungshinweis:

Versuchen Sie zunächst, den Lückentext ohne weitere Hilfsmittel zu vervollständigen. Nutzen Sie in Zweifelsfällen und zur abschließenden Selbstkontrolle die an den Lückentext anschließenden Füllwörter.

Im Allgemeinen misst man die Beschäftigungslage in einer Volkswirtschaft an der Zahl der _Arbeitslosen_ und den ____________. Als arbeitslos hierzulande gilt, wer trotz ____________ und ____________ nicht in einem Beschäftigungsverhältnis steht. Dabei rechnet die ____________ zu den Arbeitslosen alle Personen, die das _____. Lebensjahr, aber nicht die aktuell gültige ____________ für den Renteneintritt erreicht haben und weniger als ____ Stunden je Woche arbeiten.

Neben den ____________ Arbeitslosen gibt es auch nicht ____________ Arbeitslose, wie z. B.: ____________, ____________, Personen in ____________ oder in ____________.

Die Formen der Arbeitslosigkeit lassen sich nach ihren ________________ einteilen. Zu den Formen der Arbeitslosigkeit aufgrund von Nachfrageschwankungen zählen die ________________ und die ________________ Arbeitslosigkeit. Während sich diese beiden Formen der Arbeitslosigkeit im wirtschaftlichen Aufschwung – zumindest teilweise – abbauen, ist die ____________________ Arbeitslosigkeit langfristiger Natur. Hiervon betroffen sind vor allem weniger ____________________ Personen.

Zu den langfristig wirksamen Instrumenten der Arbeitsmarktpolitik zählen die Senkung der ______________________, die Förderung __________________ und Investitionen in __________________. Letztere stellen aus volkwirtschaftlicher Sicht eine Investition in die ______________ dar, die sich für alle Beteiligten __________.

- [ ] 15
- [ ] 15
- [x] Arbeitslosen
- [ ] „Ein-Euro-Jobs“
- [ ] Arbeitsfähigkeit
- [ ] Arbeitswilligkeit
- [ ] Bildung
- [ ] Bundesagentur für Arbeit
- [ ] konjunkturelle
- [ ] Kurzarbeiter
- [ ] Lohnnebenkosten
- [ ] offenen Stellen
- [ ] öffentlicher Beschäftigung
- [ ] qualifizierte
- [ ] rechnet
- [ ] Regelaltersgrenze
- [ ] registrierte
- [ ] registrierten
- [ ] saisonale
- [ ] strukturelle
- [ ] Umschulungen
- [ ] Ursachen
- [ ] Vorruheständler
- [ ] Zukunft

Kompetenz-Check

Kompetenzstufe 1

1. Überprüfen Sie die nachfolgenden Aussagen zur Arbeitslosigkeit! Welche der folgenden Aussagen ist falsch? Ist keine Aussage falsch, so tragen Sie bitte eine ⑨ ein!

① Als arbeitslos gilt, wer trotz Arbeitsfähigkeit und Arbeitswilligkeit nicht in einem Beschäftigungsverhältnis steht.

② Im Allgemeinen misst man die Beschäftigungslage in einer Volkswirtschaft an der Zahl der Arbeitslosen und den offenen Stellen.

③ Unter Erwerbsquote versteht man den prozentualen Anteil der Erwerbspersonen an der Gesamtbevölkerung.

④ Neben der registrierten Arbeitslosigkeit gibt es auch noch eine nicht registrierte Arbeitslosigkeit. Hierbei handelt es sich um das Arbeitskräftepotenzial, das aus unterschiedlichen Gründen nicht in der Arbeitslosenstatistik erfasst wird.

⑤ Die Arbeitsmarktpolitik umfasst alle Maßnahmen, die dazu dienen, die strukturelle Arbeitslosigkeit zu beseitigen, neue Arbeitsplätze zu schaffen und vorhandene Arbeitsplätze zu sichern.

⑥ Bildungskosten sind keine Kosten, sondern letztlich eine Investition in die Zukunft, die sich für den Einzelnen, für die Unternehmen, für den Staat und die Sozialkassen rechnet.

⑦ Die produktivitätsorientierte Lohnpolitik trägt unter sonst gleichen Bedingungen zur Sicherung der Beschäftigung bei.

⑧ Ziel der expansiven Lohnpolitik ist, die Gewinnquote (einen prozentualen Anteil am Volkseinkommen) zu erhöhen.

Kompetenzstufe 1

2. Die Arbeitslosigkeit kann nach verschiedenen Gesichtspunkten eingeteilt werden. Überprüfen Sie die nachfolgenden Aussagen zu den Ursachen und Entstehungsarten der Arbeitslosigkeit auf ihre Richtigkeit! Welche der folgenden Aussagen ist falsch? Ist keine Aussage falsch, so tragen Sie bitte eine ⑨ ein!

① Vor allem im Baugewerbe, der Landwirtschaft oder in solchen Gewerben, die vom Tourismus abhängig sind, kann es zu saisonaler Arbeitslosigkeit kommen.

② Ist die Arbeitslosigkeit auf normale konjunkturelle Schwankungen zurückzuführen, gilt sie unter wirtschaftspolitischen Gesichtspunkten als verhältnismäßig unproblematisch.

③ Sind Löhne und Gehälter sowie Lohnzusatzkosten auf Teilmärkten des Arbeitsmarktes zu hoch, kann es zu konjunktureller Arbeitslosigkeit kommen. Dies gilt vor allem für hoch qualifiziertes Fachpersonal.

④ Von der strukturellen Arbeitslosigkeit sind vor allem die Beschäftigten solcher Branchen betroffen, die an wirtschaftlicher Bedeutung verlieren oder die neue und arbeitssparende Techniken einführen.

⑤ Die strukturelle Arbeitslosigkeit ist im Gegensatz zur saisonalen und konjunkturellen Arbeitslosigkeit langfristiger Natur und wird auch im wirtschaftlichen Aufschwung überhaupt nicht oder nur geringfügig abgebaut.

Kompetenzstufe 2

3. Bestimmen Sie für die nachfolgenden Fälle die Ursachen bzw. Entstehungsarten der Arbeitslosigkeit. Verwenden Sie für die Zuordnung folgende Ziffern:

① friktionelle Arbeitslosigkeit,

② saisonale Arbeitslosigkeit,

③ konjunkturelle Arbeitslosigkeit,

④ strukturelle Arbeitslosigkeit,

⑤ Arbeitslosigkeit verursacht durch fehlende berufliche oder räumliche Mobilität.

Tragen Sie eine ⑨ ein, wenn keine eindeutige Zuordnung möglich ist!

3.1	Im Ruhrgebiet werden durch die Schließung von Steinkohlezechen viele Arbeitnehmer freigesetzt.	
3.2	Durch die Bankenkrise verloren viele Mitarbeiter in Frankfurt ihren Arbeitsplatz. Gesucht werden dringend Bankkaufleute in Brandenburg. Bis heute sind diese Stellen unbesetzt.	
3.3	In den Weinanbaugebieten Deutschlands werden im Anschluss an die Weinlese viele Erntehelfer entlassen.	
3.4	Nach der Insolvenz eines großen Möbelhauses wurden alle 240 Mitarbeiter entlassen. Der örtlichen Agentur für Arbeit gelang es jedoch, allen Betroffenen eine neue Anstellung zu vermitteln, die diese in den nächsten Monaten antreten können.	
3.5	Nach Jahren des Wachstums kommt es im Maschinenbau wegen der üblichen Auftragsschwankungen zu Entlassungen.	

Kompetenzstufe 3

4. Entscheiden Sie, welcher Beteiligte für die nachfolgenden Maßnahmen zur Bekämpfung von Arbeitslosigkeit zuständig ist! Verwenden Sie für die Zuordnung folgende Ziffern:

① Regierung,

② Arbeitgeber,

③ Arbeitnehmer,

④ Tarifpartner.

Tragen Sie eine ⑨ ein, wenn keine eindeutige Zuordnung möglich ist!

4.1	Arbeitszeitverlängerung bei gleichem Lohn.	
4.2	Ausweitung von Teilzeitarbeitsmöglichkeiten.	
4.3	Erhöhung von Forschungs- und Bildungsinvestitionen.	
4.4	Erhöhung der regionalen Mobilität.	
4.5	Senkung der Lohnnebenkosten.	
4.6	Öffnung von Tarifverträgen.	
4.7	Bereitschaft zur Annahme einer Beschäftigung mit geringeren Qualifikationsanforderungen und/oder Bezahlung als vorher.	
4.8	Konjunkturprogramme zur Belebung der Nachfrage.	
4.9	Zahlung eines Kombilohnes.	
4.10	Durchführung zurückgestellter Investitionen.	

5. Im Rahmen der politischen Diskussion zur Bekämpfung der Arbeitslosigkeit werden unterschiedliche Maßnahmen vorgeschlagen, wobei die jeweiligen Wirkungen dieser Instrumente im Mittelpunkt des Interesses stehen. Welchen der folgenden Standpunkte halten Sie für fragwürdig? Ist keiner der Standpunkte fragwürdig, tragen Sie bitte eine ⑨ ein!

Kompetenzstufe 4

① Die Ausweitung der Staatsnachfrage im Falle einer Rezession kann den weiteren Abbau von Arbeitsplätzen verhindern.

② Durch Investitionszuschüsse können für Unternehmen Anreize zur Expansion und somit zu Neueinstellungen geschaffen werden.

③ Durch ein gesetzlich vorgeschriebenes Überstundenverbot können in gleichem Umfang Arbeitsplätze geschaffen werden, wie Überstunden abgebaut werden.

④ Durch zusätzliche Umschulungsmaßnahmen wird es Arbeitslosen ermöglicht, sich für den Arbeitsmarkt zu qualifizieren.

⑤ Moderate Tarifabschlüsse können dazu beitragen, dass der Substitutionsprozess zwischen Arbeit und Kapital langsamer verläuft.

☐

6. Entscheiden Sie, welches Instrument der Arbeitsmarktpolitik in den nachfolgenden Fällen zur Verhinderung bzw. Bekämpfung der Arbeitslosigkeit sinnvollerweise eingesetzt werden sollte. Verwenden Sie für die Zuordnung folgende Ziffern:

Kompetenzstufe 4

① Senkung der Lohnnebenkosten,

② Förderung öffentlicher Beschäftigung,

③ Investitionen in Bildung und Weiterqualifizierung,

④ Produktivitätsorientierte Lohnpolitik,

⑤ Gewährung finanzieller Anreize oder Anwendung von Sanktionen durch die Agentur für Arbeit,

⑥ Ausweitung von Aufträgen der öffentlichen Hand.

Tragen Sie eine ⑨ ein, wenn keine eindeutige Zuordnung möglich ist!

6.1	Im Ruhrgebiet werden durch die Schließung von Steinkohlezechen viele Arbeitnehmer freigesetzt.	
6.2	Durch die Bankenkrise verloren viele Mitarbeiter in Frankfurt ihren Arbeitsplatz. Gesucht werden dringend Bankkaufleute in Brandenburg. Bis heute sind diese Stellen unbesetzt.	
6.3	In den Weinanbaugebieten Deutschlands werden im Anschluss an die Weinlese viele Erntehelfer entlassen.	
6.4	In vielen Bundesländern und Kommunen kommt es im öffentlichen Sektor wegen der hohen Verschuldung zu einem Stellenabbau durch Entlassungen.	
6.5	Durch den Einsatz vollautomatischer Hochregallager kommt es zunehmend zu Entlassungen von Fachkräften für Lagerlogistik.	
6.6	Nach einem regelrechten Boom über viele Jahre hinweg lässt die Nachfrage der privaten Haushalte nach energetischer Sanierung von Immobilien spürbar nach.	
6.7	Nach der Insolvenz eines großen Möbelhauses wurden alle 240 Mitarbeiter entlassen. Der örtlichen Agentur für Arbeit gelang es jedoch, allen Betroffenen eine neue Anstellung innerhalb von drei Monaten zu vermitteln.	
6.8	Wegen der hohen Tarifabschlüsse werden mehrere tausend Arbeitsplätze ins Ausland verlagert.	
6.9	Nach Jahren des Wachstums kommt es im Maschinenbau wegen der üblichen Auftragsschwankungen zu Entlassungen.	
6.10	Wegen der ungünstigen Kostenstruktur sind viele Unternehmen in den globalen Märkten nicht mehr wettbewerbsfähig.	

5 Ermittlung des Preisniveaus erläutern sowie den Zusammenhang von Kaufkraft und Preisniveau beschreiben

Lernsituation 5:

Lisa, Auszubildende zur Kauffrau im Groß- und Außenhandel, erwartet den Besuch ihrer besten Freundin Jacqueline, die eine Ausbildung zur Friseurin absolviert. Im Vorfeld des Besuchs hat Jacqueline bereits angedeutet, dass sie dringend mit Lisa über ein Problem sprechen müsse.

Nachdem es sich die beiden Freundinnen bei einer Tasse Latte Macchiato gemütlich gemacht haben, erzählt Jacqueline, was sie so bedrückt. Seit sie vor einem Jahr die Ausbildung zur Friseurin begonnen hat, ist sie zu Hause ausgezogen und wohnt nun in einer Ein-Zimmer-Wohnung zur Miete. Mit der Ausbildungsvergütung, dem Trinkgeld der Kunden sowie dem Kindergeld, das ihre Eltern ihr auszahlen, war der Schritt in die „eigenen vier Wände" damals möglich, was Jacqueline seit dieser Zeit auch sehr genießt.

Doch in den letzten Monaten wächst ihr die finanzielle Belastung mehr und mehr über den Kopf. Jacqueline führt dies vor allem auf die enormen Preissteigerungen beim Strom, Gas, Sprit für ihren Roller und bei den sonstigen Nebenkosten des Lebensunterhalts zurück. Nunmehr habe auch noch ihr Vermieter angekündigt, dass er die Kaltmiete ab nächsten Monat um 20,00 € anheben wird. Jacqueline bestreitet auch nicht, dass sie in den letzten Monaten nicht immer so genau auf ihre Ausgaben beim Shoppen oder Ausgehen geachtet hat. Auch das neue Smartphone und der in diesem Zusammenhang abgeschlossene Vertrag habe sicher mit dazu beigetragen, dass ihr Girokonto mehr und mehr ins Soll geraten sei. Die finanzielle Schieflage hat sich zudem dadurch verschärft, dass bei den meisten Kunden das „Geld nicht mehr so locker sitzt", ihre Einnahmen aus Trinkgeldern somit deutlich zurückgegangen sind.

Jacqueline macht sich nicht nur Gedanken darüber, wie sie die Wohnung während ihrer Ausbildung dauerhaft halten kann, auch die Rückzahlung ihrer Schulden bei der Bank belastet sie stark. Diese hat sich sogar schon schriftlich bei ihr gemeldet und um kurzfristige Rückmeldung gebeten, wie sie sich die Rückführung ihrer Kontoüberziehung konkret vorstellt. Abschließend betont Jacqueline, dass sie sich immer größere Sorgen um ihre Zukunft macht. Als Friseurin ist das monatliche Einkommen auch nach der Ausbildung relativ gering und ihr stellt sich zunehmend die Frage, wie sie sich mit einem solchen Gehalt dauerhaft eine Wohnung oder gar ein Auto leisten kann, zumal in ihren Augen ja alles immer teurer wird. An einen Urlaub oder andere Annehmlichkeiten sei da ja später wohl gar nicht zu denken. Erstmals sei ihr nun richtig bewusst, wie sehr doch das Einkommen und somit das für die Lebensgestaltung zur Verfügung stehende Geld einem Menschen enorme Sorgen bereiten können und sie frage sich ernsthaft, wie das alles weitergehen soll. Jacqueline geht in ihren Überlegungen sogar so weit, dass sie sich fragt, ob man das Geld nicht ganz einfach abschaffen sollte, zumal man ja in der früheren Menschheitsgeschichte wohl auch ohne Geld ausgekommen sei und damit doch auch ohne derlei Geldsorgen.

Lisa versteht die Probleme ihrer Freundin nur allzu gut und erzählt, dass ihre Eltern auch seit

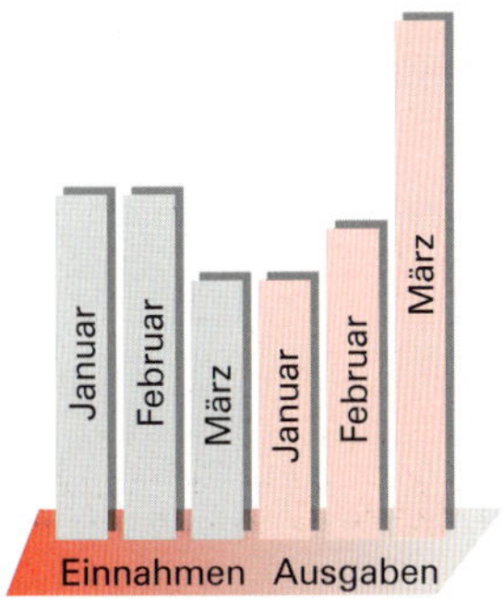

einiger Zeit heftig über das Thema Geld diskutieren. Das Ganze habe nunmehr dazu geführt, dass ihre Eltern sich entschlossen haben, die Stadtwohnung zu kündigen und gemeinsam mit ihr aufs Land zu ziehen, wo man ein Einfamilienhaus kaufen möchte. Der wesentliche Grund hierfür sei – soweit sie es verstanden habe – die Angst davor, dass die Ersparnisse eines Tages nichts mehr wert seien. Ihr Vater habe in den letzten Tagen immer wieder von seinen Großeltern erzählt, deren Geld auch quasi über Nacht für wertlos erklärt wurde. Lisa berichtet, dass sich ihr Vater mehr und mehr darüber aufregt, dass die Menschen in unserer heutigen Zeit trotz dieser Erfahrungen aus der Vergangenheit immer noch der Illusion unterliegen, dass Geld immer seinen Wert behalte. Mit Blick auf die ganze öffentliche Diskussion zur Eurokrise und die in den Euroländern ansteigenden Staatsschulden wollen Lisas Eltern nun das über Jahre angesparte Geld gegen ein bebautes Grundstück eintauschen. Da der Kaufpreis und die anstehende Renovierung der Immobilie die Ersparnisse jedoch übersteigen, wollen Lisas Eltern sogar noch einen entsprechenden Kredit zur Finanzierung des Einfamilienhauses aufnehmen. Ihr Vater würde an der Stelle immer wieder betonen, dass die Verschuldung wegen einer Immobilie für ihn kein allzu großes Problem darstelle, zumal sich der deutsche Staat ja auch seit vielen Jahrzehnten mehr und mehr verschulde. Und was der Staat kann, das könne er schließlich allemal.

20 Boller - ISBN 978-3-8120-1557-8

Kompetenzorientierte Arbeitsaufträge:

1. Bestimmen Sie die in der Lernsituation genannten Akteure und Betroffenen der Verschuldung!

Akteure und Betroffene der Verschuldung
➤ ______________________________
➤ ______________________________

2. Erläutern Sie mögliche Gründe für die zunehmende Verschuldung von Jacqueline!

Gründe für Jacquelines Verschuldung
➤ ______________________________
➤ ______________________________
➤ ______________________________
➤ ______________________________

3. Erläutern Sie, was man unter der „Geldillusion" versteht!

____

____

4. Beschreiben Sie kurz das Verfahren, wie man die Veränderungen des Preisniveaus hierzulande misst! Nehmen Sie anschließend kritisch zu diesem Messverfahren Stellung!

Kurze Beschreibung	______________________________ ______________________________ ______________________________
Kritik an diesem Messverfahren	➤ ______________________________ ______________________________ ➤ ______________________________ ______________________________ ➤ ______________________________ ______________________________ ➤ ______________________________ ______________________________ ➤ ______________________________ ______________________________

5. Sammeln Sie gemeinsam mit Ihrem Sitzpartner mögliche Ursachen für die über Jahrzehnte zunehmende Verschuldung des deutschen Staates!

Partnerarbeit: Ursachen für die Verschuldung des deutschen Staates
➤
➤
➤
➤
➤
➤

Zusatzauftrag: Auswege aus der Schuldenfalle entwickeln

Erarbeiten Sie in Kleingruppen die Tragweite einer zunehmenden Verschuldung von Jacqueline und entwickeln Sie mögliche Auswege aus der individuellen Schuldenfalle!

Jacquelines Verschuldung	
Tragweite (Folgen)	
Mögliche Auswege 	➤ ➤ ➤ ➤ ➤

Kompetenz-Check

1. Obwohl der Verbraucherpreisindex der am häufigsten gebrauchte Indikator zur Messung der Preisniveaustabilität ist, muss sein Aussagegehalt dennoch relativiert werden. Welcher der nachfolgenden Kritikpunkte an diesem Messkonzept ist falsch? Treffen alle Kritikpunkte zu, tragen Sie bitte eine ⑨ ein!

Kompetenzstufe 1

① Bei der Messung findet einzig die private Bedürfnisbefriedigung Berücksichtigung. Sie erfasst jedoch nur einen Teil des volkswirtschaftlichen Geschehens und spiegelt die Preisniveauänderungen somit nur unzureichend wieder.

② Preiserhöhungen können auf Qualitätsverbesserungen eines Produkts zurückzuführen sein. Streng genommen liegt dann keine Inflation vor. Derartige Qualitätsverbesserungen werden jedoch nur bei Gütern mit technischem Fortschritt im Preisindex angemessen berücksichtigt.

③ Kaufverträge bzw. Transaktionen zwischen Haushalten finden keine Berücksichtigung. Dies gilt beispielsweise für den Verkauf von Gebrauchtfahrzeugen von Privat an Privat oder auch für Flohmärkte bzw. Internetauktionen.

④ Inwiefern jemand konkret von der Geldentwertung betroffen ist, hängt im Wesentlichen von seiner Einkommensverwendung ab, also davon, ob sein Konsumverhalten tatsächlich mit dem Warenkorb übereinstimmt.

⑤ Es werden nur die offiziellen Laden- oder Listenpreise erfasst. Rabatte, Sonderaktionen, das Verhandlungsgeschick des Käufers und Fabrikverkäufe bleiben unberücksichtigt.

2. Angenommen, der Preis eines Gutes steigt von 20,00 € im Basisjahr auf 22,50 € im Folgejahr. Berechnen Sie den Preisindex für die Lebenshaltung für den Fall, dass zur Messung des Verbraucherpreisindex nur dieses Gut herangezogen wird und tragen Sie die Lösung in das dafür vorgesehene Lösungsfeld ein!

Kompetenzstufe 2

3. Angenommen der Preis eines Gutes steigt von 20,00 € im Jahr 01 auf 22,50 € im Jahr 02. Des Weiteren sei unterstellt, dass der Preis dieses Gutes in dem Jahr 03 nochmals um 8,5 % ansteigt. Berechnen Sie den Preisindex für die Lebenshaltung für das Jahr 03 für den Fall, dass zur Messung des Verbraucherpreisindex nur dieses Gut herangezogen wird und tragen Sie die Lösung in das dafür vorgesehene Lösungsfeld ein!

Kompetenzstufe 3

☐☐☐,☐☐

4. Nehmen wir der Einfachheit halber an, dass ein repräsentativer Warenkorb für Jugendliche 50 Softdrinks und zwei Jeans umfasst. Im Jahr 01 beträgt der Preis eines Softdrinks 1,00 € und der Preis einer Jeans 80,00 €. Im Jahr 02 steigt der Preis für Softdrinks auf 1,20 €, Jeans hingegen verteuern sich um 5,00 €. Berechnen Sie den Preisanstieg in Prozent! Runden Sie das Ergebnis kaufmännisch auf eine Stelle nach dem Komma!

Kompetenzstufe 3

☐,☐ %

5. Zu Beginn des Jahres 02 erhöht sich das Nettogehalt eines Bankkaufmanns um 99,00 €. Das entspricht einer Gehaltserhöhung von 4,0 % im Vergleich zu dem Jahr 01. Der Verbraucherpreis stieg von 106,5 im Jahr 01 auf 108,5 im Jahr 02. Berechnen Sie das Nettogehalt des Arbeitnehmers zu Beginn des Basisjahres, das die gleiche Kaufkraft gehabt hätte, wie das Nettogehalt im Jahr 02!

Kompetenzstufe 4

☐.☐☐☐,☐☐ €

6. Nachfolgende Tabelle zeigt den Warenkorb einer Volkswirtschaft und die Preisentwicklung dieses Warenkorbes.

Kompetenzstufe 4

Gut	Menge im Basisjahr	Preis im Basisjahr in Geldeinheiten (GE)	Preis im Berichtsjahr 01 in GE	Preis im Berichtsjahr 02 in GE
A	4	2,50	2,50	2,55
B	2	5,00	5,10	5,20
C	8	1,25	1,30	1,25
D	5	2,00	2,00	2,10
E	10	1,00	1,20	1,25

Berechnen Sie den Verbraucherpreisindex für das Berichtsjahr 02 gegenüber dem Basisjahr!

☐☐☐,☐

7. Nachfolgende Tabelle zeigt den Warenkorb einer Volkswirtschaft und die Preisentwicklung dieses Warenkorbes.

Kompetenzstufe 4

Gut	Menge im Basisjahr	Preis im Basisjahr in Geldeinheiten (GE)	Preis im Berichtsjahr 01 in GE	Preis im Berichtsjahr 02 in GE
A	4	2,50	2,50	2,55
B	2	5,00	5,10	5,20
C	8	1,25	1,30	1,25
D	5	2,00	2,00	2,10
E	10	1,00	1,20	1,25

Berechnen Sie die Preissteigerungsrate für das Berichtsjahr 02 im Vergleich zum Berichtsjahr 01!

Runden Sie kaufmännisch auf eine Stelle nach dem Komma!

☐ , ☐ %

6 Aufbau und Aufgaben des Europäischen Systems der Zentralbanken erläutern

Lernsituation 6:

Lesen Sie nachfolgenden Artikel!

Operation Hubschrauber

Finanzen Ökonomen fordern, Geld an die Bürger zu verteilen, um eine Deflation zu verhindern. Eine Verzweiflungstat – oder die lang ersehnte Lösung?

Es scheint ein verrücktes Gedankenspiel zu sein: Eines Morgens findet jeder Bürger der Eurozone einen Scheck im Briefkasten. Über 500 oder sogar 3.000 Euro, einfach so, ein Geschenk. Der Absender: die Europäische Zentralbank (EZB).

Das Szenario ist weniger absurd, als es klingt. Tatsächlich gibt es neuerdings viele ernst zu nehmende Wissenschaftler und Finanzexperten, die genau das fordern: EZB-Chef Mario Draghi soll einfach mehr Geld drucken und es direkt den Bürgern aushändigen.

Die Logik dahinter: Die Empfänger sollen mit dem Geld einkaufen gehen und so der lahmenden Wirtschaft helfen. Dann müssten die Unternehmen ihre Produktion hochfahren, Menschen einstellen, das Wachstum würde anspringen – und auch die Preise würden endlich wieder steigen, schon wegen der höheren Nachfrage.

Die Inflation liegt nur noch knapp über der Nullmarke. Das Horrorszenario einer Deflation wie zu Zeiten der Großen Depression in den Vereinigten Staaten hängt über der Eurozone. Die EZB, deren oberste Aufgabe es ist, den Euro stabil zu halten, hat die Kontrolle verloren.

In dieser verzweifelten Situation entdecken immer mehr Ökonomen und Finanzprofis das Konzept des „Helikopter-Geldes" – das wirken soll, als würden aus einem Hubschrauber Banknoten übers Land gestreut. Die Idee, mit der schon Nobelpreisträger Milton Friedman liebäugelte, sorgt für hitzige Debatten unter Notenbankern und Wissenschaftlern. Ihre Befürworter fordern nicht nur ein neues Instrument. Sie stellen eherne Glaubenssätze der Geldpolitik infrage. Eines nämlich wird immer deutlicher: Mit ihren herkömmlichen Mitteln kommen EZB-Chef Draghi und seine Notenbanker nicht mehr weiter.

Das Scheitern der Bemühungen ist leicht erklärbar. Bislang haben die Notenbanker vor allem Banken mit Geld versorgt: Die EZB hat ihnen Kredite zu Billigzinsen zur Verfügung gestellt oder ihnen riskante Wertpapiere abgekauft in der Hoffnung, dass die Banken im Gegenzug mehr Darlehen an Unternehmen und Konsumenten vergeben. Das Problem ist nur, dass viele Firmen und Bürger derart überschuldet sind, dass sie gar keine neuen Darlehen wollen. So kommt das Geld nicht in der Realwirtschaft an.

Sylvian Broyer, Europa-Chefvolkswirt der französischen Investmentbank Natixis, findet deshalb: „Es wäre doch viel sinnvoller, das Geld, das die EZB zur Deflationsbekämpfung einsetzen will, direkt an die Bürger verteilen." Ausgaben von einer Billion Euro hat Draghi für seine Notprogramme kalkuliert, das würde reichen, um jedem Bürger 3.000 Euro zu schicken.

Daniel Stelter, Gründer des Thinktanks „Beyond the Obvious" und früherer Unternehmensberater bei Boston Consulting, fordert sogar 5.000 oder 10.000 Euro pro Kopf: „Es muss massiv sein, wenn es etwas bewirken soll", sagt er. Die genannten Summen freilich seien nur Schätzungen, sagt Stelter offen. Denn keine Notenbank hat das unglaubliche Experiment bislang gewagt.

Textquelle: Der Spiegel Nr. 41 vom 08.10.2012; Bildquelle: www.ecb.europa.eu (Europäische Zentralbank).

Kompetenzorientierte Arbeitsaufträge:

1. Markieren Sie zunächst die Begriffe, deren Verständnis Ihnen Probleme bereitet. Recherchieren Sie – eventuell unter Zuhilfenahme des Internets – anschließend die Bedeutung dieser Begriffe!

Begriff	Kurze Umschreibung

2. Erläutern Sie kurz, auf welche Ursache das Scheitern der Geldpolitik der EZB im vorangestellten Artikel zurückgeführt wird!

3. Beschreiben Sie, welche Wirkungen man sich von dieser Form der Deflationsbekämpfung verspricht!

21 Boller - ISBN 978-3-8120-1557-8

4. Erläutern Sie kurz, was die EZB unter Preisniveaustabilität versteht!

5. Erklären Sie die EZB als Institution und beschreiben Sie kurz deren Funktionen! Grenzen Sie dabei auch die Begriffe EZB und ESZB voneinander ab!

EZB als Institution	
Funktion der EZB	
Abgrenzung EZB und ESZB	

Zusatzauftrag: Situation der EZB skizzieren und erläutern

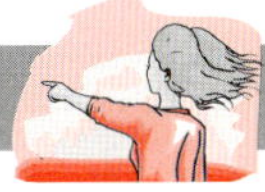

1. Stellen Sie nachfolgende Situation mittels eines typischen Marktmodells durch Angebots- und Nachfragekurve dar, indem Sie den Zusammenhang zwischen Preisniveau und Geldmenge aufgreifen! Achten Sie bei Ihrer Darstellung auf eine vollständige Beschriftung Ihrer Skizze!

   Unterstellen Sie zunächst, dass sich das Geldangebot und die -nachfrage im Euroraum im Gleichgewicht befinden.

   Im Rahmen einer geldpolitischen Entscheidung öffnet die EZB die „Geldschleuse" und möchte im Rahmen ihres bisherigen Angebots die Banken im Euroraum mit mehr Liquidität versorgen. Die Banken machen ihrerseits von dieser Möglichkeit in großem Maße Gebrauch, weiten ihre Nachfrage nach Geld aus und leiten diese Gelder an die Haushalte und Unternehmen in Form von Krediten weiter. Die Haushalte konsumieren mehr, die Unternehmen investieren mehr.

2. Erläutern Sie Ihre Darstellung kurz in nachfolgendem Lösungskasten! Gehen Sie bei Ihren Ausführungen davon aus, dass das Angebot an Gütern und Dienstleistungen kurzfristig nicht ausgeweitet werden kann.

Erläuterungen

Kompetenz-Check

1. Überprüfen Sie die nachfolgenden Aussagen zur Europäischen Wirtschafts- und Währungsunion! Welche zwei der folgenden Aussagen sind falsch? Ist nur eine Aussage falsch, so tragen Sie in das zweite Kästchen bitte eine ⑨ ein!

Kompetenzstufe 1

① Gemäß den Konvergenzkriterien darf der Preisanstieg höchstens 1,5 % über dem Preisanstieg der drei preisstabilsten Länderwährungen liegen.

② Obwohl die Konvergenzkriterien von vielen EU-Ländern nicht vollständig erfüllt wurden, hat die Europäische Kommission Anfang 1998 elf Länder zur Teilnahme an der Wirtschafts- und Währungsunion empfohlen.

③ Zu den Euroländern zählen unter anderem Belgien, Frankreich, Niederlande, Griechenland, Österreich, Portugal, Spanien, Dänemark und Finnland.

④ Das Direktorium der EZB besteht aus dem Präsidenten, dem Vizepräsidenten und vier weiteren Mitgliedern.

⑤ Der EZB-Rat setzt sich aus dem Direktorium und den Präsidenten der nationalen Notenbanken aller EU-Staaten zusammen.

⑥ Der EZB-Rat trifft mit einfacher Stimmenmehrheit die geldpolitischen Entscheidungen und erlässt Weisungen und Leitlinien für die Zentralbanken der Teilnehmer.

⑦ Damit die EZB ihre Aufgaben erfüllen kann, ist sie institutionell, personell und operativ unabhängig.

⑧ Das europäische System der Zentralbanken besteht aus der Europäischen Zentralbank und den nationalen Zentralbanken der Mitgliedstaaten der Europäischen Union.

2. Das Direktorium der Europäischen Zentralbank (EZB) beschließt, die Leitzinssätze zu erhöhen. Prüfen Sie, welches Ziel die EZB damit verfolgt. Wird keines der nachfolgenden Ziele verfolgt, tragen Sie bitte eine ⑨ ein!

Kompetenzstufe 2

① Erhöhung der nachfragewirksamen Geldmenge.

② Stabilisierung des Preisniveaus.

③ Abwertung des Euros zur Belebung der Exportwirtschaft.

④ Vermeidung von Kursschwankungen am Aktienmarkt.

⑤ Förderung der Kreditaufnahme der privaten Haushalte.

3. Einer aktuellen Umfrage eines Wirtschaftsforschungsinstitutes entnehmen Sie die folgenden Einschätzungen darüber, wie sich die Europäische Währungsunion auf verschiedene Indikatoren ausgewirkt hat.

Kompetenzstufe 3

Wie hat sich die Europäische Währungsunion ausgewirkt auf …	Positiv	Negativ
… die Arbeitslosigkeit?	17,4 %	9,2 %
… die Inflation?	9,7 %	57,9 %
… das Wirtschaftswachstum?	26,3 %	37,2 %
… den Zusammenhalt in der EU?	11,4 %	51,3 %

Welche der folgenden Aussagen gibt die Einschätzung der Befragten am zutreffendsten wieder? Ist keine Einschätzung zutreffend, tragen Sie bitte eine ⑨ ein!

① Die Vollbeschäftigung nimmt ab.

② Der Zusammenhalt in der EU geht zurück.

③ Das Wirtschaftswachstum nimmt zu.

④ Am Zusammenhalt der Mitgliedsländer wird sich nichts ändern.

⑤ Die Inflationsrate fällt.

4. In einer Pressemitteilung gibt die EZB Folgendes bekannt:

Kompetenzstufe 3

Pressemitteilung:
Die EZB hat sich aufgrund der jüngsten Entwicklungen am Markt dazu entschlossen, den Zinssatz für Hauptrefinanzierungsgeschäfte um 25 Basispunkte zu reduzieren. Somit verändert sich der Zinssatz von 1,25 % auf nunmehr 1,0 %.

Welche der folgenden Aussagen zu dieser Senkung des Leitzinssatzes ist zutreffend? Trifft keine Aussage zu, so tragen Sie bitte eine ⑨ ein!

Diese Maßnahme der EZB

① trägt dazu bei, die Wirtschaftspolitik der Euroländer zu unterstützen und den Trend zum Boom hin abzubremsen.

② fördert im derzeitigen Aufschwung die Neigung der privaten Haushalte, mehr zu sparen.

③ zielt vor allem darauf ab, den Export trotz der hohen Inflation anzukurbeln.

④ hat zum Ziel, die starke Inflation bei zu hohem Wirtschaftswachstum zu bekämpfen.

⑤ soll dazu führen, dass sich die Kreditkonditionen der Geschäftspartner aus Sicht ihrer Kreditnehmer verschlechtern.

⑥ soll zur Belebung der Konjunktur in den Euroländern beitragen.

5. In einer Pressemitteilung gibt die EZB folgende Ergebnisse für Hauptrefinanzierungsgeschäfte bekannt:

Kompetenzstufe 4

Gutschriftstag	Gebote in Mio. €	Zuteilung in Mio. €	Anzahl der Teilnehmer	Zinssatz in %	Laufzeit (Tage)
07. Juni	126 756	126 756	231	1,25	7
14. Juni	131 890	131 890	235	1,25	7
28. Juni	134 678	134 678	237	1,25	7
05. Juli	136 986	136 986	241	1,00	7
12. Juli	139 451	139 451	243	1,00	7
19. Juli	136 892	136 892	241	1,00	7
26. Juli	131 278	131 278	239	1,00	7

Welche der folgenden Aussagen zu der Pressemitteilung ist zutreffend? Trifft keine Aussage zu, so tragen Sie bitte eine ⑨ ein!

① Das durchschnittlich pro Teilnehmer zugeteilte Volumen stieg im Betrachtungszeitraum kontinuierlich an.

② Die im Beobachtungszeitraum erkennbare Zinssenkung lässt auf eine in dem Zeitraum steigende Inflationsrate schließen.

③ Im Juli wurde dem Bankensektor kontinuierlich Liquidität entzogen.

④ Bei einem Teil der Bieter musste im Beobachtungszeitraum eine Quotierung erfolgen.

⑤ Im Beobachtungszeitraum wurde von dem Kredit gegen Verpfändung auf Pensionsgeschäfte umgestellt.

⑥ Alle Geschäftspartner zahlten im Beobachtungszeitraum für die ihnen zur Verfügung gestellte Liquidität einen einheitlichen Festzinssatz von 1,25 % bzw. 1,0 % über dem Basiszinssatz.

☐

6. Die führenden Wirtschaftsforschungsinstitute in Europa weisen in ihren neuesten Gutachten zur Einschätzung der zukünftigen wirtschaftlichen Entwicklung auf die Gefahr einer Überhitzung der Konjunkturentwicklung hin. Die Europäische Zentralbank (EZB) beabsichtigt, dieser Entwicklung entgegenzuwirken, zumal es aktuell keine Anzeichen für eine Inflation gibt. Prüfen Sie, in welcher Zeile die Kombination geldpolitischer Maßnahmen der EZB aufgeführt ist, die mit Blick auf die zukünftige Entwicklung sinnvoll erscheint! Tragen Sie eine ⑨ ein, wenn keine der aufgeführten Kombinationen sinnvoll erscheint!

Kompetenzstufe 4

	Zinssätze	Wertpapiere im Rahmen der Offenmarktgeschäfte
①	erhöhen	kaufen
②	erhöhen	verkaufen
③	senken	verkaufen
④	senken	kaufen

☐

7. Sie lesen im Wirtschaftsteil Ihrer Tageszeitung, dass die Europäische Zentralbank den Hauptrefinanzierungssatz (Leitzins der EZB) gesenkt hat. Sie diskutieren im Unterricht die Auswirkungen dieser Maßnahme auf die heimischen Unternehmen. Dabei gehen Sie davon aus, dass die Unternehmen auf ihren Kontokorrentkonten im Durchschnitt einen nicht unerheblichen Soll-Saldo aufweisen. Welche Auswirkung hat der dargestellte Beschluss der EZB, wenn die heimischen Banken und Sparkassen ihre Zinskonditionen entsprechend anpassen?

Kompetenzstufe 4

① Die Entscheidung der Europäischen Zentralbank führt zu einer Verknappung der Geldmenge und daher zu allgemeinen Preissteigerungen.

② Die Senkung des Leitzinses bleibt für die heimischen Unternehmen ohne Auswirkung, da sie nur die Refinanzierung der Hausbank verbilligt.

③ Die Maßnahme der EZB verbessert Absatzchancen der heimischen Unternehmen, weil sie dazu führt, dass die Inflation gebremst wird.

④ Die Senkung des Hauptrefinanzierungssatzes reduziert die Zinskosten der heimischen Unternehmen.

⑤ Die Zinssenkung wirkt konjunkturdämpfend und vermindert die gesamtwirtschaftliche Nachfrage.

☐

7 Folgen der europäischen Integration und der Globalisierung beschreiben

Lernsituation 7:

Katharina, Christine, Marvin und Thorsten sind seit über einem Jahr Auszubildende zum Industriekaufmann/Industriekauffrau und haben sich seither öfter am Wochenende getroffen, um gemeinsam etwas zu unternehmen. An einem Berufsschultag in der zweiten Pause stehen alle vier auf dem Schulhof zusammen und überlegen, dass es mal wieder an der Zeit sei, sich für einen Abend zu verabreden. Marvin schlägt vor, sich am Samstag so gegen 20:00 Uhr in der Stadt zu treffen und erst einmal ins Kino zu gehen. Danach könne man ja ganz entspannt noch etwas Trinken und den Abend gemütlich ausklingen lassen. Während Christine und Thorsten den Vorschlag für eine gute Idee halten, winkt Katharina ab und sagt, dass sie leider schon etwas anderes für diesen Abend geplant habe und an einem Treffen von Globalisierungsgegnern teilnehmen möchte.

Christine scheint daraufhin ziemlich genervt und wirft Katharina vor, sich in letzter Zeit total merkwürdig zu verhalten. Erst habe sie ihr Smartphone eines weltweit führenden Herstellers verkauft, weil sie nicht länger ein Gerät benutzen möchte, zu dessen Herstellung angeblich Menschen in anderen Ländern ausgebeutet und die Umwelt dort verschmutzt würden. Dann hätte sie sich neulich in der Pizzeria total aufgeregt, nur weil Marvin sich eine Thunfischpizza bestellt hatte. Kurze Zeit später beim Shoppen in der Stadt wäre sie nur durch ständiges Rumzicken aufgefallen, obwohl sie doch selbst jahrelang in diesen Läden ihre Klamotten gekauft hätte. Aber nein, unser „Gutmensch“ Katharina geht ja jetzt in „Dritte-Welt-Läden“ und trägt Baumwollklamotten aus angeblich fairem und nachhaltigem Anbau, provoziert Christine weiter. Und nun werde sie auch noch am Wochenende zur Spaßbremse, weil ihr neuerdings sinnloses Gerede bei Jasmintee und Kerzenschein mit diskussionsfreudigen „Weltverbesserern“ wichtiger sei als ihre ehemals besten Freunde.

Katharina fühlt sich angegriffen, reagiert aber erstaunlich sachlich. Sie sagt, dass sie die ganze Aufregung und diese Vorwürfe durchaus verstehen könne und ihren Freunden wohl eine Erklärung schuldig sei. Dann schildert sie, dass sie vor ca. zwei Monaten mit ihrer älteren Schwester auf einer Veranstaltung von einer Organisation mit Namen Attac gewesen sei. Dort habe sie an jenem Abend einen Dokumentarfilm mit dem Titel „Eine unbequeme Wahrheit“ gesehen, der sie total nachdenklich gemacht hätte. Im Wesentlichen drehe sich dieser Film mit dem ehemaligen US-Vizepräsidenten Al Gore um die globale Erderwärmung und die daraus resultierenden Folgen. Nach intensiver Beschäftigung mit diesem Thema und einigen weiteren Informationsveranstaltungen über die Folgen der Globalisierung habe sie halt für sich beschlossen, ihr persönliches Konsumverhalten möglichst konsequent zu verändern, um die Welt vielleicht doch ein ganz klein wenig besser zu machen. Es tue ihr total leid, wenn ihr manchmal so eine „oberlehrerhafte“ Bemerkung wie in der Pizzeria rausrutschen würde, aber sie sei halt in bestimmten Situationen ziemlich traurig und auch wütend über das ihrer Meinung nach gedankenlose Verhalten vieler Mitmenschen. Zudem hätte sie damals vor dem Besuch der Pizzeria zufällig einen Bericht zur Überfischung der Weltmeere und der Bedrohung der Delfine wegen der Schleppnetzfischerei gelesen.

Jetzt mischt sich Thorsten in das Gespräch ein und sagt, dass er es ziemlich beeindruckend findet, dass Katharina für sich eine solch konsequente Verhaltensänderung an den Tag legt. Allerdings habe er kürzlich erst gehört, dass es Menschen gibt, die komplett gegen den internationalen Handel sind und fordern, diesen sogar abzuschaffen. In einer solchen Welt, sagt Thorsten, könne er sich aber überhaupt nicht vorstellen zu leben, da dann doch hierzulande so gut wie alles stillstehen würde. Außerdem bliebe ja von all dem, woran man sich so tagtäglich erfreut, so gut wie nichts mehr übrig.

Kompetenzorientierte Arbeitsaufträge:

1. Notieren Sie zunächst zehn Güter Ihres täglichen Lebens, die importiert sind! Im Anschluss daran notieren Sie bitte zehn Güter, von denen Sie mit absoluter Gewissheit sagen können, dass diese nicht importiert werden, auch nicht die Rohstoffe zu deren Fertigung! Erläutern Sie, welche der beiden Aufgaben für Sie einfacher zu lösen war!

	Importgüter	Güter ohne jeglichen Import
1.		
2.		
3.		
4.		
5.		
6.		
7.		
8.		
9.		
10.		

Fazit:

2. Anknüpfend an Thorstens Anmerkungen zum Ende der vorangestellten Lernsituation notieren Sie bitte zehn Importgüter, auf die Sie trotz negativer Auswirkungen auf Mensch und Umwelt keineswegs bereit wären zu verzichten!

Importgüter, auf die ich auf keinen Fall verzichten möchte:

➤
➤
➤
➤
➤
➤
➤
➤
➤
➤

3. Erläutern Sie, was konkret Thorsten damit gemeint haben könnte, dass ohne den Außenhandel hierzulande „alles stillstehen würde"!

Stillstand ohne Außenhandel:

____

____

4. Setzen Sie sich exemplarisch mit den Effekten der Globalisierung im Spannungsfeld von Ökonomie, Ökologie und Ethik auseinander! Erläutern Sie kurz einige dieser Effekte!

Effekte	Kurze Erläuterung

5. **Arbeitsvorschlag:**

Die Globalisierung bringt viele Herausforderungen mit sich, die es zukünftig zu lösen gilt. Sammeln Sie zunächst im Klassenverband derartige Herausforderungen und entwickeln Sie anschließend ganz konkret modellhaft mögliche Maßnahmen zur aktiven Bewältigung dieser realen Herausforderungen!

Herausforderungen	Mögliche Maßnahmen zur Bewältigung

22 Boller - ISBN 978-3-8120-1557-8

Kompetenz-Check

Kompetenzstufe 1

1. Überprüfen Sie die nachfolgenden Aussagen zum Außenhandel! Welche der folgenden Aussagen ist falsch? Ist keine Aussage falsch, so tragen Sie in das Kästchen bitte eine ⑨ ein!

① Der Außenhandel Deutschlands mit den Mitgliedsländern der Europäischen Union wird als Intrahandel bezeichnet.

② Das vermeintlich wichtigste Argument für einen grenzenlosen Binnenmarkt ist politischer Natur.

③ Der im Vergleich zu dem abgeschotteten nationalen Markt stärkere Wettbewerbsdruck führt tendenziell zu einem größeren Angebot von Gütern und Dienstleistungen.

④ Durch den europäischen Binnenmarkt kann das Wirtschaftswachstum gesteigert werden.

⑤ Zu den Mitgliedsländern der Europäischen Union zählen Estland, Lettland, Litauen, Österreich und die Schweiz.

⑥ Grundlage der Außenhandelspolitik der EU ist die Zielsetzung, einen Gemeinsamen Markt der Mitgliedstaaten mit einer gemeinsamen Handelspolitik unter Anwendung national unterschiedlicher (Außen-)Zolltarife zu schaffen.

⑦ Die gemeinsame Handelspolitik der EU wird nach einheitlichen Grundsätzen durchgeführt, wobei zwei Verfahrensweisen zu unterscheiden sind: die autonome und die vertragliche Handelspolitik.

⑧ Während die EU mit vielen Staaten bzw. Staatengemeinschaften Kooperationsabkommen geschlossen hat, sind die Handelsbeziehungen der EU zu den verschiedenen Handelspartnern keineswegs einheitlich.

Kompetenzstufe 2

2. Der Vertrag über die Arbeitsweise der Europäischen Union sieht vier Grundfreiheiten vor. Beurteilen Sie in den nachfolgenden Sachverhalten, welche Grundfreiheit betroffen ist! Tragen Sie eine

① ein, wenn die Warenverkehrsfreiheit,

② ein, wenn die Personenverkehrsfreiheit,

③ ein, wenn die Dienstleistungsverkehrsfreiheit,

④ ein, wenn die Kapitalverkehrsfreiheit,

⑨ ein, wenn keines der genannten Freiheitsrechte

zutrifft!

2.1	Der mehrfache Millionär Sebastian Häufele legt einen Großteil seines Vermögens in europäische Aktien an. Zudem unterhält er in einigen EU-Ländern Tagesgeldkonten.	
2.2	Die Schwarzwaldbrauerei Titisee AG verkauft einen Großteil der Starkbierproduktion nach Großbritannien.	
2.3	Die niederländische Versicherungsgesellschaft „Halve-Koste N.V." verkauft zunehmend an deutsche Mittelständler Debitorenversicherungen.	
2.4	Der Langzeitstudent B. Trug kauft immer häufiger größere Mengen Drogen zum Weiterverkauf in Amsterdam, um sich so seinen Lebensunterhalt zu finanzieren.	
2.5	Nach der Ausbildung zur Medienkauffrau verwirklicht sich Leonie Klum ihren Traum und nimmt ein Jobangebot in New York an.	
2.6	Im Anschluss an sein Arbeitsleben zieht der Rentner Martin Scheffler nach Mallorca, um dort bei warmem Klima seinen Lebensabend zu verbringen.	

3. Beurteilen Sie, welche zwei der nachfolgenden Aussagen zur Globalisierung nicht zutreffend sind! Ist eine Aussage falsch, tragen Sie bitte eine ⑨ in das zweite Kästchen ein!

Kompetenzstufe 3

① Die modernen Kommunikationstechniken – insbesondere das Internet – erleichtern den weltweiten Handel mit Dienstleistungen.

② Zu den wichtigsten Exportgütern der Bundesrepublik Deutschland für den Weltmarkt zählen nach wie vor Maschinen, chemische Erzeugnisse sowie Gießerei- und Walzwerkerzeugnisse.

③ Unter dem Extrahandel versteht man den Handel mit Staaten außerhalb der EU.

④ Zu den Vorteilen der Globalisierung zählt neben der Verbesserung des Lebensstandards in den Entwicklungsländern zweifelsohne auch die Gefahr von zunehmender Arbeitslosigkeit in Hochlohnländern.

⑤ Um Wettbewerbsverzerrungen zu verhindern, sind staatliche Subventionen in den EU-Ländern verboten. Ausnahmen hiervon bedürfen der Zustimmung der Europäischen Kommission.

⑥ Die Stadt Stuttgart möchte für insgesamt 2500,00 € einige neue Bäume im Stadtpark pflanzen. Bei dieser öffentlichen Auftragsvergabe ist die Stadt verpflichtet, den Auftrag europaweit auszuschreiben, damit auch Unternehmen in anderen EU-Staaten eine faire Chance haben, diesen Auftrag auszuführen.

4. Überprüfen Sie die nachfolgenden Aussagen zum Außenhandel! Entscheiden Sie, welche zwei der folgenden Aussagen falsch sind. Ist nur eine Aussage falsch, so tragen Sie in das zweite Kästchen bitte eine ⑨ ein!

Kompetenzstufe 3

① Der Umfang des Außenhandels Deutschlands mit den übrigen 27 Mitgliedsländern der Europäischen Union ist von großer Bedeutung für unsere Volkswirtschaft.

② Die Beschäftigung und damit der Lebensstandard in der Bundesrepublik Deutschland hängt zu großen Teilen von der Ausfuhr ab, denn mit dem Ausland tätigt die deutsche Industrie mehr als 40% ihrer Geschäfte.

③ Die Schaffung eines gemeinsamen Binnenmarktes ohne nationale Grenzen innerhalb der Staatengemeinschaft gehört zu den Kernzielen der europäischen Integration.

④ Eine enge wirtschaftliche Verflechtung von Ländern schafft durch die entstehende wechselseitige Abhängigkeit politische Stabilität und sichert so den Frieden.

⑤ Der Vertrag über die Arbeitsweise der Europäischen Union sieht vier Grundfreiheiten vor: die Warenverkehrs-, Personenverkehrs-, Dienstleistungsverkehrs- und Kapitalverkehrsfreiheit.

⑥ Grundlage der Außenhandelspolitik der EU ist die Zielsetzung, einen gemeinsamen Markt der Mitgliedstaaten mit einer gemeinsamen Handelspolitik unter Anwendung national unterschiedlicher Zolltarife zu schaffen.

⑦ Die gemeinsame Handelspolitik der EU wird nach einheitlichen Grundsätzen durchgeführt.

⑧ Die EU hat mit vielen Staaten bzw. Staatengemeinschaften Kooperationsabkommen geschlossen, wobei die Handelsbeziehungen der EU zu den verschiedenen Handelspartnern keineswegs einheitlich sind.

5. Entscheiden Sie, in welchem der nachfolgenden Länder der Euro gesetzliches Zahlungsmittel ist! Tragen Sie eine

① ein, wenn das Land Mitglieder der EU ist und zur Eurozone gehört,

② ein, wenn das Land Mitglied der EU ist und nicht zur Eurozone gehört und eine

③ ein, wenn das Land weder Mitglied der EU ist noch zur Eurozone gehört.

Kompetenzstufe 4

5.1	Polen	
5.2	Lettland	
5.3	Finnland	
5.4	Irland	
5.5	Slowakei	
5.6	Ukraine	
5.7	Zypern	
5.8	Slowenien	
5.9	Litauen	
5.10	Kroatien	
5.11	Türkei	
5.12	Dänemark	

Kompetenzbereich IV: Entscheidungen im Rahmen der beruflichen Selbstständigkeit treffen

1 Voraussetzungen für eine berufliche Selbstständigkeit analysieren

Lernsituation 1:

Der gelernte Sport- und Fitnesskaufmann Sven Wagner hat sich entschieden, seine sportlichen Aktivitäten und sein kaufmännisches Wissen in eine erfolgreiche Unternehmensgründung im Gewerbepark Ravensburg umzusetzen. Er hat bereits durch Gelegenheitsgeschäfte im Onlineportal „E-Kauf" günstige Einkaufsquellen ermittelt und sich erste Kundenkontakte und ausgezeichnete Branchenkenntnisse angeeignet. Jetzt möchte er den Sprung wagen, dass aus dem Gelegenheitsgeschäft ein hauptberufliches Gewerbe wird. Parallel zum Onlineshop möchte Sven Wagner ein Ladenlokal für den persönlichen Kundenkontakt aufbauen. Beflügelt durch seine Anfangserfolge im Onlineportal fühlt er sich auf dem Weg zum Top-Verkäufer.

Sven Wagner meldet sich für ein Beratungsgespräch bei der zuständigen Industrie- und Handelskammer (IHK) Bodensee-Oberschwaben in Weingarten an. Die Kammer bietet Start-up-Unternehmen die Möglichkeit, sich kostenlos und kompetent zu informieren.

Zur gewissenhaften Vorbereitung fertigt er sich folgenden Merkzettel an:

1. Mein Onlineshop bietet als Kernsortiment Sportartikel für alle Trend-, Extrem- und Funsportarten an. Als ergänzendes Randsortiment werden allgemein im Sportbetrieb nachgefragte Accessoires angeboten.
2. Planungszahlen meines Powerseller-Onlineshops im ersten Geschäftsjahr:
   - Umsätze 48 000,00 €
   - Wareneinkäufe 32 000,00 €
   - Vertriebskosten 10 000,00 €
3. Zusätzlich zum Onlineshop plane ich ein Ladenlokal im Gewerbepark Ravensburg zu eröffnen. Hier kann ich meine Kunden aus der Urlaubs- und Bergregion Allgäu persönlich beraten und Kundenbindungen langfristig aufbauen. Für mögliche Umsatzzahlen habe ich noch keine Erfahrungswerte.
4. Neben dem Handel mit Sportartikeln will ich Kurse für Trend-, Extrem- und Funsportarten (z.B. Bungeejumping, Freeclimbing, Inlineskating oder Zorbing) und begleitende Sportarrangements in der Urlaubs- und Bergregion Allgäu anbieten.
5. Um die drei Geschäftsfelder Onlineshop, Ladenlokal und Sportevents erfolgreich zu managen, werde ich Sport- und Fitnesskaufleute als kompetente Mitarbeiter einstellen.

Kompetenzorientierte Arbeitsaufträge:

1. Recherchieren Sie im Internet und erstellen Sie eine Checkliste, die im Rahmen eines Selbsttests eine erste Antwort darauf gibt, ob ein Interessent auch das „Zeug zu einem Unternehmer" hat und den Weg in die Selbstständigkeit weiter verfolgen soll!

Testen Sie sich selbst – Bin ich zum Unternehmer geboren?					
		Trifft voll zu (5 Punkte)	**Trifft zu (2 Punkte)**	**Trifft weniger zu (– 2 Punkte)**	**Trifft überhaupt nicht zu (– 5 Punkte)**
1.	**Persönliche Voraussetzungen**				
1.1	Ich komme gut damit klar, dass ich mich für mehrere Jahre voll für das Unternehmen engagieren muss und relativ wenig Freizeit haben werde.				
1.2					
1.3					
1.4					
1.5					
1.6					
2.	**Fachliche Voraussetzungen**				
2.1					
2.2					
2.3					
2.4					

3.	Sachliche Voraussetzungen				
3.1					
3.2					
3.3					
3.4					

2. Nennen Sie die Stelle, bei der eine Unternehmensgründung angemeldet werden muss!

Anmeldung einer Unternehmensgründung bei: ______________________________

3. Recherchieren Sie, welche Stellen über eine Unternehmensgründung informiert werden müssen! Begründen Sie die Informationspflicht!

Behörde	Begründung

4. Erkundigen Sie sich auf der Homepage einer IHK (z. B. der IHK Bodensee-Oberschwaben), welche Beratungsleistungen die Kammer einem Unternehmensgründer wie Sven Wagner bietet! Erarbeiten Sie eine Checkliste, die Sven Wagner dabei hilft, seine Unternehmensgründung auf eine gute Ausgangsbasis zu stellen. Nehmen Sie dabei das Informationsmaterial, das die IHK auf ihrer Homepage bereitstellt, zuhilfe. Eine weitere IHK-Informationsquelle ist die Internetadresse „startercenter24.de".

Präsentieren Sie Ihre Ergebnisse in geeigneter Form!

Beratungsleistungen der IHK	➤ ______ ➤ ______ ➤ ______ ➤ ______ ➤ ______ ➤ ______ ➤ ______
Checkliste für Gründung	➤ ______ ➤ ______ ➤ ______ ➤ ______ ➤ ______ ➤ ______ ➤ ______

5. Bewerten Sie die Geschäftsidee von Sven Wagner hinsichtlich einer langfristigen Erfolgsaussicht!

Bewertung der Geschäftsidee von Sven Wagener:

6. Begründen Sie, worin Sie die größte Chance sowie das größte Risiko der Unternehmensgründung durch Sven Wagner sehen!

Chance	Risiko

Kompetenz-Check

1. Entscheiden Sie, welcher der nachfolgenden Sachverhalte kein Motiv eines Unternehmers für einen Weg in die Selbstständigkeit umschreibt!

Kompetenzstufe 1

① Durch die Selbstständigkeit erhöht sich die Arbeitszufriedenheit; der Unternehmer kann seinen beruflichen Aufstieg eigenständig gestalten und Erfolge feiern.

② Als Unternehmer kann man sein Personal selbst auswählen und somit auch eigenständig darüber entscheiden, mit wem man als Mitarbeiter zusammenarbeiten möchte.

③ Auf einen Unternehmer kommt täglich eine Vielzahl unterschiedlicher Entscheidungen zu, die er eigenverantwortlich vertreten muss. Dies macht das Arbeitsleben vielschichtig und abwechslungsreich.

④ Der Unternehmer hat die Möglichkeit, seine eigenen Ideen umzusetzen.

⑤ Als Unternehmer ist man sein eigener Herr und hat die Freiheit, das Geschäft auf die Art zu führen, die man für richtig hält.

⑥ Der Unternehmer muss für eine erfolgreiche Umsetzung seiner Geschäftsidee einen Standort finden, der die Zielsetzung des Unternehmens unterstützt.

☐

23 Boller - ISBN 978-3-8120-1557-8

2. Entscheiden Sie für die nachfolgenden Sachverhalte, um welche Art von Voraussetzungen für die Selbstständigkeit es sich handelt. Tragen Sie eine

① ein, wenn es sich um persönliche Voraussetzungen,

② ein, wenn es sich um fachliche Voraussetzungen,

③ ein, wenn es sich um sachliche Voraussetzungen,

⑨ ein, wenn es sich um keine der genannten Voraussetzungen

handelt.

Kompetenzstufe 2

2.1	Der angehende Unternehmer sollte unter anderem die Zins- und Prozentrechnung sicher beherrschen.	
2.2	Der Existenzgründer muss überprüfen, ob für seine Geschäftsidee ein entsprechender Bedarf vorhanden ist.	
2.3	Für einen erfolgreichen Weg in die Selbstständigkeit sollte man in der Lage sein, seine Kunden zu überzeugen.	
2.4	Entscheidend für einen Unternehmer ist es, dass er sich für genügend Freizeitaktivitäten begeistern kann, um so den stressigen Job besser bewältigen zu können.	
2.5	Ein erfolgreicher Unternehmer sollte neben einer gewissen Risikobereitschaft auch über ein hohes Maß an Belastbarkeit verfügen.	
2.6	Eine wichtige Voraussetzung für den Unternehmer ist der familiäre Rückhalt, der ihn in seinem Vorhaben möglichst gut unterstützt.	
2.7	Ein Unternehmer benötigt Personal, welches möglichst deckungsgleich mit den Anforderungen der zu besetzenden Stellen sein sollte.	
2.8	Die Umsetzung der Geschäftsidee erfordert ausreichendes Kapital, welches der Unternehmer sich in Form von Eigen- und Fremdkapital beschaffen muss.	
2.9	Der Erfolg eines Unternehmens hängt wesentlich davon ab, ob der Unternehmer bei der Beschaffung von Kapital das Vertrauen der Kapitalgeber gewinnen kann.	
2.10	Der Unternehmer sollte nur solche Geschäftsideen umsetzen, die ihm garantieren, dass er nicht mehr als 40 Stunden pro Woche arbeiten muss.	

3. Beurteilen Sie, welche zwei der nachfolgenden Aussagen zum Businessplan nicht zutreffend sind! Ist nur eine Aussage nicht zutreffend, tragen Sie bitte eine ⑨ in das zweite Kästchen ein!

Kompetenzstufe 3

① Für den Aufbau eines Businessplans gibt es feste Regeln, die zwingend eingehalten werden müssen.

② Der Businessplan zwingt den Existenzgründer, die geplante Unternehmensgründung systematisch vorzubereiten, durchzurechnen, Wissenslücken zu schießen und alle Entscheidungen zu begründen.

③ Zur Erstellung des Businessplans sollte der Existenzgründer frühzeitig eine Beratungsstelle kontaktieren, die ihm bei der Ausarbeitung behilflich ist.

④ Der Businessplan besteht in seltenen Fällen aus einem Textteil mit einer ausführlichen Beschreibung der Geschäftsidee und der geplanten Umsetzung sowie einem Zahlenteil mit Aussagen über die Finanzierung, die Umsatzentwicklung und die Wirtschaftlichkeit des Vorhabens.

⑤ Der Businessplan bildet die Grundlage für die Beurteilung der Erfolgschancen einer Geschäftsidee, indem er die unternehmerischen Ziele, die geplanten Strategien und Maßnahmen für einen bestimmten Zeitraum darstellt.

⑥ Zu den Inhalten eines Businessplans zählen Aspekte wie Standort, Marketing, Markt, Wettbewerb, Finanzplanung sowie Darstellung von Chancen und Risiken.

⑦ Der Businessplan ist vom Existenzgründer selbst zu erstellen.

⑧ In der Anlage zum Businessplan sind Informationen zur Unternehmerpersönlichkeit wie Lebenslauf, Zeugnisse, Referenzen etc. beizufügen.

☐ ☐

4. Kennzeichnen Sie nachfolgende Aussagenpaare mit einer

①, wenn nur Aussage A richtig ist,
②, wenn nur Aussage B richtig ist,
③, wenn sowohl Aussage A als auch Aussage B richtig sind,
④, wenn beide Aussagen falsch sind!

Kompetenzstufe 4

4.1	**A:**	Typisch für öffentliche Förderprogramme ist, dass es sich meistens um nichtrückzahlbare Zuschüssen, seltener um Darlehen handelt.	
	B:	Der Businessplan stellt ein wichtiges Entscheidungsdokument für Investoren, Kreditgeber oder Geschäftspartner dar.	
4.2	**A:**	Zu den Beratungsstellen für die Ausarbeitung des Businessplans zählen die Industrie- und Handelskammern, die Handwerkskammern oder auch sonstige regionale Gründungsinitiativen.	
	B:	Die Arbeitskraft des Existenzgründers ist sein wichtigstes Kapital.	
4.3	**A:**	Misslingt eine Existenzgründung, drohen Einkommensverluste und im schlimmsten Fall der Vermögensverlust durch eine Insolvenz.	
	B:	Die Gründungsformalitäten, das Bearbeiten erster Aufträge und die Akquisition von Kunden verlangen von einem Existenzgründer sehr viel Engagement.	
4.4	**A:**	Werden Arbeitnehmer beschäftigt, so ist eine Anmeldung bei den Sozialversicherungsträgern durch den Arbeitnehmer erforderlich, um Versicherungsschutz zu erhalten.	
	B:	Der Gründer muss sein Unternehmen beim Arbeitsgericht anmelden.	
4.5	**A:**	Die Gewerbeanmeldung verfolgt den Zweck, dem Gewerbeamt jederzeit über Zahl und Art der ansässigen Gewerbebetriebe Kenntnis zu geben.	
	B:	Das Finanzamt, die Berufsgenossenschaft, die Industrie- und Handelskammer bzw. die Handwerkskammer, das Gewerbeaufsichtsamt und die ortsansässigen Berufsschulen erhalten eine Ausfertigung der Gewerbeanzeige.	
4.6	**A:**	In der Bundesrepublik Deutschland hat jeder Bürger das Recht, sofern er unbeschränkt geschäftsfähig ist, sich selbstständig zu machen und ein Gewerbe zu betreiben.	
	B:	Ausnahmen von der Gewerbefreiheit gibt es keine, da das Grundgesetz derartige Beschränkungen verbietet.	

2 Standortfaktoren erläutern und eine Standortbestimmung mithilfe der Nutzwertanalyse durchführen

Lernsituation 2:

Nachdem Sven Wagner (vgl. Lernsituation 1, S. 173) in den letzten Tagen ausführliche und informative Gespräche zu seiner geplanten Unternehmensgründung mit verschiedenen Stellen geführt hat, stellte sich immer wieder heraus, dass die Standortfrage von entscheidender Bedeutung für die Erfolgsaussichten seiner Unternehmensgründung ist.

Vor diesem Hintergrund hat die IHK Bodensee-Oberschwaben ihn auf zwei mögliche Objekte hingewiesen, die nach dem Kenntnisstand der IHK über die örtliche Presse aktuell zur Vermietung für gewerbliche Nutzung am Markt angeboten werden und geeignet erscheinen. Um sich näher zu informieren, recherchiert Sven Wagner beim Ravensburger Tagesanzeiger und stößt dabei auf die Inserate der beiden Objekte.

Ladenlokal Ravensburg City

Das Ladenlokal befindet sich im Erdgeschoss und liegt zentral in der Hauptfußgängerzone von Ravensburg. Die Gesamtfläche des Ladens beträgt ca. 150 m². Die Fläche ist beliebig in Laden- und Lagerfläche teilbar und für unterschiedliche Branchen geeignet. Die Anlieferung von Waren kann über den Wirtschaftshof im hinteren Teil des Gebäudes zu bestimmten Zeiten am Vormittag oder Abend erfolgen. Die Hausfront wurde erst kürzlich saniert, die beleuchtete Überdachung der Schaufensterfront erhöht den Aufmerksamkeitsgrad. Das Anbringen einer Werbefläche am Vordach ist über die gesamte Breite der Schaufensterfront möglich. Kundenparkplätze stehen nicht zur Verfügung. Mietpreis: 2 500,00 EUR monatlich zuzüglich Nebenkosten.

Ladenlokal im Gewerbepark Ravensburg

Verkehrsgünstig mit direkter Anbindung zur Autobahn und nur ca. 15 Autominuten entfernt von der Ravensburger Innenstadt mit deren vielen touristischen Sehenswürdigkeiten befindet sich unsere Immobilie, in der Einzelhandel, Büros und Ausstellungsflächen einen kundenfreundlichen Anziehungspunkt bilden. Wir bieten Ihnen hier Verkaufsflächen an, die bisher u. a. als Getränkemarkt genutzt wurden. Details: 200 m² Verkaufsraum + 100 m² Büro- und Lagerfläche. Hinzu kommt eine Freifläche von ca. 800 m² direkt vor dem Ladenlokal, die als Kundenparkplatz oder für Produktpräsentationen genutzt werden kann. Der Gewerbepark ist komplett umzäunt und wird videoüberwacht. Mietpreis: 1 500,00 EUR zuzüglich Nebenkosten.

Nachdem Sven durch Besichtigung der beiden Objekte die angegebenen Daten aus den Anzeigen geprüft und sich einen persönlichen Eindruck verschafft hat, ist er von beiden Objekten absolut überzeugt. Allerdings wird ihm bewusst, dass er nunmehr eine schwierige Entscheidung treffen muss.

Kompetenzorientierte Arbeitsaufträge

1. Erläutern Sie, was man unter Standortfaktoren versteht!

2. Unterscheiden Sie zwischen quantitativen und qualitativen Standortfaktoren und nennen Sie jeweils drei Beispiele!

	Quantitative Standortfaktoren	Qualitative Standortfaktoren
Erläuterung		
Beispiele	➤ ➤ ➤	➤ ➤ ➤

3. Erläutern Sie anhand von drei selbst gewählten Beispielen, inwiefern der Geschäftszweig eines Unternehmens Einfluss auf die Bedeutung einzelner Standortfaktoren hat! Gehen Sie dabei insbesondere auf im jeweiligen Beispiel besonders wichtige Standortfaktoren ein!

Beispiel	Erläuterungen

4. Arbeitsvorschlag zur Durchführung einer Standortanalyse mithilfe einer Entscheidungsbewertungstabelle

Führen Sie in Kleingruppen auf der Basis der vorliegenden Lernsituation eine Standortanalyse mithilfe einer Entscheidungsbewertungstabelle durch! Legen Sie dabei zunächst für die geplante Unternehmensgründung mögliche Standortfaktoren sowie deren Gewichtung fest und nehmen Sie anschließend eine Bewertung vor!

Bereiten Sie Ihre Ergebnisse für eine Präsentation vor und nutzen Sie hierzu das nachfolgende Schema!

Ausgewählte Standortfaktoren	Gewichtung	Ladenlokal Ravensburg City		Ladenlokal Gewerbepark Ravensburg	
		ungewichtete Punkte	gewichtete Punkte	ungewichtete Punkte	gewichtete Punkte
①	②	③	④ = ② · ③	⑤	⑥ = ② · ⑤
Mietkosten					
Erreichbarkeit					
. . .					
Summe der Punkte	1,00	X		X	

Kompetenz-Check

Kompetenzstufe 1

1. Entscheiden Sie, welche der nachfolgenden Aussagen zu Standortfaktoren falsch ist! Sind alle Aussagen richtig, tragen Sie bitte eine ⑨ in das Kästchen ein!

① Der Standort ist die örtliche Lage eines Betriebes.

② Standortfaktoren beeinflussen den Unternehmenserfolg.

③ Standortfaktoren lassen sich in quantitative und qualitative Faktoren unterscheiden.

④ Während qualitative Standortfaktoren direkt gemessen werden können, müssen quantitative subjektiv geschätzt werden.

⑤ Eine Fehlentscheidung bei der Standortwahl kann später oft nur mit erheblichen Kosten korrigiert werden.

⑥ Die Standortwahl zählt zu den Entscheidungen mit langfristigen Auswirkungen.

☐

Kompetenzstufe 2

2. Entscheiden Sie für die nachfolgenden Sachverhalte, um welche Art von Voraussetzungen für die Selbstständigkeit es sich handelt. Tragen Sie eine
① ein, wenn es sich um quantitative Standortfaktoren,
② ein, wenn es sich um qualitative Standortfaktoren,
③ ein, wenn es sich weder um quantitative noch um qualitative Standortfaktoren
handelt.

2.1	Dauer von Genehmigungsverfahren.	
2.2	Stärke der regionalen Konkurrenz.	
2.3	Regionales Marktvolumen.	
2.4	Bildungs- und Kultureinrichtungen.	
2.5	Transportkosten der Produkte vom Standort zum Absatzmarkt.	
2.6	Nähe eines Binnen- oder Seehafens.	
2.7	Kosten für die Errichtung der Gebäude.	
2.8	Ausdehnungsmöglichkeiten der Betriebsstätte.	
2.9	Regionale Fördermaßnahmen der öffentlichen Hand.	
2.10	Höhe der Grund- und Gewerbesteuer der Gemeinde.	

3. Entscheiden Sie, welche zwei der nachfolgenden Aussagen zur Nutzwertanalyse zutreffend sind! Ist nur eine Aussage zutreffend, tragen Sie bitte eine ⑨ in das zweite Kästchen ein!

Kompetenzstufe 3

① Die Nutzwertanalyse wird auch als Scoringmodell bezeichnet.

② Die Nutzwertanalyse hat den Vorteil, dass sie nur rein qualitative Standortfaktoren einbezieht.

③ Die unterschiedlichen Standortfaktoren stehen zwar nicht selten im Widerstreit miteinander, verfügen aber glücklicherweise immer über die gleiche Bedeutung.

④ Die einzelnen Standortfaktoren werden dahingehend analysiert, inwieweit sie die Auswahlkriterien erfüllen. Hierfür werden sie dann unterschiedlich gewichtet.

⑤ Ausgewählt wird immer der Standort, dessen Summe der gewichteten Punkte minimal ist.

⑥ Die Merkmale der qualitativen Standortfaktoren lassen sich nicht bei jedem Standort auf der Gewichtungsskala genau abbilden.

4. Kennzeichnen Sie nachfolgende Aussagenpaare mit einer
①, wenn nur Aussage A richtig ist,
②, wenn nur Aussage B richtig ist,
③, wenn sowohl Aussage A als auch Aussage B richtig sind,
④, wenn beide Aussagen falsch sind!

Kompetenzstufe 4

4.1	**A:** Im Rahmen der Nutzwertanalyse ist die Gewichtung der Standortfaktoren subjektiv und damit jederzeit nachprüfbar. **B:** Quantitative Größen wie beispielsweise Kosten und Erlöse werden bei der Nutzwertanalyse genügend berücksichtigt.	
4.2	**A:** Die Bevölkerungsstruktur zählt innerhalb der quantitativen Standortfaktoren zu dem Produktionsumfeld. **B:** Das regionale Marktvolumen ist bei den qualitativen Standortfaktoren dem Absatzbereich zuzuordnen.	
4.3	**A:** Wegen ihrer Bedeutung ist eine Standortanalyse im Nachgang zu der durchgeführten Investition dringend anzuraten. **B:** Sollte die Standortwahl nicht optimal ausgefallen sein, lässt sie sich in der Regel kostengünstig korrigieren.	
4.4	**A:** Die Flexibilität des Arbeitsrechts in der Bundesrepublik Deutschland zählt zu den aus Investorensicht wichtigsten Standortfaktoren. **B:** Die Personal- bzw. Arbeitskosten zählen zu den Stärken des Produktionsstandortes Deutschland.	

24 Boller - ISBN 978-3-8120-1557-8

3 Handelsrechtliche Vorschriften im Hinblick auf eine berufliche Selbstständigkeit herausarbeiten

Lernsituation 3:

Sebastian, Malte und Nils absolvieren eine Ausbildung zum Industriekaufmann in einem Unternehmen der Biotechnologie- bzw. Lebensmittelindustrie und sind seit über einem Jahr Schüler an einem Berufskolleg in Konstanz. An einem Freitag in der ersten Pause stehen alle drei auf dem Schulhof zusammen und unterhalten sich über ihren Mitschüler Jonas Bauer, von dem sie soeben über ihren Klassenlehrer erfahren haben, dass dieser seine Ausbildung mit sofortiger Wirkung abgebrochen hat und somit künftig nicht mehr zum Unterricht erscheinen wird.

Während sich Nils lauthals darüber aufregt, wie jemand seine Ausbildung zum Industriekaufmann bei einem der größten Lebensmittelhersteller in Baden-Württemberg einfach abbrechen kann, holt Malte sein Tablet-PC hervor und zeigt seinen beiden Mitschülern den neuesten Facebook-Post von Jonas. Zu sehen ist ein Selfie ihres ehemaligen Mitschülers mit nach oben gestrecktem Daumen vor einem Biomarkt. Überschrieben ist das Bild mit dem Slogan „Kaufmann statt Kaufmannsgehilfe – so sieht Karriere aus!"

Unterhalb des Selfies schreibt Jonas dann, dass er sich nach langen Gesprächen mit seinen Eltern dazu entschlossen hat, in den Biomarkt seines Vaters einzusteigen und den Betrieb zum Jahresende komplett zu übernehmen, da sich sein Vater aus gesundheitlichen Gründen aus dem Unternehmen zurückziehen möchte. Alles Weitere könne man dann auch nächstes Jahr im Handelsregister unter der Firma „Bauers Biomarkt e. K." nachlesen.

Nachdem sich die drei Mitschüler das Posting genauer angesehen haben, kommt es zu einer heftigen Diskussion. Sebastian ist der Meinung, dass Jonas schon immer ein Angeber gewesen sei und es mit einer abgebrochenen Ausbildung zu nichts bringen werde, schon gar nicht zu einem Kaufmann. Nils fügt hinzu, dass er nicht versteht, wieso Malte sich über seine ehemaligen Mitschüler lustig macht. Schließlich werden sie ja mal mit der abgeschlossenen Ausbildung Kaufmann sein, wohingegen Jonas doch wohl eher nur der „Gehilfe seines Vaters" bleibt. Lediglich Malte kommt ins Nachdenken und fragt die anderen, ob an dem Facbook-Post von Jonas nicht doch etwas Wahres dran sein könnte …

Kompetenzorientierte Arbeitsaufträge:

1. Erläutern Sie, was man unter einem „Kaufmannsgehilfen" versteht. Recherchieren Sie zur Beantwortung der Frage im Internet!

   Ergebnis der Internetrecherche „Kaufmannsgehilfe":

2. Erläutern Sie, was man unter dem Begriff „Kaufmann“ versteht. Gehen Sie im Rahmen Ihrer Ausführungen auch darauf ein, ob man hierzu über eine abgeschlossene kaufmännische Ausbildung verfügen muss!

Kaufmann gemäß HGB:

____

____

____

____

____

3. In dem Facebook-Post verwendet Jonas die Begriffe „Firma“ und „Handelsregister“. Erläutern Sie kurz diese beiden Begriffe!

Begriff	Erläuterungen
Firma	
Handelsregister	

4. Das Unternehmen von Jonas trägt den Namen „Bauers Biomarkt e. K.“. Erläutern Sie, was sich hinter dem Kürzel „e. K.“ verbirgt! Gehen Sie bei Ihrer Antwort auch auf die wesentlichen Merkmale dieser Rechtsform ein!

Begriff „e. K.“	
Wesentliche Merkmale	➤ ➤ ➤ ➤ ➤

Zusatzauftrag: Kreuzworträtsel

1. Lösen Sie nachfolgendes Kreuzworträtsel!

2. Erläutern Sie anschließend kurz das Lösungswort in dem dafür vorgesehenen Feld.

   ① Quantitativer Standortfaktor.
   ② Qualitativer Standortfaktor.
   ③ Sie steht am Beginn jeder Unternehmensgründung.
   ④ Hier findet sich unter anderem ein Gewerbeamt.
   ⑤ Kleingewerbetreibender.
   ⑥ Instrument zur Standortwahl.
   ⑦ Amtliches, öffentlich geführtes Verzeichnis.
   ⑧ Eine Marktpositionierung.
   ⑨ Gruppe von Rechtsformen.
   ⑩ Wirkung einer Handelsregistereintragung.
   ⑪ Qualitativer Standortfaktor.
   ⑫ Firmengrundsatz.

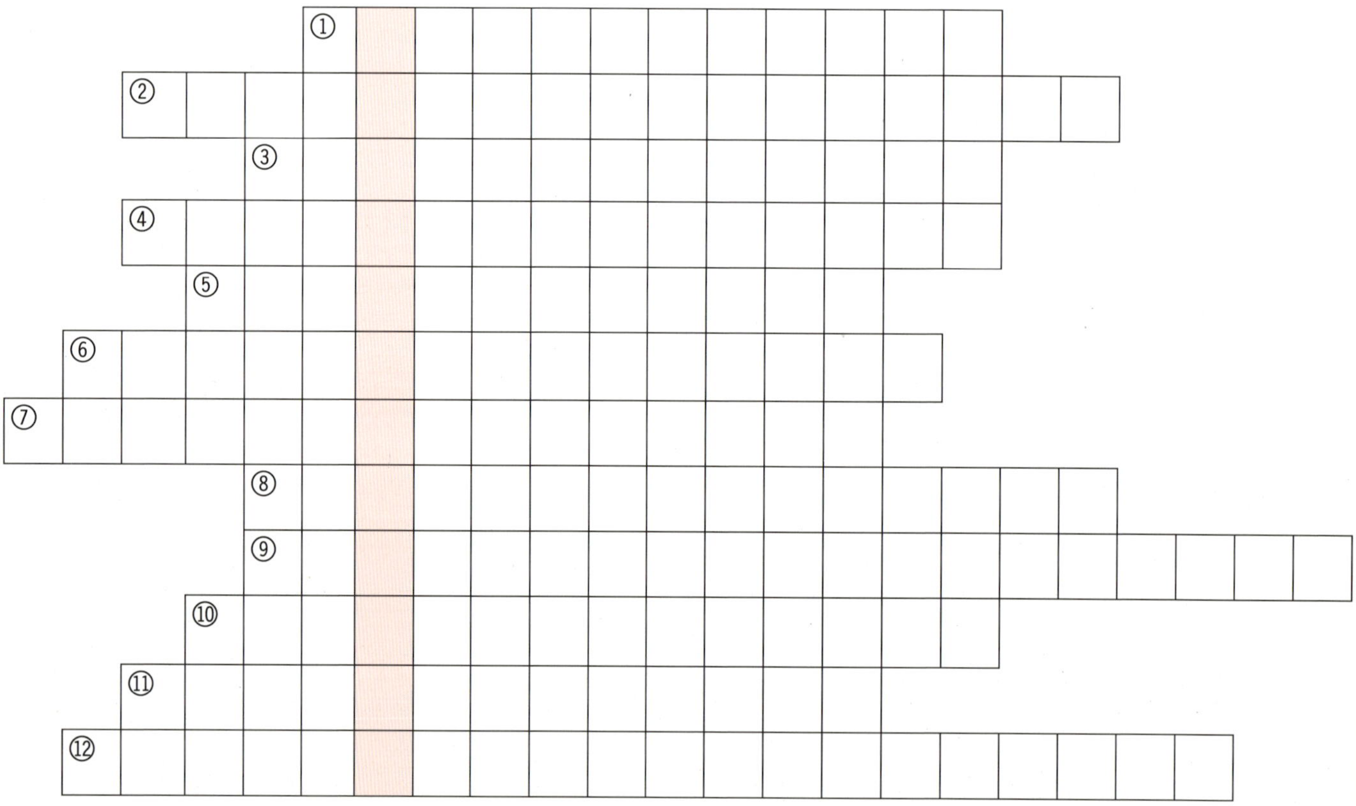

Lösungswort:

Erläuterung:

Kompetenz-Check

1. Entscheiden Sie, welche der folgenden Eintragungen in das Handelsregister eine

① deklaratorische Wirkung bzw.

② konstitutive Wirkung

hat.

Tragen Sie eine ⑨ ein, wenn die Tatsache nicht in das Handelsregister einzutragen ist.

Kompetenzstufe 1

1.1	Bauunternehmung Olaf Holzer e. K., kein in kaufmännischer Weise eingerichteter Geschäftsbetrieb.	
1.2	Das kleine Familienunternehmen Schwarzwald Brauerei AG hat sich auf das Brauen regionaler Biere spezialisiert.	
1.3	Der Stuttgarter Autolackierer Josef Häberle, für den die Vorschriften des HGB nicht gelten.	
1.4	Constanze Soja gründet die Fastfood-Kette „Vegi-Burger" mit 30 Niederlassungen und mehr als 1 000 Beschäftigten in Deutschland.	
1.5	Der Club Hipp-Hopp Dancefloor GmbH aus Mannheim beschäftigt insgesamt vier Angestellte.	

2. Entscheiden Sie für die nachfolgenden Sachverhalte, um welchen Firmengrundsatz es sich handelt. Tragen Sie eine

① ein, wenn es sich um den Grundsatz der Firmenwahrheit und -klarheit,

② ein, wenn es sich um den Grundsatz der Firmenöffentlichkeit,

③ ein, wenn es sich um den Grundsatz der Firmenausschließlichkeit;

④ ein, wenn es sich um den Grundsatz der Firmenbeständigkeit,

⑨ ein, wenn es sich um keinen der genannten Grundsätze

handelt.

Kompetenzstufe 2

2.1	Francesca Söhnle übernimmt das bekannte Design-Möbelhaus Schneider GmbH. Die bisherigen Inhaber sind damit einverstanden, dass der Name beibehalten werden darf.	
2.2	Heiner Mansfeld betreibt eine Umzugsspedition, die im Umkreis von Stuttgart Umzüge durchführt. Bei der Firmierung wurde die Bezeichnung Mansfeld – Internationale Spedition GmbH abgelehnt.	
2.3	Der Schreinermeister Eder aus Böblingen möchte seine Schreinerei Meister Eder e. K. nennen. Das Handelsregister teilt ihm mit, dass er noch einen Zusatz wählen muss, da diese Firma bereits existiert.	
2.4	Der Jurist Konstantin Maurer möchte ein Unternehmen in der Rechtsform einer GmbH gründen. Obwohl er immer darauf achtet, keine Daten von sich preiszugeben, wird er verpflichtet, bestimmte Daten dem Handelsregister mitzuteilen.	
2.5	Der Landwirt Hermann Scheufele züchtet Bio-Schweine. Er möchte keineswegs, dass für ihn das HGB gilt.	

3. Kennzeichnen Sie nachfolgende Aussagen mit einer
①, wenn nur Aussage A richtig ist,
②, wenn nur Aussage B richtig ist,
③, wenn sowohl Aussage A als auch Aussage B richtig sind,
⑨, wenn beide Aussagen falsch sind.

Kompetenzstufe 3

3.1	A:	Die Handelsregistereintragung eines Formkaufmanns hat konstitutive Wirkung und erfolgt in Abteilung A des Handelsregisters.	
	B:	Ein Kleingewerbetreibender kann sich mit konstitutiver Wirkung in das Handelsregister eintragen lassen.	
3.2	A:	Land- und forstwirtschaftliche Betriebe zählen zu den Formkaufleuten.	
	B:	Die Handelsregistereintragung eines Gewerbetreibenden mit kaufmännischem Geschäftsbetrieb hat konstitutive Wirkung.	
3.3	A:	Die Bodensee-Molkerei eG, 350 Beschäftigte, 15 Millionen Euro Jahresumsatz, 8 Niederlassungen bundesweit, muss sich ins Handelsregister eintragen lassen.	
	B:	Der Kleingewerbetreibende bleibt auch nach seiner Handelsregistereintragung immer von der Buchführungspflicht befreit.	
3.4	A:	Die Hinkelstein GmbH ist in Abteilung A des Handelsregisters eingetragen.	
	B:	Einzelkaufleute werden in Abteilung B des Handelsregisters eingetragen.	

4. Kennzeichnen Sie nachfolgende Aussagenpaare mit einer
①, wenn nur Aussage A richtig ist,
②, wenn nur Aussage B richtig ist,
③, wenn sowohl Aussage A als auch Aussage B richtig sind,
⑨, wenn beide Aussagen falsch sind.

Kompetenzstufe 4

4.1	A:	Ein Kriterium dafür, ob es sich um einen Gewerbebetrieb handelt, ist das Umsatzvolumen eines Unternehmens.	
	B:	Im Gegensatz zu den Kaufleuten im Sinne des HGB kann sich der nicht eingetragene Kleingewerbetreibende nicht ins Handelsregister eintragen lassen.	
4.2	A:	Die Eintragung eines Formkaufmanns hat deklaratorische Wirkung.	
	B:	Zu den Kannkaufleuten zählen ausschließlich die Land- und Forstwirte.	
4.3	A:	Die Eintragung eines Gewerbetreibenden mit kaufmännischer Organisation hat deklaratorische Wirkung.	
	B:	Der Gegenstand des Unternehmens wird nicht ins Handelsregister eingetragen.	
4.4	A:	Zu den Kriterien für eine kaufmännische Organisation zählt die Gewinnerzielungsabsicht.	
	B:	Freiberufler zählen zu den Kannkaufleuten.	
4.5	A:	Juristische Personen gelten als rechtsfähig, da der Staat ihnen die Eigenschaft von Personen kraft Gesetzes verliehen hat.	
	B:	Für die Anmeldungen zur Eintragung in das Handelsregister ist eine öffentliche Beurkundung erforderlich.	
4.6	A:	Ist eine eingetragene Tatsache unrichtig bekannt gemacht, so kann sich ein Dritter auf die falsch bekannt gemachte Tatsache berufen.	
	B:	Der Kleingewerbetreibende, der sich nicht in das Handelsregister hat eintragen lassen, darf keine Firma führen.	

4 Wahl der Rechtsform als eine wesentliche Gründungsentscheidung nachvollziehen

Lernsituation 1:

Stefan Danner e.Kfm. betreibt in Heilbronn einen Handel mit Bürobedarf, Computertechnik, Kopiergeräten usw.

Das Unternehmen hat sich in den letzten Jahren sehr erfolgreich entwickelt. Insbesondere der Bereich der Computertechnik hat einen rasanten Aufschwung genommen. Immer mehr – insbesondere kleine – Unternehmen wünschen sich allerdings eine Lösung „aus einer Hand", das heißt, sie wollen nicht nur die Hardware kaufen, sondern komplette Systemlösungen mit lokalem Netzwerk, Internetanbindung, Virenschutz, Datensicherung und laufender Wartung.

Stefan Danner ist inzwischen Mitte 50 und diesen Herausforderungen nicht mehr gewachsen. In Michael Wiedenmann, ausgebildeter IT-Systemelektroniker, hat er einen Partner gefunden, der bereit wäre, mit ihm zusammen eine Gesellschaft zu gründen. Aus seinem Privatvermögen könnte Michael Wiedenmann 150 000,00 € in die Gesellschaft einbringen. Stefan Danner brächte das bereits bestehende Grundstück mit dem Betriebsgebäude, den Fahrzeugen und den kompletten Einrichtungen im Wert von 450 000,00 € in das Unternehmen ein.

Während Stefan Danner nach wie vor daran gelegen ist, dass seine Person mit dem künftigen Unternehmen in Verbindung gebracht wird, legt Michael Wiedenmann besonderen Wert darauf, dass sein restliches Privatvermögen durch den Wechsel in die Selbstständigkeit auf gar keinen Fall gefährdet wird. Beide Geschäftspartner legen zudem großen Wert darauf, ihre Arbeitskraft auch künftig mit in das Unternehmen einzubringen und die Zukunft des Unternehmens durch eigene Entscheidungen im Wesentlichen zu prägen.

Nachdem die beiden einen ausführlichen Businessplan erstellt haben, wird deutlich, dass die künftige Neuausrichtung des Unternehmens erheblich höhere Investitionen erfordert. Da sich beide darin einig sind, das Unternehmen nicht zusätzlich mit Fremdkapitalzinsen zu belasten, suchen sie nach Möglichkeiten, weiteres Eigenkapital für ihr Vorhaben zu gewinnen. Im Zuge dieser Überlegungen stoßen sie mit Paul Geisen und Heiner Fitschen auf gemeinsame Bekannte, die sowohl über ausreichend Privatvermögen als auch über entsprechendes Interesse verfügen, sich an dem Unternehmen zu beteiligen.

Im Rahmen einer gemeinsamen Sitzung mit den beiden Interessenten betont Paul Geisen, dass er lediglich an einer Kapitaleinlage interessiert sei, die hoffentlich entsprechende Gewinne abwirft. Dabei solle nach seiner Vorstellung jeder Gesellschafter nach der Höhe seiner Einlage am Unternehmenserfolg beteiligt werden. Für den Fall, dass das Unternehmen in eine Schieflage gerät, möchte er nicht mit seinem übrigen Vermögen herhalten. Auch sei er nicht an einer persönlichen Mitarbeit interessiert, da ihn seine Hobbys und seine ständigen Auslandsaufenthalte zeitlich bereits vollends in Anspruch nehmen.

Heiner Fitschen schließt sich mit seinen Vorstellungen denen von Paul Geisen an. Allerdings betont er noch ein ganz anderes Interesse. So verweist er am Beispiel von Mark Zuckerberg und dessen Unternehmen Facebook darauf, dass in der Vergangenheit immer wieder solch kluge und innovative Unternehmensgründer nach einiger Zeit ihr Unternehmen Schritt für Schritt börsenfähig gemacht haben, um dann schließlich den Erfolg ihrer Arbeit mit Millionen oder gar Milliarden am Kapitalmarkt zu vergolden. Schließlich betonte er, dass er solche Beteiligungen und die damit verbundenen Risiken ja vor allem gerade deshalb eingehe, um derartig einmalige Chancen zu nutzen und dann diese Beteiligung auch wieder an einem entsprechenden Markt veräußern zu können. Andernfalls könne er sein Geld ja auch sicher bei einer Bank gegen Zinsen anlegen.

Kompetenzorientierte Arbeitsaufträge:

1. Erarbeiten Sie zunächst in Partnerarbeit mögliche Vor- und Nachteile heraus, die die Arbeit von Stefan Danner als bisherigen Einzelunternehmer auszeichneten!

Vorteile	Nachteile
➤ ______	➤ ______
➤ ______	➤ ______
➤ ______	➤ ______
➤ ______	➤ ______

2. Fertigen Sie aus dem Text heraus eine Aufstellung an, aus der hervorgeht, was den einzelnen Personen bei der Neugründung des Unternehmens besonders wichtig erscheint!

Stefan Danner 	➤ ______ ______ ➤ ______ ______
Michael Wiedenmann 	➤ ______ ______ ➤ ______ ______
Paul Geisen 	➤ ______ ______ ➤ ______ ______
Heiner Fitschen 	➤ ______ ______ ➤ ______ ______

3. Die beiden Gesellschafter Stefan Danner und Michael Wiedenmann sehen ihre Vorstellungen am ehesten in einer Personengesellschaft verwirklicht. Erstellen Sie eine klar strukturierte Gegenüberstellung der beiden Gesellschaftsformen OHG und KG! Berücksichtigen Sie dabei die folgenden Vergleichsmerkmale:

- Gründung
- Firma
- Geschäftsführung
- Vertretung
- Haftungsrisiko der Gesellschafter

Merkmale	OHG	KG
Gründung		
Firma		
Geschäftsführung		

25 Boller - ISBN 978-3-8120-1557-8

Merkmale	OHG	KG
Vertretung		
Haftungsrisiko der Gesellschafter		

Nennen Sie Gründe, die pro oder contra OHG bzw. KG sprechen!

	Pro	Contra
OHG	➤ ➤ ➤ ➤ ➤ ➤	➤ ➤ ➤ ➤ ➤ ➤
KG	➤ ➤ ➤ ➤ ➤ ➤	➤ ➤ ➤ ➤ ➤ ➤

4. Die neuen Eigenkapitalgeber Paul Geisen und Heiner Fitschen scheinen im Gegensatz zu Stefan Danner und Michael Wiedenmann eher an einer Kapitalgesellschaft Gefallen zu finden. Arbeiten Sie die grundsätzlichen Unterschiede zwischen Personen- und Kapitalgesellschaften heraus! Berücksichtigen Sie hierbei die folgenden Vergleichsmerkmale:

- Gründung
- Mindestkapital
- Prinzip der Führung und Leitung
- Haftung
- Geschäftsführung
- Vertretung
- Abstimmungen in Gesellschafterversammlung

Merkmale	Personengesellschaften	Kapitalgesellschaften
Gründung		
Mindestkapital		
Prinzip der Führung und Leitung		

Merkmale	Personengesellschaften	Kapitalgesellschaften
Haftung		
Geschäfts-führung		
Vertretung		
Abstimmungen in Gesellschafterversammlung		

5. Nach langen Gesprächen der vier künftigen Gesellschafter stehen nur noch die Rechtsform der KG und der GmbH zur Diskussion. Stellen Sie diese beiden Unternehmensformen anhand wichtiger Vergleichsmerkmale (mindestens 8) gegenüber und treffen Sie eine begründete Rechtsformwahl!

Merkmale	Kommanditgesellchaft (KG)	Gesellschaft mit beschränkter Haftung (GmbH)
Rechts-grundlagen		
Firma		
Eintragung in das Handelsregister (HR)		
Mindest-kapital, Mindest-beteiligung, Mindest-einzahlung		

Merkmale	Kommanditgesellchaft (KG)	Gesellschaft mit beschränkter Haftung (GmbH)
Rechtsfähigkeit		
Gesellschaftsvermögen		
Haftung		
Geschäftsführung (Innenverhältnis)		

Merkmale	Kommanditgesellchaft (KG)	Gesellschaft mit beschränkter Haftung (GmbH)
Vertretung (Außen-verhältnis)		
Gewinn- und Verlust-verteilung		

Meine begründete Rechtsformwahl:

____

Zusatzauftrag: Lückentexte

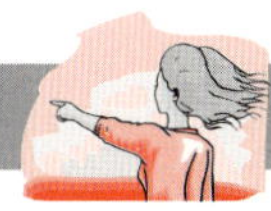

Ergänzen Sie die Lückentexte, indem Sie das jeweils fehlende Wort bzw. die jeweils fehlende Zahl einsetzen!

Bearbeitungshinweis:

Versuchen Sie zunächst, die Lückentexte ohne weitere Hilfsmittel zu vervollständigen. Nutzen Sie in Zweifelsfällen und zur abschließenden Selbstkontrolle die an die Lückentexte anschließenden Füllwörter.

Der Einzelunternehmer schließt Geschäfte im *eigenen* Namen ab und arbeitet auf ____________ Rechnung mit ____________ Risiko. Als ____________ Inhaber haftet er für alle ____________ des Unternehmens mit seinem Geschäfts- und ____________ unbeschränkt und ____________.

Die offene Handelsgesellschaft (OHG) ist eine Gesellschaft mit mindestens _____ Personen, deren Zweck auf den Betrieb eines ____________________ unter ____________________ Firma gerichtet ist. Zur Geschäftsführung ist jeder Gesellschafter ____________ und ____________. Für gewöhnliche Geschäfte gilt die ______________________________, wobei jedem Gesellschafter ein ____________ zusteht. Bei ______________ Geschäften hingegen gilt die Gesamtgeschäftsführungsbefugnis. Zur Vertretung ist jeder Gesellschafter ohne ____________________ berechtigt, es gilt die ______________________________. Gesellschafter haften gegenüber Dritten stets ______________, ______________ und ______________. Vom Gewinn erhält zunächst jeder Gesellschafter ____ % auf seine ______________; der Restgewinn wird nach ____________ verteilt.

☐	4
☐	alleiniger
☐	außergewöhnlichen
☐	berechtigt
☐	beschränkt
☐	eigene
✓	eigenen
☐	Einschränkungen
☐	Einzelgeschäftsführungsbefugnis
☐	Einzelvertretungsbefugnis
☐	gemeinschaftlicher
☐	gesamtschuldnerisch
☐	Handelsgewerbes
☐	Kapitalanteile
☐	Köpfen
☐	Privatvermögen
☐	unmittelbar
☐	unmittelbar
☐	Verbindlichkeiten
☐	verpflichtet
☐	Vetorecht
☐	vollem
☐	zwei

Bei der KG hingegen haftet mindestens ein Gesellschafter *unbeschränkt* (______________) und ein Gesellschafter beschränkt (______________). Die Geschäftsführung und Vertretung obliegt einzig dem ______________, der ____________ hat jedoch ein ______________. Bei Austritt aus der KG haftet der Kommanditist noch ___ Jahre für die Verbindlichkeiten, die zum Zeitpunkt seines ____________ bestanden. Vom Gewinn erhält zunächst jeder Gesellschafter ____ % seines ______________, der Restgewinn wird im angemessenen Verhältnis verteilt.

Die GmbH ist eine ______________ Person, zu deren Gründung ein ______________________ Vertrag erforderlich ist. Das Mindeststammkapital beträgt ______________ €. Vor Eintragung ins ____________________ muss jeder Gesellschafter mindestens ein ____________ seiner Stammeinlage einzahlen, insgesamt müssen mindestens _______________ € eingezahlt werden. Die Haftung der GmbH ______________ sich auf das _____________________.

Die Teilhaber an einer Aktiengesellschaft nennt man _____________. Das Mindestgrundkapital einer AG beträgt _______________ €, der Mindestnennwert einer Aktie beträgt _____ €. Der Gewinnanteil je Aktie wird ___________ genannt.

☐ 1,00	☐ 4	☐ 5	☐ 12 500,00	☐ 25 000,00	☐ 50 000,00
☐ Aktionäre	☐ Ausscheidens	☐ beschränkt	☐ Dividende		
☐ Gesellschaftsvermögen	☐ Handelsregister	☐ juristische	☐ Kapitalanteils		
☐ Kommanditist	☐ Kommanditist	☐ Komplementär	☐ Komplementär		
☐ notariell beurkundeter	✓ unbeschränkt	☐ Vetorecht	☐ Viertel		

Kompetenz-Check

Kompetenzstufe 1

1. Entscheiden Sie, welche der folgenden Aussagen
① nur auf die Gesellschafter der OHG,
② nur auf die Gesellschafter der KG,
③ auf die Gesellschafter der OHG und der KG,
④ weder auf die Gesellschafter der OHG noch der KG zutrifft!

Tragen Sie die Ziffer der jeweils richtigen Lösung in das Kästchen hinter der jeweiligen Aussage ein!

26 Boller - ISBN 978-3-8120-1557-8

1.1	Bei gewöhnlichen Geschäften ist jeder Gesellschafter zur Einzelgeschäftsführung berechtigt.	
1.2	Ohne vertragliche Vereinbarung sind alle Gesellschafter zur Geschäftsführung berechtigt und verpflichtet.	
1.3	Soweit vertraglich nichts anderes bestimmt wurde, erhält jeder Gesellschafter zunächst 4 % des Gewinns, der Rest wird nach Köpfen verteilt.	
1.4	Ist das Recht auf Geschäftsführung bei einigen Gesellschaftern vertraglich ausgeschlossen, so steht ihnen ein laufendes Kontrollrecht zu.	
1.5	Bei einigen Gesellschaftern wird der Gewinnanteil im Regelfall nicht dem Kapitalkonto gutgeschrieben.	
1.6	Zum Schutz der Finanzkraft des Unternehmens haben alle Gesellschafter kein Recht auf Privatentnahmen.	
1.7	Mit Austritt aus der Gesellschaft haften die Gesellschafter noch 4 Jahre für alle zum Zeitpunkt der Kündigung bestehenden Verbindlichkeiten.	
1.8	Einige Gesellschafter haften nur so lange unbeschränkt, bis die von ihnen übernommene Einlage voll erbracht ist.	
1.9	Die Einlagen eines Teils der Gesellschafter werden in Abteilung B des Handelsregisters eingetragen.	
1.10	Alle Gesellschafter haften nicht mehr persönlich sobald das Unternehmen den Geschäftsbetrieb aufgenommen hat.	

2. Ben Becker hat sich an verschiedenen Unternehmen, die nicht miteinander konkurrieren, beteiligt. Er ist jeweils einer der beiden beteiligten Gesellschafter; seine Beteiligung beträgt jeweils 25 000,00 €. Bei der KG hat er die Stellung des Kommanditisten. Entscheiden Sie, welche der folgenden Aussagen zur Haftung des Gesellschafters Ben Becker richtig sind und tragen Sie die Ziffern in die Kästchen ein.

Kompetenzstufe 1

① Ben Becker haftet bei der Becker und Söhne GmbH Dritten gegenüber unmittelbar und unbeschränkt, sofern er seine Einlage nicht vollständig erbracht hat.

② Ben Becker haftet bei der OHG Dritten gegenüber nicht mehr unmittelbar, wenn er seine Einlage vollständig erbracht hat.

③ Ben Becker haftet bei der OHG Dritten gegenüber nicht mehr unmittelbar, wenn er zum Geschäftsjahresende als Gesellschafter gekündigt hat.

④ Ben Becker haftet bei der KG Dritten gegenüber stets unmittelbar, auch wenn er die Einlage vollständig erbracht hat.

⑤ Ben Becker haftet bei der GmbH Dritten gegenüber unmittelbar, auch wenn er seine Einlage vollständig erbracht hat.

⑥ Ben Becker haftet bei der KG Dritten gegenüber unmittelbar bis zur vereinbarten Einlagenhöhe, sofern er seine Einlage nicht vollständig erbracht hat.

⑦ Ben Becker haftet bei der OHG Dritten gegenüber unmittelbar, unabhängig davon, ob er seine Einlage vollständig erbracht hat oder nicht.

⑧ Als Gesellschafter hat er bei der OHG am 02. 07. 2015 zum Geschäftsjahresende gekündigt, wobei das Geschäftsjahr dem Kalenderjahr entspricht. Seine unmittelbare Haftung für die bei seinem Austritt bestehenden Verbindlichkeiten endet somit am 31. 12. 2020 um 24:00 Uhr.

3. Lesen Sie nachfolgende Aussagen und ergänzen Sie die fehlenden Angaben, indem Sie die Lösung in das Feld links eintragen!

Kompetenzstufe 1

3.1	Die Mindeststammeinlage eines GmbH-Gesellschafters beträgt … €.	
3.2	Vor Eintragung in das Handelsregister muss ein GmbH-Gesellschafter mindestens ... Prozent seiner Stammeinlage einzahlen.	
3.3	An der Spongebob GmbH sind die Gesellschafter Sandy mit 36 000,00 € und Patrick mit 20 000,00 € beteiligt. Wenn jeder Gesellschafter vor Handelsregistereintragung seine Mindesteinzahlung geleistet hat, entspricht dies einem Betrag von … €.	
3.4	Bei Gründung einer GmbH müssen vor der Handelsregistereintragung mindestens … € eingezahlt werden.	
3.5	An der Clever & Smart GmbH sind gemäß Vertrag die Gesellschafter Carsten Clever mit 10 000,00 € und Stephan Smart mit 15 000,00 € Stammeinlage beteiligt. Bei Gründung zahlt der Gesellschafter Clever 3 000,00 € ein, so dass der Gesellschafter Smart … € einzahlen muss.	
3.6	Bei Gründung einer Unternehmergesellschaft beträgt das Mindeststammkapital … €.	

4. Entscheiden Sie, welche der nachfolgenden Aussagen nach der gesetzlichen Regelung

① nur auf die OHG,

② nur auf die KG,

③ nur auf die GmbH,

④ auf mehrere der genannten Unternehmensformen,

⑤ auf keine der genannten Unternehmensformen zutreffen!

Kompetenzstufe 2

Tragen Sie die Ziffer der jeweils zutreffenden Antwort in das Kästchen hinter der jeweiligen Aussage ein!

4.1	Die Haftung aller Gesellschafter ist unbeschränkt.	
4.2	Die Haftung einiger Gesellschafter ist beschränkt, die der übrigen unbeschränkt.	
4.3	Die Eigentumsanteile werden an der Börse gehandelt.	
4.4	Die Rechtsvorschriften über die Gesellschaft befinden sich im BGB.	
4.5	Alle Gesellschafter sind zur Geschäftsführung verpflichtet.	
4.6	Zur Gründung der Gesellschaft bedarf es eines Gesellschaftsvertrages.	
4.7	Die Gesellschaft bedarf bei Gründung eines bestimmten Mindestkapitals.	
4.8	Die Gesellschaft wird in Abteilung B des Handelsregisters eingetragen.	
4.9	Der Verlust wird gemäß Gesetz nach Köpfen verteilt.	
4.10	Der Verlust wird gemäß Gesetz im angemessenen Verhältnis verteilt.	

5. Stefan Raabe und Rüdiger Hofmann schließen am 15.11.2017 einen Gesellschaftsvertrag über die Gründung einer GmbH. Gegenstand der Unternehmung sind EDV-Komplettlösungen (Installation und Betreuung). Die notwendigen Einlagen sollen als Geldeinlagen geleistet werden. Am 23.11.2017 wird die Eintragung beim zuständigen Gericht beantragt. Am 29.11.2017 werden die ersten Kaufverträge mit verschiedenen Lieferanten abgeschlossen.

Kompetenzstufe 2

Am 03.12.2017 wird die Gesellschaft ins Handelsregister eingetragen, die Eintragung wird am 10.12.2017 bekannt gemacht. Während Raabe eine Stammeinlage über 10 000,00 € übernimmt, beträgt die Stammeinlage von Hofmann 30 000,00 €.

Entscheiden Sie, welche der folgenden Aussagen über die Haftung für die Verbindlichkeiten aus den am 29.11.2017 abgeschlossenen Kaufverträgen zutreffend ist! Ist keine Aussage zutreffend, tragen Sie bitte eine ⑨ in das Kästchen ein!

① Die Gesellschaft haftet mit ihrem Stammkapital.
② Die Gesellschafter haften mit ihren Stammeinlagen.
③ Die Gesellschafter haften persönlich in Höhe ihrer noch nicht eingezahlten Stammeinlage.
④ Die Gesellschaft haftet mit ihrem Gesellschaftsvermögen.
⑤ Die Gesellschafter haften unbeschränkt, unmittelbar und solidarisch.
⑥ Den Vertragspartnern haftet niemand vor Eintragung. Deshalb werden solche Geschäfte nur gegen Barzahlung abgewickelt.

6. Entscheiden Sie, welche der nachfolgenden Aussagen

Kompetenzstufe 3

① nur auf die OHG,
② nur auf die KG,
③ nur auf die GmbH,
④ nur auf die AG,
⑤ auf die GmbH und die AG,
⑥ auf alle der genannten Unternehmensformen,
⑦ auf keine der genannten Unternehmensformen

zutreffen!

Tragen Sie die Ziffer der jeweils zutreffenden Antwort in das Kästchen hinter der jeweiligen Aussage ein!

6.1	Die Versammlung der Eigentümer nennt man Hauptversammlung.	
6.2	Die Gesellschaft ist eine juristische Person.	
6.3	Die Unternehmung wird durch einen Geschäftsführer geleitet.	
6.4	Alle Gesellschafter haften unbeschränkt.	
6.5	Das Stammkapital der Unternehmung beträgt 100 000,00 €.	
6.6	Verluste werden im Verhältnis der Geschäftsanteile verteilt.	
6.7	Die Haftung von einem der vier Gesellschafter ist auf die Einlage begrenzt.	
6.8	Die Gesellschaft wird in das Handelsregister eingetragen.	
6.9	Der Gesellschaftsvertrag muss bei Gründung der Gesellschaft notariell beglaubigt werden.	
6.10	Die Unternehmung kann auch von einer einzelnen Person gegründet werden.	
6.11	Die Unternehmung ist stets Kaufmann.	
6.12	Es bestehen verbindliche Vorschriften bezüglich des Mindestkapitals.	

7. Daniel Dübelböck und Caroline Peil gründen zum 01.01.2017 eine Trachtentextilien-Großhandlung in der Rechtsform einer KG. Dübelböck wird Komplementär mit einer Kapitaleinlage von 250000,00 €; Peil beteiligt sich als Kommanditistin mit einer Kommanditeinlage von 150000,00 €, von der sie zum 01.01.2017 nur 40% einzahlt. Im ersten Geschäftsjahr erzielt das Unternehmen einen Gewinn in Höhe von 130000,00 €. Dübelböck soll vorab 25000,00 € für seine Tätigkeit erhalten. Die Einlagen werden entsprechend den gesetzlichen Bestimmungen verzinst, der Rest wird im Verhältnis 4 : 1 zugunsten des Komplementärs verteilt.

Kompetenzstufe 3

7.1 Berechnen Sie, wie viel Euro Gewinn Daniel Dübelböck zustehen!

☐☐☐.☐☐☐,☐☐ €

7.2 Entscheiden Sie, mit wie viel Euro Carolin Peil den Gläubigern der KG nach der Gewinnverteilung jetzt persönlich haftet!

☐☐.☐☐☐,☐☐ €

8. Werner Brösel und Erwin Röhrig gründeten zum 01.01.20.. die Brauerei Schwaben-Bölkstoff KG. Das Unternehmen hat sich auf das Brauen von Bockbier aus frischem Felsquellwasser spezialisiert. Werner Brösel wird Vollhafter mit einer Kapitaleinlage von 560000,00 €. Erwin Röhrig beteiligt sich als Kommanditist mit einer Kommanditeinlage von 400000,00 €, von der er zum 01.01.20.. nur 160000,00 € einzahlt. Im ersten Geschäftsjahr erzielt die Schwaben-Bölkstoff KG 300000,00 € Gewinn. Der Komplementär soll vorab 60000,00 € für seine Mitarbeit erhalten. Die Einlagen werden entsprechend den gesetzlichen Bestimmungen verzinst; der Rest wird im Verhältnis 13 : 3 zugunsten des Werner Brösel verteilt.

Kompetenzstufe 4

8.1 Berechnen Sie, wie hoch der zu verteilende Restgewinn ausfällt!

☐☐☐.☐☐☐,☐☐ €

8.2 Ermitteln Sie die Höhe des Gewinns, der Werner Brösel insgesamt zusteht!

☐☐☐.☐☐☐,☐☐ €

8.3 Ermitteln Sie, mit wie viel Euro der Kommanditist Röhrig den Gläubigern der Schwaben-Bölkstoff KG nach der Gewinnverteilung jetzt noch persönlich haftet!

☐☐☐.☐☐☐,☐☐ €

8.4 Im zweiten Geschäftsjahr schließt die KG mit einem Verlust von 150 000,00 € ab. Auf Erwin Röhrig entfallen davon 58 000,00 €. Prüfen Sie, mit wie viel Euro der Kommanditist Röhrig nunmehr den Gläubigern der KG persönlich haftet!

☐☐☐.☐☐☐,☐☐ €

9. Kennzeichnen Sie folgende Aussagen mit einer
① , wenn nur Aussage A richtig ist,
② , wenn nur Aussage B richtig ist,
③ , wenn sowohl Aussage A als auch Aussage B richtig sind,
④ , wenn sowohl Aussage A als auch Aussage B falsch sind.

Kompetenzstufe 4

9.1	**A:** Zur Errichtung einer GmbH ist ein notariell beglaubigter Gesellschaftsvertrag erforderlich. **B:** Bis zur Eintragung der GmbH in das Handelsregister haften die Geschäftsführer unmittelbar, unbegrenzt und solidarisch.	
9.2	**A:** Das Stammkapital ist die Summe der eingezahlten Kapitaleinlagen. **B:** Das Stammkapital einer GmbH muss mindestens 25 000,00 € betragen.	
9.3	**A:** Die Mindeststammeinlage eines Gesellschafters beträgt 1 000,00 €. **B:** Die Stammeinlage eines Gesellschafters muss durch 100 teilbar sein.	
9.4	**A:** Vor Eintragung ins Handelsregister muss jeder Gesellschafter mindestens 12 500,00 € einzahlen. **B:** Hat ein Gesellschafter eine Stammeinlage von 1 000,00 €, so muss er vor Eintragung in das Handelsregister mindestens 500,00 € eingezahlt haben.	
9.5	**A:** Ein Geschäftsführer einer GmbH muss mindestens ein Viertel des Stammkapitals übernehmen. **B:** Vor Eintragung in das Handelsregister haften die Gesellschafter auch mit ihrem Privatvermögen.	
9.6	**A:** Jeder Gesellschafter einer GmbH hat je 100,00 € Geschäftsanteil eine Stimme. **B:** Beschlüsse der Gesellschafterversammlung bedürfen grundsätzlich einer $^{3}/_{4}$-Mehrheit.	
9.7	**A:** Die nicht geschäftsführenden Gesellschafter einer OHG haben nur in solchen Fällen ein Kontrollrecht, wenn Grund zu der unredlichen Geschäftsführung besteht. **B:** Die Vertretungsmacht eines OHG-Gesellschafters erstreckt sich nur auf gewöhnliche Geschäfte.	
9.8	**A:** Ist im Gesellschaftsvertrag einer OHG die Geschäftsführung nicht geregelt, so gilt für gewöhnliche Geschäfte die Einzelgeschäftsführungsbefugnis. **B:** Ist ein Gesellschafter einer OHG von der Geschäftsführung ausgeschlossen, so steht ihm auch kein Widerspruchsrecht bei außergewöhnlichen Geschäften zu.	

10. An der Stuttgarter Obelix Hinkelstein KG sind beteiligt:

➤ Komplementär Obelix:	Eigenkapitalkonto:	50 000,00 €
	Privatvermögen:	260 000,00 €
➤ Komplementär Asterix:	Eigenkapitalkonto:	75 000,00 €
	Privatvermögen:	125 000,00 €
➤ Kommanditist Verleihnix:	Einlage:	90 000,00 €
	Privatvermögen:	210 000,00 €

Kompetenzstufe 4

Der laut HR-Eintragung allein vertretungsberechtigte Gesellschafter Obelix nimmt am 1. Oktober für die KG bei der Schwabenbank AG einen Kredit in Höhe von 130 000,00 € auf.

Ermitteln Sie im Hinblick auf den aufgenommenen Kredit den persönlichen Haftungsumfang gegenüber der Schwabenbank AG in Euro für

10.1 den allein vertretungsberechtigten Gesellschafter Obelix,

□□□.□□□,□□ €

10.2 den nicht vertretungsberechtigten Gesellschafter Asterix,

□□□.□□□,□□ €

10.3 den Gesellschafter Verleihnix, unter der Voraussetzung, dass er bisher nur 20 000,00 € auf seine Einlage geleistet hat.

□□.□□□,□□ €

10.4 den am 15. Dezember des folgenden Jahres in die Gesellschaft als Komplementär eingetretenen Gesellschafter Knut Majestix (Einlage 110 000,00 €, Privatvermögen 10 000,00 €).

□□□.□□□,□□ €

11. Kennzeichnen Sie nachfolgende Aussagenpaare mit einer

①, wenn nur Aussage A richtig ist,
②, wenn nur Aussage B richtig ist,
③, wenn sowohl Aussage A als auch Aussage B richtig sind,
④, wenn beide Aussagen falsch sind.

Kompetenzstufe 4

11.1	**A:** Die Einlagen der OHG-Gesellschafter werden im OHG-Vertrag festgeschrieben und ins Handelsregister eingetragen. **B:** Die gesetzliche Gewinnverteilung einer OHG sieht vor, dass zunächst jeder Gesellschafter 4 % des Gewinns erhält; der Rest wird dann nach Köpfen verteilt.	
11.2	**A:** Karl Konsen, alleiniger Gesellschafter und Geschäftsführer der Mannheimer Software GmbH, ist Kaufmann im Sinne des HGB. **B:** Hat der Komplementär seine vertraglich vereinbarte Einlage voll eingezahlt, so haftet er ab diesem Zeitpunkt nur noch mit seiner Einlage.	
11.3	**A:** Ist im Vertrag einer OHG keine Regelung für die Geschäftsführung getroffen, so gilt grundsätzlich die Einzelgeschäftsführungsbefugnis für alle Geschäfte. **B:** Eine Rückführung der GmbH in eine Unternehmergesellschaft ist nicht möglich.	
11.4	**A:** Die Verlustverteilung erfolgt bei der KG in einem angemessenen Verhältnis. **B:** Ist in einem OHG-Vertrag nichts Abweichendes vereinbart, so gilt stets die Gesamtvertretungsbefugnis.	
11.5	**A:** Bei der Einzelvertretungsbefugnis der OHG-Gesellschafter können die übrigen Gesellschafter bei außergewöhnlichen Geschäften widersprechen. **B:** Ein ausscheidender OHG-Gesellschafter haftet für die bei seinem Austritt bestehenden Verbindlichkeiten noch 5 Jahre lang.	

5 Anspruchsgruppen und deren Interessen an Unternehmen unterscheiden, ein Unternehmensleitbild entwickeln und hieraus Unternehmensziele ableiten

Lernsituation 1:

Die Heidenheimer Büromöbel GmbH hatte in den letzten Jahren mit deutlichen Absatzproblemen zu kämpfen. Nicht nur, dass die Absatzmärkte ihre Sättigungsgrenze erreicht hatten. Das Unternehmen sah sich plötzlich in ernsthafter Konkurrenz mit asiatischen Billiganbietern, die den Markt mit Massengütern zu konkurrenzlos günstigen Preisen überschwemmten. Auch im Verhalten der Kunden kam es zu einem Wandel: Die traditionelle Kundschaft für die gehobenen Produktsegmente informierte sich ausgiebig im Internet und verlangte gleichzeitig flexible Lösungen mit hoher Qualität zum günstigen Preis.

Die Unternehmensleitung erkannte, dass das Unternehmen nur dann erfolgreich am Markt überleben würde, wenn das eigene Angebot in möglichst vielen Schlüsselbereichen den Wettbewerbern überlegen ist, z. B. in Bezug auf:

- Produktqualität
- Servicequalität
- Sortimentsvielfalt

HB Heidenheimer Büromöbel GmbH

- Innovationskraft
- Preiswürdigkeit
- Mitarbeiterzufriedenheit
- Image
- Marktstärke

Die Unternehmensleitung entschied sich, den neuen Herausforderungen nicht mit schnelllebigen Werbeaktionen zu begegnen, sondern sie in ganz grundsätzlicher Weise anzupacken. Die Mitarbeiter der mittleren und oberen Führungsebene wurden zu einer „Zukunftskonferenz" eingeladen. Deren Ziel ist es, das Grobkonzept für ein modernes Unternehmensleitbild und Zielsystem zu entwickeln.

Kompetenzorientierte Arbeitsaufträge:

1. Recherchieren Sie zunächst im Internet, welche zwei Unternehmen in Ihrer Region oder über Ihre Region hinaus in der jüngeren Vergangenheit mit ähnlichen Absatzproblemen wie die Heidenheimer Büromöbel GmbH zu kämpfen hatten!

   Stellen Sie anschließend die konkreten Probleme dieser beiden Unternehmen zusammen und erläutern Sie, mittels welcher Maßnahmen die Unternehmen versucht haben, ihre Schwierigkeiten zu meistern. Bereiten Sie eine entsprechende Präsentation Ihrer Rechercheergebnisse vor!

Unternehmen	Probleme und Maßnahmen
	Probleme: ➤ ____________ ➤ ____________ ➤ ____________ **Maßnahmen:** ➤ ____________ ➤ ____________ ➤ ____________

27 Boller - ISBN 978-3-8120-1557-8

Unternehmen	Probleme und Maßnahmen
	Probleme: ➤ _____ ➤ _____ ➤ _____ **Maßnahmen:** ➤ _____ ➤ _____ ➤ _____

2. Erstellen Sie (in Partner- oder Kleingruppenarbeit) eine Übersicht von möglichen Gruppen (Stakeholder), die Ansprüche an ein Unternehmen erheben!

   Entwickeln Sie anschließend eine Übersicht zu diesen möglichen Anspruchsgruppen, indem Sie für die jeweilige Gruppe sowohl deren konkrete Ansprüche an ein Unternehmen formulieren als auch die Beiträge bzw. Leistungen dieser Gruppen gegenüber dem Unternehmen auflisten!

Anspruchsgruppen	Anspruch gegenüber der Unternehmung	Beitrag zur Unternehmung
Eigenkapitalgeber (Eigentümer, Anteilseigner)		
Fremdkapitalgeber		

Anspruchs-gruppen	Anspruch gegenüber der Unternehmung	Beitrag zur Unternehmung
Arbeitnehmer		
Management		
Kunden		
Lieferanten		

Anspruchs-gruppen	Anspruch gegenüber der Unternehmung	Beitrag zur Unternehmung
Allgemeine Öffentlichkeit		

3. Sie sind Teilnehmer an der „Zukunftskonferenz" der Heidenheimer Büromöbel GmbH. Auf der Basis der von Ihnen gefundenen Ansprüche der Stakeholder formulieren Sie einen Grobentwurf für das Unternehmensleitbild der Heidenheimer Büromöbel GmbH!

Stakeholder	Ansprüche	Beispiele für Sätze des Unternehmensleitbildes
GmbH-Gesellschafter		
Staat		

Stakeholder	Ansprüche	Beispiele für Sätze des Unternehmensleitbildes
Gesellschaft		
Lieferer		
Kunden		
Mitarbeiter		

Kompetenz-Check

Kompetenzstufe 1

1. Entscheiden Sie, welche der nachfolgenden Aussagen falsch ist! Sind alle Aussagen richtig, tragen Sie bitte eine ⑨ in das Kästchen ein!

① Beim Shareholder-Konzept sind vorrangig die Unternehmensziele zu verfolgen, die zu einer hohen Mitarbeiterzufriedenheit führen.

② Zu den Anspruchsgruppen von Unternehmen zählen z.B. Mitarbeiter, Lieferanten, Kunden, Kredit- und Eigenkapitalgeber.

③ Das Stakeholder-Konzept erweitert den Shareholder-Ansatz, indem neben einer finanziellen Zielperspektive auch eine soziale und ökologische Verantwortung verlangt wird.

④ Unternehmensziele beschreiben einen zukünftigen, erstrebenswerten Zustand des Unternehmens, den der zuständige Entscheidungsträger anzustreben hat.

⑤ Die Ziele eines Unternehmens lassen sich in ökonomische, ökologische und soziale Ziele unterteilen.

⑥ Unternehmensziele sollten Eigenschaften haben, die sich als SMART beschreiben lassen.

☐

Kompetenzstufe 2

2. Entscheiden Sie für die nachfolgenden Sachverhalte, um welche Art von Zielen es sich handelt. Tragen Sie eine

① ein, wenn es sich um ökonomische Ziele,

② ein, wenn es sich um ökologische Ziele,

③ ein, wenn es sich um soziale Ziele,

④ ein, wenn es sich um keines der genannten Ziele

handelt.

2.1	Reduzierung von Lärmbelästigung.	
2.2	Streben nach Marktmacht.	
2.3	Ergonomische Arbeitsplatzgestaltung.	
2.4	Produktion recycelbarer Produkte.	
2.5	Streben nach hohen Qualitätsstandards.	
2.6	Altersabsicherung für die Mitarbeiter.	
2.7	Abfallvermeidung.	
2.8	Sicherung der ständigen Zahlungsbereitschaft.	
2.9	Gleich hohe Entgelte für Mann und Frau bei gleicher Arbeit.	
2.10	Nutzung erneuerbarer Energien.	

3. Entscheiden Sie, welche zwei der nachfolgenden Aussagen zutreffend sind! Ist nur eine Aussage zutreffend, tragen Sie bitte eine ⑨ in das zweite Kästchen ein!

Kompetenzstufe 3

① Beim Shareholder-Konzept muss es Ziel der Unternehmensleitung sein, für die Eigenkapitalgeber eine langfristige Gewinnmaximierung zu erreichen.

② Der Anspruch des Staates gegenüber dem Unternehmen besteht darin, dass er eine leistungsgerechte Entlohnung der Mitarbeiter des Unternehmens erwartet.

③ Die Eigenkapitalgeber erwarten den Vertrieb von preisgünstigen Gütern und ein großes soziales Engagement.

④ Unternehmen können auf gesättigten Käufermärkten auch dann dauerhaft überleben, wenn sie nicht die Wünsche ihrer Kunden zufriedenstellen.

⑤ Grundelemente einer Unternehmensphilosophie sind neben den Grundwerten und Überzeugungen auch Verhaltensregeln. Symbole gehören nicht zur Unternehmensphilosophie, sie sind Bestandteil des Marketings.

⑥ Die Verfolgung von wirtschaftlichen Zielen harmoniert grundsätzlich mit den ökologischen Zielen des Unternehmens.

☐ ☐

4. Kennzeichnen Sie nachfolgende Aussagenpaare mit einer

①, wenn nur Aussage A richtig ist,

②, wenn nur Aussage B richtig ist,

③, wenn sowohl Aussage A als auch Aussage B richtig sind,

④, wenn beide Aussagen falsch sind!

Kompetenzstufe 4

4.1	**A:**	Nach dem Shareholder-Konzept hat die Unternehmensleitung die Aufgabe, die unternehmerischen Entscheidungen so zu treffen, dass der Wert des Eigenkapitals erhöht wird.	
	B:	Durch eine langfristige Gewinnmaximierung soll die Einkommens- und Vermögensposition der Eigenkapitalgeber verbessert werden.	
4.2	**A:**	Nach Auffassung der Vertreter des Stakeholder-Konzepts haben alle Personen oder Personengruppen, die von den Entscheidungen des Unternehmens betroffen sind, Ansprüche an das Unternehmen.	
	B:	Zu den Anspruchsgruppen zählen auch das Management und die Lieferanten.	
4.3	**A:**	Im Rahmen der Verhaltensregeln soll festgelegt werden, wozu es das Unternehmen überhaupt gibt.	
	B:	Bei den Standards und Symbolen geht es darum, unverwechselbare Elemente des Handelns festzulegen.	
4.4	**A:**	Die Ziele eines Unternehmens leiten sich aus dem formulierten Unternehmensleitbild ab.	
	B:	Ein Beispiel für Zielharmonie zwischen ökonomischen und sozialen Zielen ist das konjunkturelle Kurzarbeitergeld.	

Platz für Nebenrechnungen:

1 Konzept der dualen Berufsausbildung charakterisieren

Lösungsansätze zu den kompetenzorientierten Arbeitsaufträgen

1. Schülerindividuelle Lösung.

   Die Checkliste muss folgende Punkte enthalten:
   - Sachliche und zeitliche Gliederung sowie das Ziel der Berufsausbildung,
   - Berufstätigkeit, für die ausgebildet wird,
   - Beginn und Dauer der Berufsausbildung,
   - Ausbildungsmaßnahmen außerhalb der Ausbildungsstätte (überbetriebliche Ausbildung),
   - Dauer der regelmäßigen täglichen Arbeitszeit,
   - Dauer der Probezeit,
   - Zahlung und Höhe der Ausbildungsvergütung,
   - Dauer des Urlaubs,
   - Voraussetzungen, unter denen der Berufsausbildungsvertrag gekündigt werden kann,
   - Hinweis auf anwendbare Tarifverträge und Betriebsvereinbarungen.

2. Schülerindividuelle Lösungen.

   Offene Fragen:

   Rechte des Auszubildenden (Pflichten des Ausbildenden)
   - Ausbildungspflicht
   - Freie Ausbildungsmittel
   - Fürsorgepflicht
   - Freistellungspflicht (Berufsschule)
   - Anmeldepflicht zu Prüfungen
   - Urlaubspflicht
   - Vergütungspflicht
   - Pflicht zur Entgeltfortzahlung
   - Pflicht zur Ausstellung eines Zeugnisses

   Pflichten des Auszubildenden (Rechte des Ausbildenden)
   - Befolgungspflicht
   - Berufsschulpflicht
   - Lernpflicht
   - Ausbildungsnachweispflicht (Berichtsheftpflicht)
   - Schweigepflicht
   - Haftpflicht

   Zu Einzelheiten siehe Lehrbuch S. 18f.

   Urlaubsanspruch je nach Alter

   Bis **16** Jahre: **30** Werktage
   Bis **17** Jahre: **27** Werktage
   Bis **18** Jahre: **25** Werktage

   Vorzeitiges Ende des Ausbildungsverhältnisses

   Während der Probezeit jederzeit **ohne Einhaltung einer Kündigungsfrist** und **ohne Angabe von Gründen.** Danach grundsätzlich nicht, aber Ausnahmen:
   - Wichtiger Grund,
   - mit vierwöchiger Frist, wenn der Auszubildende die Berufsausbildung aufgibt oder eine andere Berufsausbildung beginnen möchte,
   - in beiderseitigem Einvernehmen.

   Die Kündigung muss **schriftlich** erfolgen.

3. Während die **Ausbildungsordnung** die Grundlage für eine geordnete und einheitliche Berufsausbildung in anerkannten Ausbildungsberufen ist, regelt der **Ausbildungsplan** die sachliche und zeitliche Berufsausbildung im Betrieb. Im Gegensatz zur Ausbildungsordnung wird der Ausbildungsplan von jedem Ausbildungsbetrieb eigenständig erstellt.

4. Schülerindividuelle Lösungen.

Info für Lehrende

Duale Ausbildung: Vorteile für Unternehmen und Jugendliche

Gegenüber einer rein schulischen Berufsausbildung bietet das duale Prinzip nicht nur während der Ausbildung Vorteile, sondern auch danach – und zwar den Berufsanfängern genauso wie ihren Arbeitgebern. Ein Überblick.

Vorteil 1: Praxisnähe

Ein wesentlicher Unterschied zu Studium und Schule ist das Lernen an realen Aufgaben statt an hypothetischen Szenarien. Diese Praxisnähe motiviert die Jugendlichen in der Regel und steigert ihre Lernbereitschaft.

Vorteil 2: Tarifliche Ausbildungsvergütungen

Im Durchschnitt erhalten die Auszubildenden derzeit monatlich 737 Euro. Dieses Geld motiviert auch Jugendliche aus einkommensschwachen Familien einen qualifizierten Beruf zu erlernen. Das ist wichtig, denn wer direkt nach der Schule einen ungelernten Job annimmt, erhöht auf längere Sicht deutlich sein Risiko, arbeitslos zu werden.

Die tariflich festgelegten Vergütungen unterscheiden sich allerdings stark je nach Ausbildungsberuf, Region und Branche. Am meisten verdienen angehende Binnenschifferinnen und Binnenschiffer. Die Azubis der westdeutschen Bauwirtschaft, also zum Beispiel Maurer, Stahlbetonbauer und Fliesenleger, sind auf Platz zwei des Vergütungs-Rankings. Gut verdienen auch angehende Mechatroniker und Medientechnologen in der Druckindustrie. Am unteren Ende des Spektrums rangieren unter anderem Maler und Lackierer, Floristen sowie Friseure.

Vorteil 3: Übernahmechancen

Dass die duale Ausbildung oft für Unternehmen und Azubis ein gleichermaßen lohnendes Geschäft ist, zeigen vor allem die hohen Übernahmequoten. Die Unternehmen bekommen Nachwuchskräfte mit einer exakt auf den Betrieb zugeschnittenen Qualifikation und die jugendlichen Berufseinsteiger hatten zwei oder drei Jahre lang Gelegenheit, ihren künftigen Arbeitgeber kennenzulernen – und von sich zu überzeugen.

Vorteil 4: Karriereperspektiven

Eine duale Ausbildung und der erste Job sind längst nicht das Ende der Fahnenstange. Durch Weiterbildungen oder ein anschließendes Studium haben die Jugendlichen gute Chancen, in anspruchsvolle Fach- und Führungspositionen aufzusteigen. An vielen Universitäten und Hochschulen wird eine Berufsausbildung sogar für das Studium angerechnet.

Quelle: http://www.wirtschaftundschule.de/aktuelle-themen/arbeitsmarkt-berufsorientierung/der-arbeitsmarkt-fuer-jugendliche/duale-ausbildung-vorteile-fuer-unternehmen-und-jugendliche/Wirtschaft und Schule (Zugriff am 10.03.2017).

5.

Eigene Interessen	☺	☹	Betriebsinteressen
qualifizierte Ausbildung	X		qualifizierte Mitarbeiter
Übernahmegarantie nach der Ausbildung		X	Übernahmeentscheidung kurzfristig nach betrieblichen Erfordernissen
interessanter Arbeitsplatz nach der Ausbildung		X	Ausbildung für betriebsspezifischen Bedarf
hohes Einkommen nach der Ausbildung		X	preiswerte Mitarbeiter
gutes Arbeitsklima (sinnvolle Tätigkeiten)	X		gutes Arbeitsklima (Bindungsinteresse)
irgendwie „untergebracht“ zu sein		X	qualifizierte Ausbildung soll sich auch „rechnen“
...			...

Lösungen zum Zusatzauftrag: Kreuzworträtsel

1. ① Ausbildungsdauer
   ② Arbeitsverhältnis
   ③ Probezeit
   ④ Anmeldepflicht
   ⑤ Haftpflicht
   ⑥ Schulferien
   ⑦ Ausbildungsplan
   ⑧ Kündigungsfrist
   ⑨ Schweigepflicht
   ⑩ Rahmenlehrplan
   ⑪ Vergütung
2. Lösungswort: **Lernpflicht**
   Der Auszubildende muss sich bemühen, so zu lernen, dass die Abschlussprüfung bestanden wird.

Lösungen zum Kompetenz-Check

Aufgabe 1

⑥

Erläuterung:

Der Ausbildungsplan wird nicht von der Agentur für Arbeit, sondern von jedem Ausbildungsbetrieb eigenständig erstellt.

Aufgabe 2

⑥

Aufgabe 3

① und ⑤

Erläuterungen:

Aussage ①: Für die Rechtswirksamkeit des Ausbildungsvertrages ist die Unterschrift von Moritz zwingend erforderlich.

Aussage ⑤: Die längste im Berufsbildungsgesetz mögliche Probezeit für Ausbildungsverhältnisse beträgt vier Monate.

Aufgabe 4

① und ④

Erläuterungen:

Aussage ①: Im unverschuldeten Krankheitsfall muss der Ausbilder das Entgelt bis zu sechs Wochen zahlen.

Aussage ④: Gemäß Jugendarbeitsschutzgesetz hat ein 18-jähriger Auszubildender einen Urlaubsanspruch von mindestens 25 Werktagen, nicht jedoch auf 25 Arbeitstage.

Aufgabe 5

③

Erläuterung:

Durch die übereinstimmenden Willenserklärungen von Wollitz sowie Malte und seinen Eltern ist der Ausbildungsvertrag rechtswirksam zustande gekommen.

2 Boller - ISBN 978-3-8120-4557-5

Aufgabe 6

⑤

Erläuterung:

Das ausbildende Unternehmen kann aus wichtigem Grund ohne Einhalten einer Kündigungsfrist kündigen.

Aufgabe 7

7.1 ②

Erläuterung:

Aussage A ist falsch, da die Ausbildung nicht mehr als drei und nicht weniger als zwei Jahre betragen soll.

7.2 ④

Erläuterungen:

Aussage A ist falsch, da der Rahmenlehrplan die Grundlage für den berufsbezogenen Unterricht in der Berufsschule ist.

Aussage B ist falsch, da diese Aussage nicht auf den Rahmenlehrplan, sondern auf den Ausbildungsplan zutrifft.

7.3 ①

Erläuterung:

Aussage B ist falsch, da der Ausbildende den Auszubildenden rechtzeitig bei der zuständigen Stelle zu Prüfungen anmelden muss.

7.4 ④

Erläuterungen:

Aussage A ist falsch, da der 16-Jährige nach dem Jugendarbeitsschutzgesetz einen Urlaubsanspruch von mindestens 27 Werktagen hat.

Aussage B ist falsch, da für Berufsschüler der Urlaub in die Schulferien gelegt werden soll.

7.5 ②

Erläuterung:

Aussage A ist falsch, da die Ausbildung während der Probezeit von beiden Seiten ohne Angabe von Gründen fristlos beendet werden kann.

7.6 ①

Erläuterung:

Aussage B ist falsch, da in solchen Fällen die Arbeitsgerichte angerufen werden müssen.

Aufgabe 8

8.1 05.06.2020

8.2 15.09.2018

8.3 24.05.2018

8.4 30.01.2019

2 Schutzbestimmungen für Mitarbeiter am Arbeitsplatz beachten

Lösungsansätze zu den kompetenzorientierten Arbeitsaufträgen

1. **Aufgeführte Schutzbereiche:**
   - Arbeitsschutz,
   - Gesundheitsschutz,
   - Umweltschutz und
   - Jugendarbeitsschutz.

2.

Behörde: Berufsgenossenschaften

Sie erstellen (aushangpflichtige) **Unfallverhütungsvorschriften,** die den Arbeitgeber zu bestimmten Schutzmaßnahmen verpflichten. Bei Verstoß können Ordnungsstrafen verhängt werden.

↓

Überwachung der Arbeitsschutzbedingungen

Behörde: Gewerbeaufsichtsämter

Sie überwachen die Arbeitsschutzvorschriften und sorgen dafür, dass Missstände beseitigt werden.

Behörde: Sicherheitsbeauftragte

Sie wachen darüber, dass die Unfallverhütungsvorschriften eingehalten werden.

3. Schülerindividuelle Lösungen (siehe Info für Lehrende auf Folgeseite).

4. Schülerindividuelle Lösungen.

5. Schülerindividuelle Lösungen.

Info für Lehrende

Die Umsetzung

Die betriebliche Gesundheitsförderung umfasst Maßnahmen, die auf das Verhalten von Menschen ausgerichtet sind (Verhaltensprävention), und Maßnahmen, die Arbeitsbedingungen analysieren (Verhältnisprävention). Oftmals ist eine klare Trennung in der Praxis nicht möglich und auch nicht sinnvoll, da die Bereiche sich gegenseitig beeinflussen. So verursachen z.B. Über- und Unterforderung von Beschäftigten Stress und Demotivation. Um diese Auswirkungen zu vermeiden, sind neben Kursen zur Stressbewältigung auch Änderungen der Arbeitsbedingungen notwendig. Nachfolgend sind mögliche Maßnahmen beispielhaft dargestellt.

Mögliche Präventionsmaßnahmen		
Kategorie	Verhaltensorientierte Maßnahmen	Verhältnisorientierte Maßnahmen
Ernährung	➢ Ernährungskurse, Ernährungsberatung	➢ gesunde Kantinenkost
Bewegung/ Ergonomie	➢ Rückenkurse, Walking	➢ gesundheitsfördernde Arbeitsplatzgestaltung
Stress-bewältigung	➢ Kurse zur Entspannung, ➢ Stressmanagement ➢ Weiterbildung	➢ gesundheitsgerechte Mitarbeiterführung
Suchtprävention	➢ Kurse zur Tabakentwöhnung	➢ rauchfreier Betrieb ➢ Verbesserung des Betriebsklimas (Mobbing, Mitarbeiterführung)
Organisations-gestaltung	➢ Fort- und Weiterbildung im Bereich Organisation und Gesundheit	➢ Etablierung von Gesundheitszirkeln ➢ bauliche Maßnahmen zur Gesundheitsförderung
Arbeits-gestaltung	➢ Fort- und Weiterbildung im Arbeitsplatzwechsel	➢ Arbeitsplatzwechsel ➢ flexible Arbeitszeiten
Unternehmens-kultur	➢ Führungskraftschulung	➢ Leitbild ➢ transparente Kommunikation ➢ Führungskompetenz

Maßnahmen der Gesundheitsförderung „von der Stange" haben sich in der Vergangenheit oftmals als unwirksam erwiesen, da wichtige Problemfelder nicht abgedeckt und/oder die Beschäftigten nicht erreicht wurden. Es sind somit Konzepte notwendig, die auf den Betrieb sowie auf die Ressourcen, Möglichkeiten und Bedürfnisse der Mitarbeiterinnen und Mitarbeiter abzielen.

Der Einstieg und die ersten Schritte

Auf der Grundlage der krankheitsbedingten Fehlzeiten in der deutschen Wirtschaft und der von den gesetzlichen Krankenkassen geförderten Handlungsfelder bieten sich zum Einstieg die folgenden Themen an:

- Arbeitsbedingte körperliche Belastungen, Rückengesundheit
- Ernährung, Betriebsverpflegung
- Psychosoziale Belastungen (Stress)
  - Förderung individueller Kompetenzen zur Stressbewältigung am Arbeitsplatz
  - gesundheitsgerechte Mitarbeiterführung
- Suchtmittelkonsum
  - rauchfrei im Betrieb

Quelle: Bundesministerium für Gesundheit, Unternehmen unternehmen Gesundheit, Betriebliche Gesundheitsförderung in kleinen und mittleren Unternehmen.

Lösungen zum Zusatzauftrag: Lückentext

Nach dem Arbeitsschutzgesetz sind die Unternehmen verpflichtet, die zur Sicherheit und Gesundheit der Beschäftigten bei der Arbeit erforderlichen Maßnahmen des **Arbeitsschutzes** zu treffen.

Die **Gewerbeaufsichtsämter** überwachen die Arbeitsschutzvorschriften und sorgen dafür, dass die Missstände beseitigt werden. Die **Berufsgenossenschaften** hingegen erstellen **Unfallverhütungsvorschriften**, die die Unternehmen zur Einführung von Schutzmaßnahmen verpflichten. Im Unternehmen haben die **Sicherheitsbeauftragten** darüber zu wachen, dass die Unfallverhütungsvorschriften eingehalten werden.

Das **Arbeitszeitgesetz** legt fest, dass die werktägliche Arbeitszeit für Arbeitnehmer **8** Stunden nicht überschreiten darf. Die Arbeitszeit kann auf bis zu **10** Stunden täglich erhöht werden, wenn innerhalb von **6** Kalendermonaten oder innerhalb von **24** Wochen im Durchschnitt **8** Stunden werktäglich nicht überschritten werden.

Lösungen zum Kompetenz-Check

Aufgabe 1

②

Erläuterung:

Bei einem Betriebsunfall oder bei einem Wegeunfall zur Arbeitsstätte bzw. dem Rückweg nach Hause ist die zuständige Berufsgenossenschaft zu informieren.

Aufgabe 2

④

Erläuterungen:

Aussage ① ist falsch, da das Jugendarbeitsschutzgesetz für Jugendliche bis zum vollendeten 18. Lebensjahr gilt.

Aussage ② ist falsch, da der Arbeitsbeginn frühestens auf 06:00 Uhr liegen darf.

Aussage ③ ist falsch, da eine Pause von 60 Minuten erst ab einer Arbeitszeit von mehr als 6 Stunden vorgeschrieben ist.

Aussage ⑤ ist falsch, da das Verbot der Abgabe von Alkohol und Tabakwaren an Jugendliche unter 16 Jahren gilt.

Aussage ⑥ ist falsch, da die ärztliche Untersuchung innerhalb der letzten 14 Monate erfolgt sein muss.

Aufgabe 3

3.1 12 Stunden
3.2 30 Minuten
3.3 6 Stunden
3.4 8,5 Stunden
3.5 45 Minuten
3.6 8 Stunden

Aufgabe 4

③

Erläuterung:

Hierzu zählen Personen, die wegen eines Verbrechens zu einer Freiheitsstrafe von mindestens 2 Jahren rechtkräftig verurteilt werden.

Aufgabe 5

5.1 5 kg
5.2 11 Stunden
5.3 6 Wochen
5.4 30 Minuten
5.5 4 Monaten
5.6 10 Stunden

Aufgabe 6

6.1 18:45 Uhr
6.2 Jennifer: 07:00 Uhr
Dilara: 08:00 Uhr
6.3 15 Sonntage

3 Mitbestimmung nach dem Betriebsverfassungsgesetz beschreiben und anwenden

Lösungsansätze zu den kompetenzorientierten Arbeitsaufträgen

1. – Ein Protokoll hilft den Teilnehmern, sich auch nach dem Meeting oder der Konferenz über Inhalt, Verlauf und Beschlussfassung zu **informieren.**
   – Aus einem Protokoll können sich **Aufgaben und Termine** ergeben, die zu überwachen sind. Es dient somit auch der **Erinnerung** der Teilnehmer.
   – Oft wird das Protokoll in Auszügen oder komplett an Personen zur **Information** weitergeleitet, die nicht am Meeting teilgenommen haben, aber den Inhalt kennen müssen.
   – Ein Protokoll dient zudem als **Beweismittel** für gemeinsam gefasste Beschlüsse.

2. Der Rahmen des Protokolls umfasst den **Protokollkopf** und den **Text.** Das Protokoll muss von der Protokollführung unterschrieben werden.
   Der Protokollkopf muss enthalten:
   – das Wort Protokoll und den Namen des Unternehmens,
   – Anlass des Protokolls,
   – Versammlungsort,
   – Datum,
   – Teilnehmer,
   – Tagesordnungspunkte.
   Die formalen Ansprüche sind beim vorliegenden Protokoll erfüllt.

3. 3.1 Vertretung der Arbeitnehmer gegenüber dem Arbeitgeber.
   3.2 Ja, sie hat mindestens fünf ständige, wahlberechtigte Arbeitnehmer, von denen drei wählbar sind.
   3.3 Alle 4 Jahre in der Zeit vom 1. März bis 31. Mai.
   3.4 Alle Arbeitnehmer, die das 18. Lebensjahr vollendet haben.
   3.5 Alle Wahlberechtigten, die dem Betrieb mindestens 6 Monate angehören.
   3.6 Fünf Betriebsratsmitglieder
   3.7 Die Mitglieder des Betriebsrates wählen aus ihrer Mitte einen Vorsitzenden und einen Stellvertreter.
   3.8 Ja. Alle Arbeitnehmer über 18 Jahre, die dem Betrieb seit 6 Monaten angehören, können gewählt werden.
   3.9 Ja, da die Kramer GmbH mindestens fünf Arbeitnehmer hat, die das 18. Lebensjahr noch nicht vollendet haben, oder Auszubildende, die das 25. Lebensjahr noch nicht vollendet haben.
   3.10 – Entsendung eines Vertreters zu Betriebsratssitzungen.
   – Dort Stimmrecht, soweit die Beschlüsse überwiegend jugendliche Arbeitnehmer betreffen.
   3.11 – Beim Betriebsrat Maßnahmen beantragen, die den jugendlichen Arbeitnehmern dienen.
   – Kontrolle, dass Gesetze, Verordnungen, Betriebsvereinbarungen in Bezug auf jugendliche Arbeitnehmer eingehalten werden.
   – Anregungen von jugendlichen Arbeitnehmern entgegennehmen und sie dem Betriebsrat weiterleiten.
   3.12 – **Neueinstellung eines Mitarbeiters**
   Mitwirkungsrecht. Der Betriebsrat ist über die Einstellung zu unterrichten, ihm sind die Bewerbungsunterlagen vorzulegen, und er erhält Auskunft über den Bewerber. Unter bestimmten Bedingungen kann er die Zustimmung verweigern.
   – **Änderung der Arbeitszeiten**
   Uneingeschränktes Mitbestimmungsrecht. Er muss zustimmen. Bei fehlender Einigung entscheidet die Einigungsstelle.

- **Kündigung eines Mitarbeiters**
  Mitwirkungsrecht. Dem Betriebsrat müssen vor der Kündigung die Gründe mitgeteilt werden. Hat er dagegen Bedenken, so kann er widersprechen.

Lösungen zum Zusatzauftrag: Kreuzworträtsel

1. ① Mitbestimmung
   ② Personalakte
   ③ Mitwirkungsrecht
   ④ Betriebsvereinbarung
   ⑤ Betriebsversammlung
   ⑥ Betriebsverfassung
   ⑦ Arbeitgeber
   ⑧ Gestaltung
   ⑨ Beratungsrecht
   ⑩ Sozialplan
   ⑪ Zustimmung
2. Lösungswort: **Betriebsrat**

   Der Betriebsrat ist eine Vertretung der Arbeitnehmer gegenüber dem Arbeitgeber.

Lösungen zum Kompetenz-Check

Aufgabe 1

③

Erläuterung:

Bei mehr als 20 Arbeitnehmern besteht der Betriebsrat aus mindestens drei Mitgliedern.

Aufgabe 2

⑥

Aufgabe 3

②

Erläuterungen:

Aussage ① ist falsch, da die Mitbestimmung über den Betriebsrat ab mindestens fünf ständig wahlberechtigten Arbeitnehmern besteht.

Aussage ③ ist falsch, da diese Regelungen dem Mitbestimmungsrecht unterliegen.

Aussage ④ ist falsch, da diese Regelungen dem Beratungsrecht unterliegen.

Aussage ⑤ ist falsch, da der Widerspruch nicht zur Aufhebung der Kündigung führt.

Aussage ⑥ ist falsch, da diese Angelegenheiten dem Mitbestimmungsrecht unterliegen.

Aufgabe 4

4.1 15 Mitgliedern
4.2 3 Mitgliedern
4.3 6 Monate
4.4 18. Lebensjahr
4.5 16:15 Uhr

Aufgabe 5

5.1 ①
5.2 ④
5.3 ②
5.4 ③

4 Bedeutung von Tarifverträgen und die Rolle der Sozialpartner beurteilen

Lösungsansätze zu den kompetenzorientierten Arbeitsaufträgen

1. Schülerindividuelle Lösungen.

Info für Lehrende

Methoden ABC: Mindmapping

Zielsetzungen. Mindmapping[1] verfolgt drei Ziele:

- Gedanken, Ideen und Sachverhalte sollen aufgeschrieben werden.
- Die aufgeschriebenen Gedanken, Ideen und Sachverhalte werden in Form von Verästelungen bildlich dargestellt.
- Durch die Verbindung von sprachlicher und bildlicher Darstellung können die Gedanken und Vorstellungen strukturiert (geordnet) werden.

Vorgaben. Mindmapping kann in Einzel-, Partner- und Gruppenarbeit durchgeführt werden. Der Zeitbedarf hängt mit der Aufgabenstellung zusammen. Für eine Gruppenarbeit kann der Zeitbedarf bis zu 30 Minuten betragen.

Ablauf. Zunächst wird das zu bearbeitende Problem bzw. Thema in die Mitte eines DIN-A4-Blattes (bzw. Tafel, Flipchart) geschrieben und eingekreist. Danach werden themenbezogene Einfälle um dieses Thema herumgeschrieben, wobei folgende **Regeln** zu beachten sind:

- Die Teilnehmer sollen **Schlüsselbegriffe formulieren,** wobei – möglichst durch unterschiedliche Farben hervorgehoben – Oberbegriffe auf „Hauptästen" und Unterbegriffe auf „Nebenästen" zu notieren sind.
- Jedem „Ast" sollte nur ein Schlüsselwort zugeordnet werden.
- Es darf während der Ideensammlung **keinerlei Bewertung und Kritik** an den vorgebrachten Ideen geübt werden.
- Es sollen **möglichst viele** Ideen gesammelt werden. Quantität geht vor Qualität.

Erst im Anschluss an die Ideensammlung können unwichtige „Äste" gestrichen, Verbindungen zwischen Ästen hergestellt, Äste – falls erforderlich – nummeriert oder farbige Symbole bzw. Zeichen eingesetzt werden.

Diese schnell erlernbare Kreativitätstechnik zeichnet sich insbesondere durch ihre **vielseitigen Einsatzmöglichkeiten** aus, da sie sowohl in Planungs- als auch Lösungs- oder Sicherungsphasen genutzt werden kann. Zudem fördert diese einprägsame Form der Darstellung das **vernetzte Denken**, macht Zusammenhänge überschaubar und ist als **„Handlungsprodukt"** der Lerngruppe im Rahmen des behandelten Themas jederzeit gegenwärtig und ergänzungsfähig.

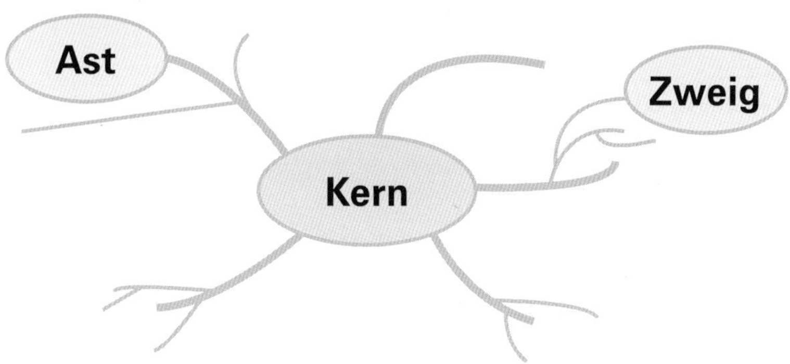

1 **Mind** (engl.): Gedanken, Arbeitsergebnisse. **Map** (engl.): Landkarte. **Mindmap** könnte somit mit „Gedankenlandkarte" übersetzt werden.

2. Der **Warnstreik** ist ein zeitlich sehr kurzer Streik im Rahmen von laufenden Tarifverhandlungen und gilt als eine besondere Variante der üblichen Arbeitsniederlegungen. Ziel dieser Streikform ist es, durch die Ausübung von Druck, die Tarifverhandlungen zu erzwingen oder aber zähe bzw. festgefahrene Tarifverhandlungen zu beleben. Ein Warnstreik kann ohne Urabstimmung stattfinden.

   Eine **Teilnahme an einem rechtmäßigen Warnstreik** stellt keine Verletzung des Arbeitsvertrages dar, Maßregelungen der Arbeitnehmer durch den Arbeitgeber wegen der Teilnahme an einem Streik sind verboten. So darf der bestreikte Arbeitgeber dem streikenden Arbeitnehmer nicht aus diesem Grund kündigen. Während des Warnstreiks ruht das Arbeitsverhältnis, im Anschluss an den Warnstreik besteht ein Anspruch auf Weiterbeschäftigung.

   Der Arbeitgeber muss für die Dauer des Streiks **kein Arbeitsentgelt** zahlen.

3. Bevor eine Gewerkschaft ihre Mitglieder zum Streik auffordert, muss eine Urabstimmung erfolgen. Entscheiden sich mindestens 75 % der aufgerufenen Gewerkschaftsmitglieder in einem Unternehmen für einen Streik, so legt der Vorstand der Gewerkschaft den Streikbeginn fest.

4. Eigentlich haben sowohl Nils als auch Jennifer Recht. Die Erklärung hierzu lautet wie folgt:

   Grundsätzlich gilt ein Tarifvertrag nur für organisierte Arbeitnehmer und Arbeitgeber, die Mitglieder der Gewerkschaft bzw. im Arbeitgeberverband sind.

   Das Bundesministerium für Arbeit und Soziales kann einen Tarifvertrag auf Antrag einer Tarifvertragspartei für allgemein verbindlich erklären. Mit der Allgemeinverbindlichkeitserklärung gelten die Bestimmungen des Tarifvertrages auch für die nicht tarifgebundenen Arbeitnehmer und Arbeitgeber.

   Ergänzend sei noch darauf hingewiesen, dass in der Regel auch ohne Allgemeinverbindlichkeitserklärung die nicht organisierten Arbeitnehmer nach den Bedingungen der Tarifverträge behandelt werden (Grundsatz der Gleichbehandlung). Da sie in den Genuss der Vorteile kommen, ohne eigene Gewerkschaftsbeiträge gezahlt zu haben, werden sie auch als „Trittbrettfahrer" bezeichnet.

Lösungen zum Kompetenz-Check

Aufgabe 1

①

Erläuterung:

Dieses Recht ist im Grundgesetz verbrieft.

Aufgabe 2

2.1 ②	2.3 ③	2.5 ①	2.7 ④
2.2 ①	2.4 ④	2.6 ③	2.8 ③

Aufgabe 3

① und ⑤

Erläuterungen:

Aussage ①: Der Antrag kann nur von einer der beiden Tarifpartner gestellt werden.

Aussage ⑤: Die Öffnungsklauseln sollen es Betrieben, denen es wirtschaftlich nicht besonders gut geht, ermöglichen, ihre Belegschaft für eine bestimmte Zeit unter Tarif zu bezahlen.

Aufgabe 4

⑧, ③, ⑦, ①, ②, ⑤, ⑨, ⑥, ⑩, ④

Aufgabe 5

5.1 1–2 Jahren	5.4 75 %
5.2 2 Wochen	5.5 25 %
5.3 4 Wochen	

5 System der sozialen Absicherung beschreiben und begründen

Lösungsansätze zu den kompetenzorientierten Arbeitsaufträgen

1. In der Lernsituation werden folgende sozialpolitischen Bereiche (Säulen) angesprochen:
   - **Philipp**: Arbeitslosenversicherung, konkret die Zahlung von Arbeitslosengeld.
   - **Jan**: Pflegeversicherung (Träger ist die Krankenkasse), konkret die Zahlung von Pflegegeld bzw. Pflegeleistungen.
   - **Sebastian**: Zusätzliche Hilfen außerhalb des Sozialhilferechts, konkret Unterhaltsvorschuss.
   - **Max**: Krankenversicherung, konkret betrifft es Zuzahlungen für Nahrungsmittel. Zudem wird hier die Deutsche Rentenversicherung angesprochen, die eine Erwerbsunfähigkeitsrente in noch unbekannter Höhe zahlen wird.

2. Schülerindividuelle Lösungen.

3. Die Leistungen der Rentenversicherung finanzieren sich im **Umlageverfahren,** d. h., die Rentenzahlungen der gesetzlichen Rentenversicherung werden aus den aktuellen Einnahmen bestritten. Wie die Rentner in ihrem Arbeitsleben für die Rente ihrer Elterngeneration aufkamen, werden ihre Renten jetzt von den heute Erwerbstätigen finanziert. Dafür erhalten diese einen Anspruch auf ihre späteren Rente, die dann von der jetzt von ihnen unterhaltenen Generation finanziert werden, sobald diese im Erwerbsleben steht und Beiträge zahlt. So sind Jung und Alt im **Generationenvertrag** verbunden.

   In diesem Generationenvertrag ist 1986 mit der Anrechnung von Kindererziehungszeiten eine neue Dimension eingeführt worden. Die damit verbundene rentenrechtliche Gleichstellung der Arbeit in der Familie und bei der Erziehung von Kindern mit einer Berufstätigkeit kommt insbesondere Frauen zugute, die wegen der Kindererziehung keiner versicherungspflichtigen Erwerbstätigkeit nachgehen.

4. Individuell zu beantworten.

   Mögliche Antwort:

   Aufgrund des medizinischen Fortschritts und der besseren Versorgung der Bevölkerung ist die Lebenserwartung in den letzten Jahrzehnten kontinuierlich gestiegen. Dies belastet vor allem die Rentenversicherung (längere Rentenbezugsdauer), die Krankenversicherung und zunehmend auch die Pflegeversicherung.

   Die Frage ist, ob und wie angesichts der schnellen Alterung der Gesellschaft das gesamte soziale Sicherungssystem erhalten werden kann.

   Die möglichen Konsequenzen für die junge Generation sind:
   - steigende Belastungen in den nächsten Jahrzehnten,
   - sinkende Leistungen für die jetzt Jüngeren.

   Mögliche Lösungsvorschläge:
   - Erhöhung des Rentenalters auf mindestens 70 Jahre.
   - Beschränkung des Leistungskatalogs der gesetzlichen Krankenversicherung, verbunden mit einer stärkeren Kapitaldeckung.
   - Dynamisierung der Pflegeleistungen in Verbindung mit einer Kapitaldeckung der Pflegeversicherung.
   - Bürgerversicherung mit einkommensabhängigen Beiträgen, die auf bislang nicht miteinbezogene Gruppen (z. B. Beamte, Selbstständige) erweitert wird.
   - Erhöhung der Sozialversicherungsbeiträge. Verteuert über die Lohnnebenkosten die Personalkosten.
   - Einbeziehung der Rentner in die Finanzierung der Sozialversicherung.
   - ...

5. Schülerindividuelle Lösungen.

Lösungen zum Zusatzauftrag: Lückentext

Die gesetzliche Sozialversicherung ist durch das Solidaritätsprinzip gekennzeichnet: „**Einer** für **alle** und **alle** für **einen**. Die Sozialversicherung ist für die Mehrheit der Bevölkerung eine **Pflichtversicherung**. Die Anmeldung erfolgt durch den **Arbeitgeber**.

Zu den Zweigen der Sozialversicherung zählt die gesetzliche Arbeitsförderung, deren Träger die **Bundesagentur für Arbeit** ist.

Bei der **gesetzlichen Unfallversicherung** zahlt allein der Arbeitgeber die Versicherungsbeiträge. Ansonsten werden die Versicherungsbeiträge solidarisch zwischen dem Arbeitgeber und dem Arbeitnehmer aufgeteilt, einzig bei der **gesetzlichen Krankenversicherung** ist der Beitrag für den Arbeitgeber gesetzlich auf maximal **7,3** % festgeschrieben.

Die Krankenversicherungsbeiträge fließen in einen **Gesundheitsfonds**, aus dem die einzelnen **Krankenkassen** eine Pauschale sowie ergänzende **Zu- und Abschläge** erhalten.

Das Mutterschaftsgeld wird von der **Krankenkasse** gezahlt.

Arbeitnehmer haben einen Anspruch auf Arbeitslosengeld bei **Arbeitslosigkeit** und bei **beruflicher Weiterbildung**. Wer einen Arbeitsplatz ohne wichtigen Grund aufgibt, erhält Arbeitslosengeld jedoch erst nach **12** Wochen.

Für die gesetzliche Rentenversicherung ist die **Deutsche Rentenversicherung** zuständig. Das Renteneintrittsalter wird bis zum Jahr **2029** stufenweise auf **67** Jahre angehoben.

Da die Rente allein wohl künftig nicht mehr ausreicht, sollten die Bundesbürger **private** Vorsorge betreiben. Eine Möglichkeit stellt die Riester-Rente dar. Um diese Vorsorge zu fördern, zahlt der Staat jährlich bis zu **154,00** EUR Zulage. Für jedes nach 2007 geborene Kind erhält der Riester-Sparer zudem noch **300,00 EUR** Kinderzulage jährlich.

Lösungen zum Kompetenz-Check

Aufgabe 1

③

Erläuterung:

Die Versicherungspflicht in der gesetzlichen Krankenversicherung umfasst alle Arbeitnehmer, wenn sie monatlich durchschnittlich nicht mehr verdienen als die Versicherungspflichtgrenze.

Aufgabe 2

④

Aufgabe 3

③ und ⑦

Erläuterungen:

Aussage ③ ist falsch, da die Beeinträchtigungen dauerhaft sein müssen.

Aussage ⑦ ist falsch, da das Mutterschaftsgeld von der Krankenkasse gezahlt wird.

Aufgabe 4

4.1 ⑤ Es handelt sich um einen Arbeitsunfall.

4.2 ④

4.3 ① Der Unfall auf dem Weg zum Fitnessstudio, auch unmittelbar im Anschluss an die Arbeit, ist kein Arbeitsunfall.

4.4 ③ Die Zahlung von Witwen- und Waisenrente obliegt der gesetzlichen Rentenversicherung.

4.5 ⑤

4.6 ⑥ Die Behandlungskosten, die durch den Unfall des Schülers entstanden sind, übernimmt die gesetzliche Krankenversicherung. Allerdings erhält Ben Kuhl darüber hinaus in Zukunft keine monatlichen Geldleistungen aus der Sozialversicherung, da er als Schüler bisher keine Beiträge geleistet hat.

4.7 ④

4.8 ① Da mehr als 6 Wochen vergangen sind, erhält Herr Lammers Krankengeld.

Aufgabe 5

5.1 14,6 %

5.2 20. Lebensjahr

5.3 70 %

5.4 12 Wochen

5.5 67 %

5.6 14 Tagen

5.7 67 Jahre

5.8 13,00 €

Aufgabe 6

6.1 Arbeitslosengeld II

6.2 Elterngeld

6.3 Pflegegeld

6.4 Kurzarbeitergeld

6.5 Kindergeld

6.6 Regelaltersrente

6.7 Sozialgeld

6.8 Mutterschaftsgeld

Aufgabe 7

7.1 334,95 € (317,55 € + 17,40 € Zusatzbeitrag)

7.2 66,34 € (55,46 € + 10,88 € Zusatzbeitrag)

7.3 980,61 € (317,55 € + 55,46 € + 84,00 € + 523,60 €)

Aufgabe 8

8.1 754,00 € (154,00 € + 300,00 € + 300,00 €)

8.2 2 100,00 €
(4 % von 52 500,00 €; da Frau Willmes den „Höchst-Eigenbeitrag" zahlen möchte, werden die Prämien nicht in Abzug gebracht.)

Kompetenzbereich II: Wirtschaftliches Handeln in der Sozialen Marktwirtschaft analysieren

1 Wechselseitige Beziehungen der Wirtschaftssubjekte mittels Wirtschaftskreislauf darstellen und analysieren

Lösungsansätze zu den kompetenzorientierten Arbeitsaufträgen

1. In der Lernsituation ausdrücklich genannt werden
   - die Arbeitnehmer (private Haushalte),
   - der Staat,
   - die Banken,
   - die Zulieferbetriebe und
   - das Ausland (die ausländischen Wettbewerber).

2. Individuell zu beantworten.

   Genannt werden können u. a. folgende Beziehungen:
   - Die Haushalte stellen der Solartech Müller KG ihre Arbeitskraft zur Verfügung und erhalten dafür im Gegenzug Löhne und Gehälter.
   - Die Banken stellen dem Unternehmen Kredite zur Verfügung und erhalten im Gegenzug Zinsen.
   - Der Staat gewährt der Solartech Müller KG zinsgünstige Darlehen oder Subventionen. Die Solartech Müller KG zahlt an den Staat Steuern.
   - Unternehmen aus dem Ausland liefern der Solartech Müller KG wichtige Komponenten und erhalten im Gegenzug entsprechende Zahlungen.

3. Individuell zu beantworten.

   Genannt werden können u. a. folgende Beispiele:
   - Stellen die Banken der Solartech Müller KG keine ausreichenden Kredite mehr zur Verfügung, würde dies die Existenz des Unternehmens massiv gefährden. Dies wiederum hätte zur Folge, dass dem Staat Steuereinnahmen der Solartech Müller KG entgehen würden.
   - Stellt der Staat die Förderung von Solarenergie ein, würde die Auftragslage des Unternehmens massiv zurückgehen. Dies hätte zur Folge, dass die Solartech Müller KG Mitarbeiter entlassen müsste, sodass den Haushalten weniger Einkommen und Prämien zuflössen, was wiederum die Sozialkassen belasten und die Steuereinnahmen des Staates verringern würde.

4. Individuell zu beantworten.

   Die Aussagen von Modellen sind umso begrenzter, je einfacher die Modellstruktur ist. Modellaussagen dürfen also in Bezug auf die Wirklichkeit nie als absolut wahr bzw. als absolut richtig betrachtet werden. Immer ist zu überprüfen, ob die Modellvoraussetzungen in der Wirklichkeit wenigsten näherungsweise gegeben sind oder nicht.

Lösungen zum Zusatzauftrag: Schaubild ergänzen

1. und 2.

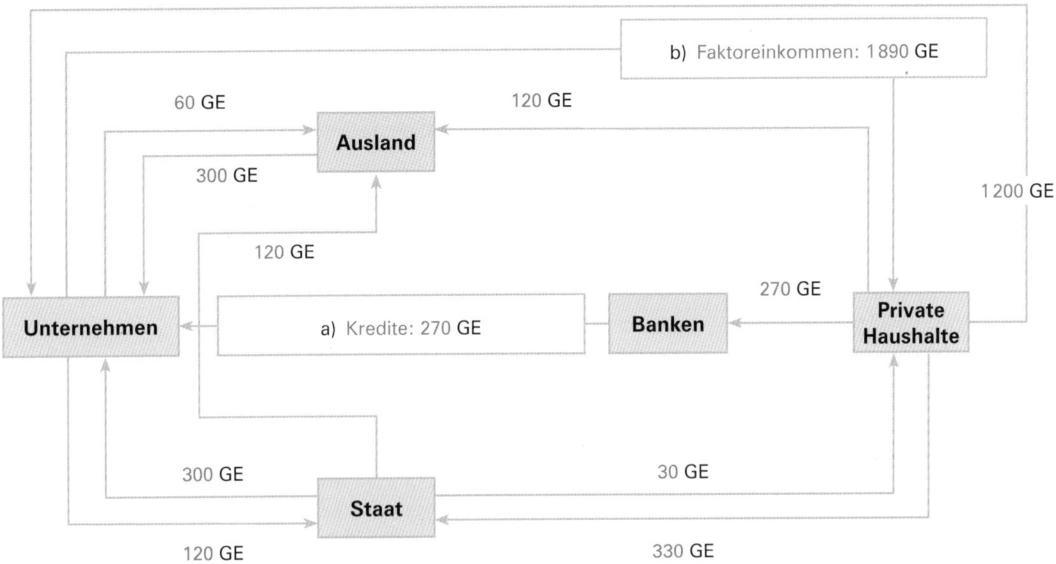

3. Saldo des Handels für das Ausland = 120 + 60 – 300 = – 120

   Der Saldo verbessert sich duch die Zahlung von Entwicklungshilfe in Höhe von 120 GE, sodass der Saldo aus Sicht des Auslands ausgeglichen ist (Saldo = 0).

Lösungen zum Kompetenz-Check

Aufgabe 1

③

Aufgabe 2

①

Aufgabe 3

②

Aufgabe 4

4.1 ④ 4.3 ⑤ 4.5 ① 4.7 ⑨

4.2 ③ 4.4 ⑤ 4.6 ⑥ 4.8 ①

Aufgabe 5

1400 Mrd. GE

Konsumausgaben der Haushalte = (1400 + 600 + 300) – (500 + 400)

Aufgabe 6

6.1 ①

6.2 ③

Aufgabe 7

−110 Mrd. GE

Auf dem ausländischen Kapitalmarkt zu finanzierendes Staatsdefizit = (100 + 500 + 300 + 40) − (200 + 600 + 200 + 50)

Aufgabe 8

8.1 und 8.2.1

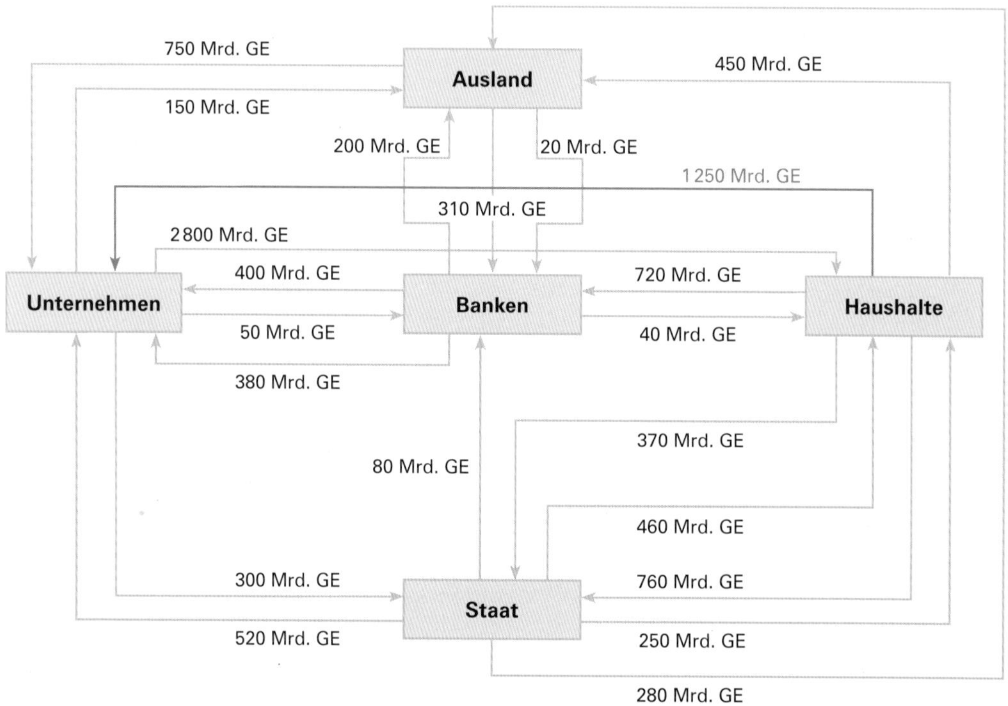

8.2.1

1 250 Mrd. GE

Lösung: 250 + 2 800 − 720 − 450 −760 + 40 + 460 − 370 = 1 250 Mrd. GE

8.2.2

− 160 Mrd. GE

Lösung: 300 − 250 − 280 + 760 − 80 − 520 − 460 + 370 = − 160 Mrd. GE

8.3

Der Staat könnte sich bei den Banken zusätzliche Kredite in Höhe von 160 Mrd. GE beschaffen, da diese noch über entsprechende finanzielle Mittel verfügen.

8.4

39,1 %

Berechnung des frei verfügbaren Einkommens:
250 Mrd. GE + 2 800 Mrd. GE + 40 Mrd. GE + 460 Mrd. GE − 760 Mrd. GE = 2 790 Mrd. GE

Berechnung des Anteils vom Einkommen, den die Haushalte sparen:
2 790 Mrd. GE − 450 Mrd. GE − 1 250 Mrd. GE = 1 090 Mrd. GE

Berechnung der Sparquote:

$$\text{Sparquote} = \frac{1\,090 \cdot 100}{2\,790} = 39{,}1\,\%$$

2 Bruttoinlandsprodukt als Maß für die wirtschaftliche Leistung eines Landes berechnen und beurteilen

Lösungsansätze zu den kompetenzorientierten Arbeitsaufträgen

1. Individuell zu beantworten.

2. Individuell zu beantworten.
   Von den Schülern genannt werden können:
   - die Einkommen der privaten Haushalte,
   - eine niedrige Arbeitslosigkeit,
   - ein gutes Bildungssystem,
   - eine ausreichende Infrastruktur,
   - die ausreichende materielle Versorgung aller Bewohner eines Landes,
   - eine gute Volksgesundheit,
   - eine gesunde Umwelt.

3. Individuell zu beantworten.
   Von den Schülern genannt werden können:
   - Unterschiedliche Bildungsabschlüsse führen zu unterschiedlichen Einkommen innerhalb der Bevölkerung.
   - Nicht alle Arbeitnehmer haben einen Arbeitsplatz, der ihnen auch ein ausreichendes Einkommen sichert.
   - Arbeitslosigkeit führt zu Ungleichverteilungen.
   - Die unterschiedliche Vermögensverteilung hat auch eine unterschiedliche Einkommensverteilung zur Folge. Allgemein gilt: Je geringer das Vermögen, desto geringer fallen auch die Einkünfte aus Vermögen aus (z.B. Miet- und Pachteinnahmen, Zins- und Dividendeneinnahmen).
   - Die unterschiedlichen Familienstrukturen bestimmen auch das Familieneinkommen. So verfügen tendenziell Ehepaare ohne Kinder über ein höheres Einkommen als Ehepaare mit vielen Kindern.

4. Individuell zu beantworten.
   Von den Schülern könnte u.a. angeführt werden, dass ein gleichberechtigter Zugang aller Jugendlichen zu qualitativ hochwertiger (Aus-)Bildung gefördert werden sollte, um hierdurch die bildungsbedingten Einkommensunterschiede zu verringern.

5. Individuell zu beantworten.
   Von den Schülern genannt werden könnten u.a.:
   - Die zunehmenden Belastungen in der Arbeitswelt können zu einem Anstieg von gesundheitlichen Schäden führen und verringern somit die Volksgesundheit (z.B. Burn-out-Syndrom).
   - Eine Ausweitung der industriellen Produktion und eine damit einhergehende Ausdehnung von Industrieflächen führen zu einer Abnahme von Naturflächen und einer weiter voranschreitenden Oberflächenversiegelung.
   - Durch die steigende Industrieproduktion kommt es zu höheren Umweltbelastungen (z.B. Lärm, Staub, Abgase).
   - Eine wachsende Produktion und ein damit einhergehender Konsumanstieg können zu einem stärkeren Verbrauch von Rohstoffen und nicht regenerierbarer Energie führen.

6. Individuell zu beantworten.
   Ein mögliches Beispiel:
   Die Entwicklung und Herstellung alternativer Technologien zur Energieerzeugung schonen auf lange Sicht die Umwelt.
   Auch die Entwicklung von neuen Antriebstechnologien durch die Automobilindustrie (z.B. Wasserstoffantrieb) würde zu enormen Wachstumsraten führen und gleichzeitig die Umweltschäden weltweit dauerhaft absenken.

4 Boller - ISBN 978-3-8120-4557-5

7. Das Bruttoinlandsprodukt kann, je nachdem, welcher Untersuchungsaspekt im Vordergrund steht, auf unterschiedlichen Wegen berechnet werden, und zwar:
   - **Entstehungsrechnung**: Wo ist das Bruttoinlandsprodukt entstanden?
   - **Verwendungsrechnung**: Wie wird das Bruttoinlandsprodukt verwendet?
   - **Verteilungsrechnung**: Wie werden die bei der Entstehung des Bruttoinlandsprodukts erzielten Einkommen verteilt?

Lösungen zum Zusatzauftrag: Lückentext

Das Bruttoinlandsprodukt gilt als wichtiger Maßstab für eine Steigerung des Wohlstandes einer Volkswirtschaft. Grundsätzlich lassen sich zwei Arten von Wirtschaftswachstum unterscheiden, das **quantitative** und das **qualitative** Wachstum.

Das Bruttoinlandsprodukt kann in **jeweiligen** Preisen oder **preisbereinigt** berechnet werden. Im ersten Fall spricht man vom **nominalen**, im zweiten vom **realen** Bruttoinlandsprodukt.

Addiert man das Unternehmens- und das Vermögenseinkommen sowie das **Arbeitnehmerentgelt**, so erhält man das **Volkseinkommen**.

Wenn man zu dieser Größe die Abschreibungen addiert sowie die Produktions- und Importabgaben abzüglich der **Subventionen**, so stellt diese Summe das **Bruttonationaleinkommen** dar.

Berücksichtigt man nunmehr noch den Saldo der **Primäreinkommen** aus der übrigen Welt, so ergibt sich das **Bruttoinlandsprodukt**.

Das Bruttoinlandsprodukt als Wohlstandsindikator steht jedoch auch in der **Kritik**. So werden einige Leistungen - wie z. B. Leistungen des Staates - nicht mit Marktpreisen, sondern zu **Herstellungskosten** bewertet. Auch ist das Bruttoinlandsprodukt teilweise zu hoch, da **soziale Kosten**, wie etwa Umweltschäden, nicht berücksichtigt werden. Schließlich sind einige Leistungen, wie die Schattenwirtschaft, nur als **Schätzgröße** enthalten.

Lösungen zum Zusatzauftrag: Persönliches Glück reflektieren

1. Schülerindividuelle Lösungen.
2. Schülerindividuelle Lösungen.

Lösungen zum Kompetenz-Check

Aufgabe 1
③ und ⑧

Aufgabe 2
② und ④

Aufgabe 3
② und ⑥

Aufgabe 4
① und ⑨

Aufgabe 5

5.1 ②
5.2 ④
5.3 ③
5.4 ③
5.5 ①
5.6 ①
5.7 ④
5.8 ②

Aufgabe 6

66,7 %

1. Schritt: Ermittlung des Arbeitnehmerentgeltes
= 2856,8 – 951,3 = 1905,5

2. Schritt: Ermittlung der Lohnquote
= (1905,5 · 100) : 2856,8 = 66,7 %

Aufgabe 7

7.1 1168,3 Mrd. GE (322,5 + 845,8)
7.2 1476,9 Mrd. GE (1168,3 + 186,2 + 122,4)
7.3 1448,4 Mrd. GE (1476,9 – 63,6 + 35,1)

Aufgabe 8

8.1 3,8 %
Steigerung des nominalen BIP = (3026,6 · 100) : 2915,7 – 100

8.2 1,7 %
Steigerung des realen BIP = (107,9 · 100) : 106,1 – 100

8.3 237 Mrd. €
Außenbeitrag = 1419,0 – 1182,0 = 237 Mrd. €

8.4 20,7 %
1. Schritt: Ermittlung des Außenbeitrags für das Jahr 01:
= 1333,2 – 1136,8 = 196,4 Mrd. €
2. Schritt: Ermittlung der Veränderung des Außenbeitrags zwischen Jahr 02 und Jahr 01:
= 237 – 196,4 = 40,6 Mrd. €
3. Schritt: Ermittlung der prozentualen Veränderung:
$$= \frac{40{,}6 \cdot 100}{196{,}4} = 20{,}7\,\%$$

8.5 68,1 %
Lohnquote = (1542,8 · 100) : 2265,1 = 68,1 %

8.6 567,8 Mrd. €
Bruttoinvestitionen = 197,3 + 297,2 + 108,5 – 35,2 = 567,8 Mrd. €

Aufgabe 9

3115,9 Mrd. GE

1. Schritt: Berechnung des Volkseinkommens
= (1856,1 · 100) : 68,5 = 2709,6

2. Schritt: Berechnung des Bruttoinlandsprodukts
= 2709,6 + 541,7 – 238,9 + 112,2 – 157,6 + 148,9 = 3115,9

3 Grundgedanken und Ordnungsmerkmale der Sozialen Marktwirtschaft in der Bundesrepublik Deutschland beschreiben und deren Einfluss untersuchen

Lösungsansätze zu den kompetenzorientierten Arbeitsaufträgen

1. Schülerindividuelle Lösungen.
2. Die zentrale Idee besteht darin, die Freiheit aller, die als Anbieter oder Nachfrager am Markt teilnehmen, zu schützen und gleichzeitig für sozialen Ausgleich zu sorgen.

   Die Soziale Marktwirtschaft wurde nie namentlich als Wirtschaftssystem Deutschlands im Grundgesetz verankert. Allerdings legen zentrale Elemente unserer Rechtsordnung, wie u.a. die Grundrechte, die Vertrags- und Koalitionsfreiheit oder das Recht auf eine freie Berufs- und Arbeitsplatzwahl die Grundlage für die Soziale Marktwirtschaft und schließen die Extreme einer reinen Zentralverwaltungswirtschaft oder einer Schrankenlosen Marktwirtschaft aus.
3. Die Soziale Marktwirtschaft soll ein bewährter Kompass sein, der
   - Wohlstand und
   - Vollbeschäftigung ermöglicht und
   - zugleich den sozialen Ausgleich und den gesellschaftlichen Zusammenhalt in unserem Land festigt.
4. Der Grundsatz des „sozialen Ausgleichs" soll eine soziale Absicherung für diejenigen bereitstellen, die aufgrund von Alter, Krankheit oder Arbeitslosigkeit keine Markteinkommen erzielen können.

   Beispielhaft angeführt werden können in diesem Zusammenhang die einzelnen Säulen der Sozialversicherung sowie die sogenannte Grundsicherung (Hartz-IV).
5. Schülerindividuelle Lösungen.

Lösungen zum Zusatzauftrag: Schaubild ergänzen

SOZIALE MARKTWIRTSCHAFT

Freier Wettbewerb ***Sicherung* des Wettbewerbs**	◄ **Staat** ►	**Sozialer Ausgleich zugunsten** ***wirtschaftlich Schwacher***
➤ **Gewerbefreiheit** ➤ Produktions- und **Handelsfreiheit** ➤ Europäische Niederlassungsfreiheit ➤ freie Arbeitsplatzwahl ➤ freie Berufswahl ➤ **freie Konsumwahl** ➤ Schutz des **Privateigentums**	**legt in Gesetzen die Regeln fest**	➤ Sozialversicherungen: **solidarische Unterstützung** in Notsituationen ➤ **Arbeitnehmerschutz** ➤ **Verbraucherschutz**

Bürgergesellschaft, *freiwilliges* Engagement

Quelle: Sozialpolitik, Ausgabe 2015/2016.

Lösungen zum Kompetenz-Check

Aufgabe 1

③

Aufgabe 2

② und ⑥

Aufgabe 3

3.1 ⑥
3.2 ③
3.3 ②
3.4 ⑤
3.5 ①
3.6 ⑨
3.7 ④
3.8 ⑦

Aufgabe 4

4.1 ②
4.2 ⑤
4.3 ①
4.4 ③
4.5 ⑤
4.6 ①

4 Formen und Ziele der Kooperation und Konzentration unterscheiden und bearbeiten

Lösungsansätze zu den kompetenzorientierten Arbeitsaufträgen

1. Der Hauptgrund für diesen Vorfall ist darin zu sehen, dass die kleinen aufstrebenden Betriebe in der Festung Mülheim den Kölner Handwerkern zu viel Konkurrenz machten. Dies führte dazu, dass den Kölner Handwerkern sowohl die Rohstoffe ausgingen als auch die Kundschaft und somit die Aufträge verloren gingen.

   Dies gelang den Betrieben der Festung Mülheim dadurch, dass ihnen im Gegensatz zu dem Standort Köln der Zugang zur Selbstständigkeit erleichtert wurde und sie zudem kein Geld für dieses Privileg zahlen mussten.

   Des Weiteren verzichtete die Festung Mülheim auf den Gesellenbrief oder den Nachweis einer Zunftherkunft und erlaubte den Handwerkern zudem die Nutzung moderner mechanischer Hilfsmittel. Dies ermöglichte ihnen eine im Vergleich zu Köln wesentlich günstigere Produktion und sorgte somit für Wettbewerbsvorteile.

2. Eine Soziale Marktwirtschaft setzt in erster Linie auf **funktionierende Märkte.** Es ist also von großer Bedeutung für den Marktmechanismus, dass Wettbewerb mit offenem Marktzugang herrscht und Marktmacht verhindert wird. Der Marktmechanismus **erhöht** dann **die Konsummöglichkeiten** der Haushalte, **motiviert die Anbieter** zu Innovationen und technischem Fortschritt und **verteilt Einkommen und Gewinn nach individueller Leistung** der Wirtschaftssubjekte.

3. Schülerindividuelle Lösungen.

Lösungen zum Kompetenz-Check

Aufgabe 1

② und ⑦

Aufgabe 2

2.1 ②	2.3 ③	2.5 ①	2.7 ③
2.2 ①	2.4 ②	2.6 ③	2.8 ①

Aufgabe 3

3.1 ④	3.3 ⑥	3.5 ④	3.7 ⑤
3.2 ②	3.4 ①	3.6 ③	3.8 ⑥

Aufgabe 4

4.1 ①	4.3 ①	4.5 ①
4.2 ②	4.4 ④	4.6 ④

5 Markt als Ort des Zusammentreffens von Angebot und Nachfrage systematisieren und analysieren

Lösungsansätze zu den kompetenzorientierten Arbeitsaufträgen

1. Individuell zu beantworten.

   Genannt werden können u. a. folgende Faktoren:
   - die Preise der einzelnen Güter,
   - die Höhe des zur Verfügung stehenden Taschengeldes,
   - von der persönlichen Bedeutung der angebotenen Güter (Bedürfnisstruktur),
   - die „Aufmachung" des Standes bzw. die Form der Warenpräsentation,
   - von den Preisen anderer Güter, die man kaufen möchte.

2. Individuell zu beantworten.

   Grundsätzlich dürfte jedoch zutreffen, dass Preiserhöhungen tendenziell eher dazu führen, dass man von dem entsprechenden Gut weniger kauft oder gar von dem Kauf des Gutes ganz absieht.

   Umgekehrt dürfte zutreffen, dass Preissenkungen tendenziell dazu führen, dass man von dem entsprechenden Gut mehr kauft.

3. Individuell zu beantworten.

   Mit Blick auf die geschilderte Anforderungssituation würden jedoch die meisten Schülerinnen und Schüler trotz der Preiserhöhung einen Crêpe kaufen, da dies in ihren Augen eine besonders hohe Nutzeneinstufung erfährt.

4. Individuell zu beantworten.

   Vor dem Hintergrund der geschilderten Situation dürften die Schülerinnen und Schüler jedoch mehrheitlich zu dem Verhalten neigen, zunächst die Preise an den übrigen Ständen zu vergleichen.

5. Individuell zu beantworten.

   Mögliche Antwort:

   Ohne Konkurrenzanbieter wäre Max in seiner Preisgestaltung relativ frei, da es keine „direkten" Vergleichsmöglichkeiten für die Kunden gibt. Allerdings dürfte er nicht ganz außer Acht lassen, dass es für die Stadtfestbesucher zu Crêpes durchaus Alternativen gibt, beispielsweise Bratwurst, Kuchen, Reibeplätzchen.

   Gibt es jedoch weitere Anbieter von Crêpes, müsste sich Max mit Blick auf den Absatzerfolg mit seinem Preis den Konkurrenten anpassen.

   Würde er höhere Preise verlangen als die übrigen Crêpesanbieter, liefe er Gefahr, wenig zu verkaufen. Würde er hingegen billiger anbieten als seine Konkurrenten, dürfte sich dies positiv auf seinen Absatz auswirken.

6. Max würde höhere Umsatzerlöse erzielen als ursprünglich geplant (Produzentenrente).

7. Es müsste für einen Crêpe weniger Geld als eingeplant ausgegeben werden. Diese „Ersparnis" (Konsumentenrente) könnte dann eingespart oder anderweitig ausgegeben werden.

8. **Berechnung der Gewinnschwelle:**

   Die **Kostenfunktion** von Max lautet:

   $K_G(x) = K_f + k_v \cdot x = 150 + 1 \cdot x$

   Seine **Erlösfunktion** lautet:

   $E(x) = p \cdot x = 2{,}50 \cdot x$

   $$\text{Gewinnschwelle}(x) = \frac{K_f}{p - k_v} = \frac{150}{2{,}50 - 1{,}00} = 100 \text{ Crêpes}$$

Max müsste also mindestens 100 Crêpes herstellen und verkaufen, um keinen Verlust zu erleiden. Ab dieser Menge gelangt er in die Gewinnzone. Bei jedem weiteren Crêpe übersteigen die Erlöse pro Stück (2,50 €) die Kosten pro Stück (1,00 €) um 1,50 €.

Berechnung des maximalen Gewinns:

Seinen maximalen Gewinn erzielt Max, wenn er bis zur Kapazitätsgrenze von 300 Stück produziert, da bis zu dieser Menge der Gesamtgewinn pro Crêpe um 1,50 € ansteigt.

$G(x) = E(x) - K_G(x) = 2{,}5 \cdot 300 - (150 + 1 \cdot 300) = 300{,}00$ €

Insgesamt könnte Max bei voll ausgelasteter Kapazität also einen Gewinn von 300,00 € erzielen.

Lösungen zum Zusatzauftrag: Diagramme erstellen bzw. analysieren

1. 1.1 N: Nachfrage
A: Angebot

p_G: Gleichgewichtspreis
x_G: Gleichgewichtsmenge

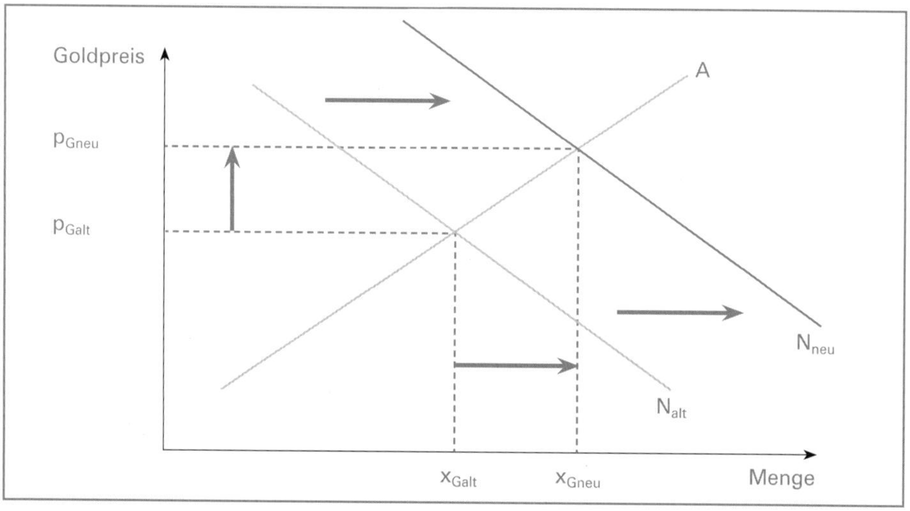

Erläuterungen:

Durch die Aufgabenstellung wird deutlich, dass die Nachfrage nach Gold steigt. Dies führt zu einer Rechtsverschiebung der Nachfragekurve.

Gemäß Aufgabenstellung kann das Angebot nicht ausgeweitet werden, sodass die Lage der Angebotskurve unverändert bleibt.

Somit ergibt sich am Goldmarkt insgesamt ein steigender Goldpreis bei gleichzeitig steigenden Abverkäufen (evt. aus Lagerbeständen bzw. Auslagen in Banken und Geschäften).

1.2 N: Nachfrage
A: Angebot

p_G: Gleichgewichtspreis
x_G: Gleichgewichtsmenge

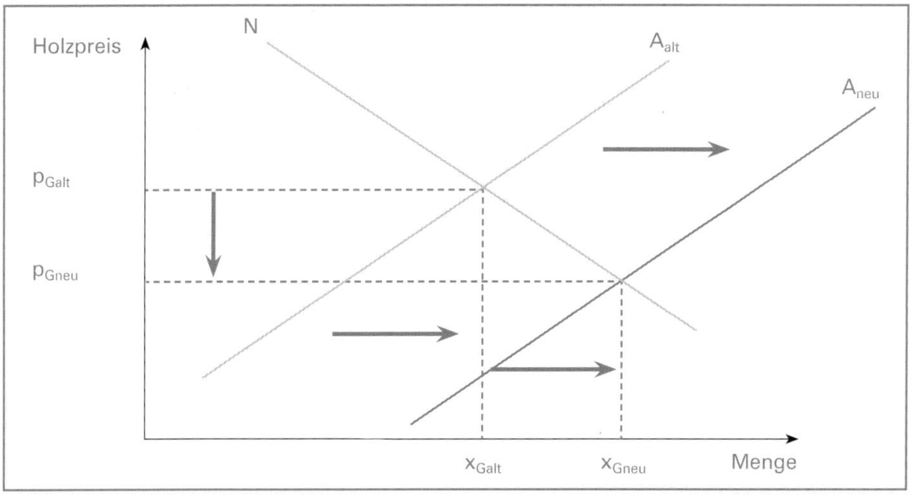

Erläuterungen:

Durch die Aufgabenstellung wird deutlich, dass durch den Orkan das Angebot an Brenn- und Bauholz steigt, zumal sich der Rohstoff nur sehr schlecht lagern lässt und somit schnellstmöglich über den Markt zum Verkauf angeboten werden muss. Dies führt zu einer Rechtsverschiebung der Angebotskurve.

Gemäß Aufgabenstellung bleibt die Nachfrage nach Brenn- und Bauholz unverändert, sodass sich die Lage der Nachfragekurve nicht verändert.

Somit ergibt sich am Markt für Brenn- und Bauholz insgesamt ein fallender Marktpreis bei gleichzeitig steigenden Absatzzahlen. Dies liegt darin begründet, dass wegen der sinkenden Marktpreise jetzt auch Nachfrager nach Brenn und Bauholz zum Zuge kommen, die bisher wegen der vormals höheren Preise kein Brenn- und Bauholz kaufen konnten.

2. x = Brennholz in 1 000 Kubikmeter
A = Angebotskurve

Forstwirt A

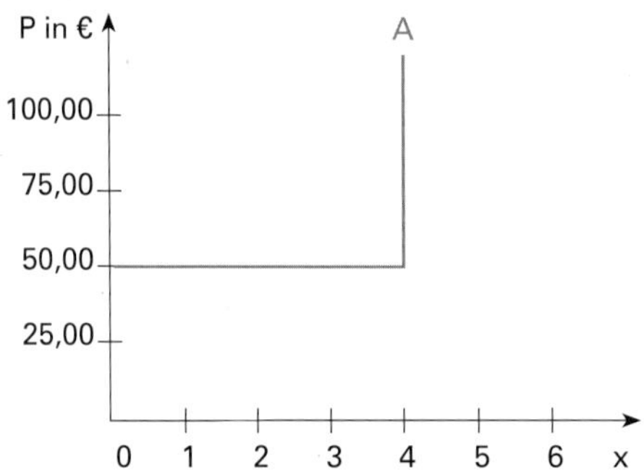

Forstwirt A bietet für 50,00 € je Kubikmeter seine gesamte Brennholzmenge an.

Forstwirt B

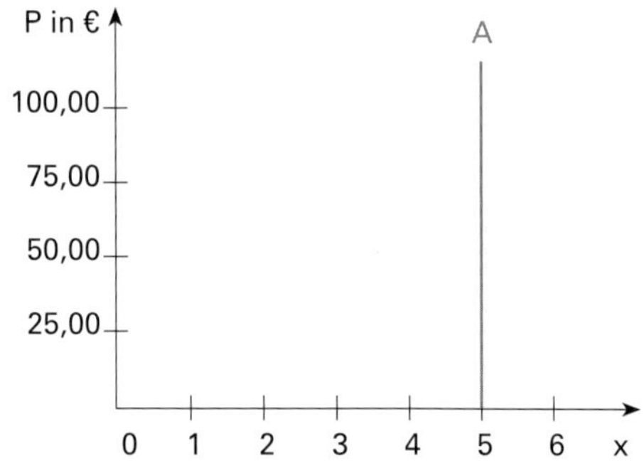

Forstwirt B möchte die gesamte Brennholzmenge absetzen, wobei der Preis keine Rolle spielt (notfalls sogar verschenken).

Forstwirt C

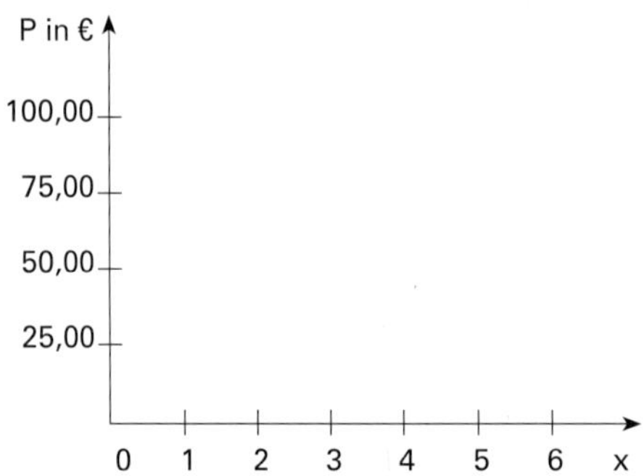

Forstwirt C ist nicht bereit, sein Brennholz zu verkaufen.

Forstwirt D

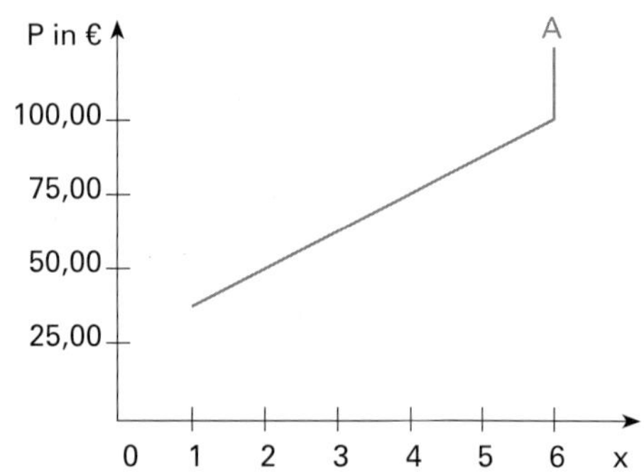

Forstwirt D macht die Verkaufsmenge abhängig vom Preis, wobei er bei 100,00 € die gesamte Menge verkaufen würde.

Lösungen zum Zusatzauftrag: Lückentext

Staatliche Eingriffe in die Preisbildungl

In Fällen, in denen der Staat die Ergebnisse des Marktes so nicht hinnehmen möchte, greift er in das **Marktgeschehen** ein, um entweder die Anbieter oder die **Nachfrager** zu schützen. Dabei kann der Staat so eingreifen, dass der **Preismechanismus** nicht außer Kraft gesetzt wird. Derartige Eingriffe des Staates bezeichnet man als **marktkonform**. Sie liegen beispielsweise vor, wenn der Staat selbst die Nachfrage nach Gütern und Dienstleistungen **erhöht** oder senkt.

Möchte der Staat hingegen nicht selbst auf dem **Markt** als Nachfrager aktiv werden, so kann er auch **indirekt** eingreifen. Eine Erhöhung der Nachfrage würde er unter anderem durch die Zahlung von **Subventionen** versuchen zu unterstützen. Möchte der Staat hingegen die Nachfrage **senken**, so könnte er dies über **Steuererhöhungen** bewirken, da in der Regel weniger gekauft wird, wenn die Einkommen durch die höheren Steuern **geringer** ausfallen.

Die **marktkonträren** Eingriffe des Staates in den Markt über Höchst- oder Mindestpreise zerstören den **Preismechanismus** des Marktes. Möchte der Staat beispielsweise die Anbieter vor nicht **kostendeckenden** Preisen schützen, so setzt er einen **Mindestpreis** fest, der **über** dem aktuellen Marktpreis liegt und der nicht unterschritten werden darf. Als Folge dieses Eingriffs kommt es jedoch zu erheblichen **Angebotsüberschüssen**, da dem hohen Angebot eine wesentlich geringere Nachfrage gegenübersteht. Dies erfordert nunmehr weitere **Eingriffe** des Staates, so z. B. den **Aufkauf** der Angebotsüberschüsse.

Möchte der Staat hingegen den Nachfrager vor **überhöhten** Preisen schützen, legt er einen **Höchstpreis** fest, der **unter** dem aktuellen Marktpreis liegt und der nicht **überschritten** werden darf. Als Folge dieses Eingriffs kommt es jedoch zu erheblichen **Nachfrageüberschüssen**, die ein weiteres Eingreifen des Staates erfordern, so z.B. **Rationierungen** oder ein eigenes staatliches **Angebot** zur Reduzierung des Nachfrageüberschusses.

Lösungen zum Kompetenz-Check

Aufgabe 1

④

Aufgabe 2

②

Je nachdem, wie stark die Verschiebungen von Angebots- und Nachfragekurve ausfallen, kann der neue Gleichgewichtspreis höher, gleich oder niedriger sein.

Aufgabe 3

⑤

Aufgabe 4

①

Aufgabe 5

⑤ (b, c, f)

Aufgabe 6

⑥ (a, d, e)

Aufgabe 7

7.1 ④	7.4 ①	7.7 ⑨	7.10 ④
7.2 ③	7.5 ③	7.8 ④	
7.3 ⑨	7.6 ①	7.9 ②	

Anmerkung zu 7.3:

Es könnten persönliche (gutes Verhältnis zu den Gastgebern), räumliche (See- oder Bergblick) oder sachliche (Zuschnitt oder Ausstattung der Ferienwohnung) Präferenzen eine Rolle spielen.

Anmerkung zu 7.10:

Er kann nur während der Ferienzeit in Urlaub fahren.

Aufgabe 8

8.1 ③	8.3 ④	8.5 ③
8.2 ②	8.4 ①	8.6 ①

Aufgabe 9

9.1 ①	9.3 ④	9.5 ②
9.2 ④	9.4 ⑨	9.6 ①

Aufgabe 10

⑤ (b, c, f)

Aufgabe 11

⑥ (a, d, e)

Aufgabe 12

②

Aufgabe 13

②

Rechenweg:

Preis	Nachfrage	Angebot	Am Markt umgesetzte Menge
130,00 €	1 104 t	192 t	192 t
180,00 €	624 t	624 t	624 t
220,00 €	432 t	912 t	432 t
250,00 €	144 t	1 392 t	144 t

Aufgabe 14

②

Rechenweg: 912 t – 432 t = **480 t**

Aufgabe 15

②

1. Schritt: Ermittlung der variablen Kosten pro Stück
k_v = (49 000,00 € – 46 600,00 €) : 200 Stück = 12,00 €/Stück

2. Schritt: Ermittlung der fixen Kosten
K_f = (49 000,00 € – 2 000 Stück · 12,00 €/Stück) · 12 = 300 000,00 €

3. Schritt: Ermittlung des Gesamtgewinns nach Rationalisierung
= (1 600 Stück · 12 · 28,00 €) – (1 600 Stück · 12 · 8,50 € + 300 000,00 €) = **74 400,00 €**

Aufgabe 16

⑤

Aufgabe 17

17.1 400,00 €/t + 300,00 €/t = **700,00 €/t**

17.2 8 000 t · 700,00 €/t = **5 600 000,00 €**

17.3 5 600 000,00 € – (5 000 t · 400,00 €/t + 3 000 t · 200,00 €/t) = **3 000 000,00 € Verlust**

17.4 6 000 t · 700,00 €/t = 4 200 000,00 € Verlust
4 200 000,00 € – (5 000 t · 400,00 €/t + 1 000 t · 200,00 €/t) = 2 000 000,00 € Verlust
Die **Ersparnis** beträgt **1 Mio. €,** da sich der Verlust von 3 Mio. € auf 2 Mio. € verringert hat.

17.5 15 Jahre · 1 000 000,00 € = 15 000 000,00 €
15 000 000,00 € : 2 000 t = 7 500,00 €/t
7 500,00 €/t : 2 ha/t = **3 750,00 €/ha**

6 Preisbildung im Angebotsmonopol und -oligopol darstellen und beurteilen

Lösungsansätze zu den kompetenzorientierten Arbeitsaufträgen

1. Individuell zu beantworten.

   Mögliche Schülerantwort:

   Der Nachfrageverlauf von Kevin lässt sich wie folgt interpretieren:
   - Bei einem Preis von 3,50 € würde Kevin kein Schnitzelbrötchen kaufen, seine nachgefragte Menge nach Schnitzelbrötchen beträgt bei diesem Preis null Stück.
   - Mit sinkenden Preisen würde sich die von Kevin nachgefragte Menge (Unterstellung: die Menge ist „beliebig" teilbar) nach Schnitzelbrötchen sukzessive erhöhen.
   - Bei einem Preis von null Euro würde Kevin kein weiteres Schnitzelbrötchen mehr nachfragen, da er mit insgesamt vier Schnitzelbrötchen seine persönliche „Sättigungsmenge" erreicht hat. Der Verzehr eines weiteren (geschenkten) Schnitzelbrötchens würde ihm einen „negativen" Grenznutzen bescheren, da der Verzehr dieses Brötchens beispielsweise zu Übelkeit führen könnte.

2. Individuell zu beantworten.
   - **Schulkantine:** Die Schulkantine hat in Bezug auf die Kundschaft der Schüler während der Pausenzeiten eine Monopolstellung und verfügt somit über eine sehr hohe Marktmacht. Wettbewerb auf dem Schulgelände findet quasi nicht statt.
   - **Tankstellen in der Nähe des Wohnortes von Kevin:** Hierbei handelt es sich um ein Oligopol. Die Marktmacht der einzelnen Anbieter ist relativ hoch. Der Wettbewerb zwischen den Anbietern müsste eigentlich sehr hoch sein, allerdings ist in der Realität zwischen den vermeintlichen Konkurrenten ein gewisses „Parallelverhalten" zu beobachten.
   - **Telefonanbieter:** Es handelt sich um ein Oligopol. Die Marktmacht der einzelnen Anbieter ist relativ hoch, ebenso der Wettbewerb. Wie umkämpft dieser Markt ist, erkennt man an den stetig fallenden Preisen auf diesem Markt.
   - **Bäckereien in der Stadt:** Da es in der Stadt eine Vielzahl hiervon gibt, handelt es sich um ein Polypol. Die Marktmacht der einzelnen Anbieter ist jedoch relativ gering. Der Wettbewerb zwischen den Anbietern ist sehr hoch, wobei der Wettbewerb nicht ausschließlich über die Preise, sondern auch über das Produkt ausgetragen wird. So gibt es „Discount-Bäckereien" mit Niedrigpreisen, aber auch „Bio-Bäckereien" mit höheren Preisen und einer höheren Qualität der verarbeiteten Rohstoffe.

3. Individuell zu beantworten.
   - **Benzin:**

     Hier spielen sachliche Präferenzen eine Rolle, die über die Oktanzahl oder diverse Zusatzstoffe ihren Ausdruck finden.

     Denkbar wären aber auch persönliche Präferenzen. So kann es durchaus sein, dass Kunden immer die gleiche Tankstelle anfahren, weil sie den Betreiber schon längere Zeit kennen.
   - **Schnitzelbrötchen:**

     Bei dem Vergleich zwischen Schulkantine und den Bäckereien in der Stadt handelt es sich um räumliche Präferenzen.

     Bei dem Wettbewerb der Bäckereien in der Stadt dürften hingegen sachliche, räumliche und auch persönliche Präferenzen eine Rolle spielen.

4. Individuell zu beantworten.

   Beispiele für Märkte, auf denen der Wettbewerb **mittels** Preiskampf funktioniert:
   - Markt für Girokonten bei Onlinebanking (Konten mit und ohne Kontoführungsgebühren),
   - Markt für „weiße Ware" (Kühl- und Gefrierschränke, Waschmaschinen, Trockner etc.),
   - Markt für Laptops und Smartphones,
   - Automarkt.

Beispiele für Märkte, auf denen der Wettbewerb **mangels** Preiskampf nicht funktioniert:
- Energiemarkt (Gas, Strom),
- Bücher- und Zeitschriftenmarkt (wegen Buchpreisbindung),
- Grundstücksmarkt innerhalb einer bestimmten Region (orientieren sich an aktuellen Abschlüssen).

5. Individuell zu beantworten.

   Im Wesentlichen sollten die Schülerinnen und Schüler erkennen, dass es den Unternehmen um die Beschränkung des Wettbewerbs geht. Dies führt dazu, dass die Unternehmen ihre Preise so gestalten können, dass Gewinne erzielt werden.

6. Individuell zu beantworten.

   Da die Unternehmen bestrebt sein dürften, den Wettbewerb zu beschränken und den Verbraucher somit zu benachteiligen, muss der Staat den Wettbewerb durch eine aktive Wettbewerbspolitik (Ordnungspolitik) fördern und alle Unternehmenszusammenschlüsse, die erkennbar gegen die Prinzipien eines freien Wettbewerbs verstoßen, verbieten und unter Strafe stellen.

   Das Kartellrecht schafft die Voraussetzungen für einen funktionierenden Wettbewerb der auf den Märkten auftretenden Unternehmen. Insbesondere will es der Entstehung von zu viel Marktmacht eines Unternehmens vorbeugen. In Deutschland finden sich die kartellrechtlichen Regelungen vor allem im Gesetz gegen Wettbewerbsbeschränkungen (GWB).

Lösungen zum Kompetenz-Check

Aufgabe 1
③ und ⑨

Aufgabe 2
③

Aufgabe 3
④

Aufgabe 4
④

Aufgabe 5

5.1

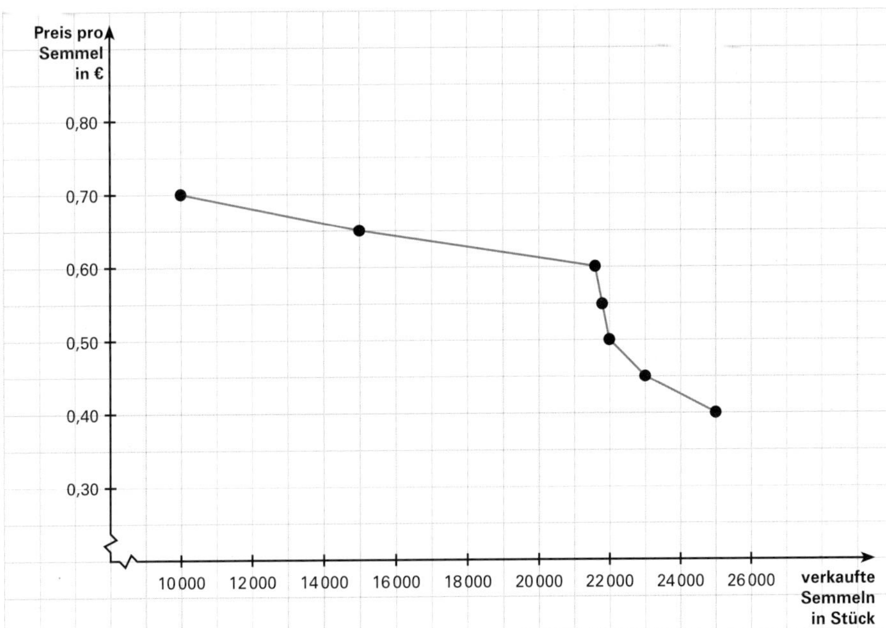

5.2

Woche	1	2	3	4	5	6	7
Preis (in €)	0,40	0,45	0,50	0,55	0,60	0,65	0,70
Absatz (in Stück)	25000	23000	22000	21800	21600	15000	10000
Umsatz pro Woche (in €)	10000,00	10350,00	11000,00	11990,00	12960,00	9750,00	7000,00
Kosten pro Woche (in €)	5000,00	4720,00	4580,00	4552,00	4524,00	3600,00	2900,00
Gewinn pro Woche (in €)	5000,00	5630,00	6420,00	7438,00	8436,00	6150,00	4100,00

Lösung: **0,60 €**

Aufgabe 6

6.1 ③ 6.2 ① 6.3 ⑤ 6.4 ①

Aufgabe 7

④

Hinweis:

Die Allgemeinform der Preis-Absatz-Funktion lautet:

$$p = a - bx$$

In diese Formel können die vorgegebenen Werte der Aufgabenstellung zur Berechnung der Steigung der PAF eingesetzt werden:

$$\begin{aligned} 75 &= 150 - b \cdot 150000 \\ -75 &= -150000b \\ b &= \mathbf{-0{,}0005} \end{aligned}$$

Die Preis-Absatz-Funktion lautet:

$$\mathbf{p = 150 - 0{,}0005x}$$

Aufgabe 8

⑤

Aufgabe 9

9.1 ⑥ 9.2 ⑤ 9.3 ③

Aufgabe 10

⑤

Kompetenzbereich III: Wirtschaftspolitische Einflüsse auf den Ausbildungsbetrieb, das Lebensumfeld und die Volkswirtschaft einschätzen

1 Idealtypischen Konjunkturverlauf und die Folgen konjunktureller Schwankungen erläutern

Lösungsansätze zu den kompetenzorientierten Arbeitsaufträgen

1. Schülerindividuelle Lösungen.

2. Individuell zu beantworten.

   Mögliche Antwort:

   Vergleich von Daten aus der Vergangenheit über die **Zinsentwicklung** und daraus resultierenden **Investitionen** bzw. dem Zusammenhang von **Steuern** und dem **privaten Konsum**. Daraus werden Konjunkturindikatoren abgeleitet.

3. Individuell zu beantworten.

   Mögliche Antworten:

   - Schon die Ökonomen Arthur F. Burns und Wesley Clair Mitchell, die Urväter der amerikanischen Konjunkturforschung, mussten in den 1920er Jahren den ersten Rückschlag hinnehmen, da es ihnen nicht gelungen war, den Börsencrash und die Weltwirtschaftskrise von 1929 vorherzusagen.
   - Auch in der heutigen Zeit ist die Treffsicherheit von Konjunkturprognosen eher gering. Dies liegt u. a. daran, dass oftmals noch Daten aus der staatlichen Statistik bei der Erstellung fehlen und deshalb geschätzt werden. Dazu kommen dann noch zusätzlich eingefügte Faktoren zum Tragen, die die erwarteten Auswirkungen von politischen Entscheidungen in die mathematische Berechnung mit einfließen lassen sollen. Am Ende steht das erwartete Bruttoinlandsprodukt (BIP).
   - Keiner will Gefahr laufen, aus dem eingestimmten Gesamtkanon auszubrechen und sich damit dem Spott der Kollegen auszusetzen. Dafür haben nicht zuletzt auch die finanzierenden staatlichen Stellen gesorgt, die einmal im Jahr eine Gemeinschaftsprognose aller Institute fordern.

4. Individuell zu beantworten.

   Mögliche Antwort:

   Es wird versucht, mit diesen Indikatoren die künftige wirtschaftliche Gesamtlage eines Staates abzuleiten. Die Indikatoren sind Anzeichen und Merkmale, an denen man erkennen kann, wie es um die Konjunktur bestellt ist. Das sind zum Beispiel die Zahl der Arbeitslosen (Arbeitslosenquote), ein hohes oder niedriges Zinsniveau, steigende oder fallende Aktienkurse, hohe oder niedrige Preise an den Börsen, die Auftragslage für die Industrie und viele andere Anzeichen. Befindet sich ein Land in einer schlechten wirtschaftlichen Situation, wird darüber nachgedacht, welche Maßnahmen ergriffen werden müssen, welche Konjunkturpolitik gemacht werden muss, um die wirtschaftliche Lage zu verbessern.

   Letztlich sind die Konjunkturindikatoren eine Basis für viele ökonomische Entscheidungen, wie beispielsweise über Investitionen, Stellenabbau oder Aufbruch in neue Märkte.

5. Schülerindividuelle Lösung.

6. Individuell zu beantworten.

Aufschwung	Der konjunkturelle Aufschwung ist durch zunehmende Kapazitätsauslastung gekennzeichnet. Da die Unternehmen jetzt mit sinkenden Stückkosten arbeiten, bleibt trotz steigender Nachfrage nach Konsum- und Investitionsgütern das Preisniveau noch verhältnismäßig stabil, sofern nicht Materialpreise und/oder Löhne überproportional steigen. Da die Käufer von Aktien steigende Unternehmensgewinne erwarten, klettern auch die Aktienkurse in die Höhe (Effektenhausse). Zu Beginn des Aufschwungs ist der Kreditmarkt auch noch flüssig, d. h., die Kreditinstitute besitzen genügend Überschussreserven. Somit bleiben die Zinsen auch noch verhältnismäßig niedrig, es sei denn, die Notenbank greift bremsend ein. Im Aufschwung entspannt sich zwar der Arbeitsmarkt; die Arbeitslosenzahl bleibt jedoch hoch, weil die Unternehmen während des Abschwungs Rationalisierungsmaßnahmen ergriffen haben.
Oberer Wendepunkt	Versäumen es Regierungen und Notenbanken, den Aufschwung unter Kontrolle zu halten, tritt die Situation der **Konjunkturüberhitzung** ein, die als **Boom** oder **Hochkonjunktur** bezeichnet wird. Auf den Kreditmärkten werden die Mittel knapp. Die Zinsen steigen. Damit beginnen die Wertpapierkurse zu sinken. Die Preissteigerungsraten erhöhen sich. Ebenso steigen die Löhne verhältnismäßig schnell, weil die beschäftigten Arbeitnehmer nicht um ihre Arbeitsplätze fürchten müssen: Die Gewerkschaften haben eine starke Stellung. Infolge der erhöhten Kosten nehmen die Unternehmergewinne ab. Die Investitionsgüternachfrage geht zurück, während die Nachfrage nach Konsumgütern noch steigt. Im Investitionsgüterbereich finden die ersten Betriebsstilllegungen und Entlassungen statt. Die Konjunktur „kippt um" (oberer Wendepunkt), der Abschwung wird eingeleitet.
Abschwung	Die allgemeine Grundhaltung der Verbraucher und Unternehmer ist pessimistisch. Die allseits zu beobachtende Kaufzurückhaltung führt zu Umsatzeinbußen, zu weiteren Betriebsstilllegungen oder zu Insolvenzen. Die Arbeitslosenzahl steigt. Die abnehmende Kreditnachfrage führt zu sinkenden Zinssätzen. Der früher zu beobachtende kräftige Rückgang des Preisniveaus während der **Rezession,** wie der Abschwung auch bezeichnet wird, ist heute in der Regel nicht mehr gegeben, weil viele Faktoren einen generellen Preisrückgang verhindern. So steigen z. B. die Stückkosten, die Rohstoffpreise und die Löhne (auch in Zeiten der Unterbeschäftigung pflegen die Gewerkschaften Lohnerhöhungen durchzusetzen, wenngleich die Steigerungsraten in der Regel niedriger als in Zeiten der Vollbeschäftigung sind).
Unterer Wendepunkt	Kommt der Abschwung zum Stillstand und beginnt sich die Konjunktur wieder zu erholen, nimmt die Nachfrage also wieder zu, ist der untere Wendepunkt – die sogenannte „Talsohle" – überschritten.

7. Individuell zu beantworten.

Einen Überblick über die **wichtigsten Ursachen für Konjunkturschwankungen** gibt nachfolgende Übersicht:

	Determinanten des Konjunkturverlaufs	
	Faktoren, die den **Konjunkturaufschwung** auslösen können:	Faktoren, die den **Konjunkturabschwung** auslösen können:
Endogen	▪ Ausweitung des Geldangebots (Kreditangebots) durch die Zentralbank: sinkende Zinssätze – steigende Kreditnachfrage. ▪ Steigende private und staatliche Investitionsgüternachfrage. ▪ Steigende private und staatliche Konsumgüternachfrage. ▪ Steigender Außenbeitrag (Export > Import). ▪ Zahlungsbilanzüberschüsse.	▪ Verknappung des Geldangebots (Kreditangebots) durch die Notenbank: steigende Zinssätze – sinkende Kreditnachfrage. ▪ Sinkende private und staatliche Investitionsgüternachfrage. ▪ Sinkende private und staatliche Konsumgüternachfrage. ▪ Sinkender Außenbeitrag (Export < Import). ▪ Zahlungsbilanzdefizite.
Exogen	▪ Optimistische Zukunftserwartungen der Wirtschaftssubjekte. ▪ Positive politische Ereignisse (z. B. Beendigung von Kriegen, Abschluss wichtiger Friedensverträge).	▪ Pessimistische Zukunftserwartungen der Wirtschaftssubjekte. ▪ Negative politische Ereignisse (z. B. Kriegsausbrüche, Aufstände, Generalstreiks, Terroranschläge).

8. Schülerindividuelle Lösung.

Lösungen zum Zusatzauftrag: Lückentext

Daten, mit denen man den Konjunkturverlauf messen oder vorhersagen kann, bezeichnet man als **Konjunkturindikatoren**. Beziehen diese sich vor allem auf die volkswirtschaftliche **Gesamtnachfrage** sowie auf den Arbeitsmarkt, handelt es sich um **realwirtschaftliche** Indikatoren.

So deuten beispielsweise stagnierende oder **sinkende** Einzelhandelsumsätze auf eine **negative** Entwicklung des wirtschaftlichen Geschehens hin. Steigende Arbeitslosenzahlen und **sinkende** offene Stellen zeigen an, dass die Wirtschaft **unterbeschäftigt** ist, die Unternehmen werden sich mit **Investitionen** eher zurückhalten.

Nimmt der **Export** schneller zu als der Import, ist auf eine **Belebung** der Konjunktur zu schließen. Allerdings muss man bei einer vollbeschäftigten Wirtschaft mit **steigenden** Preisen rechnen, weil die Gesamtnachfrage das **Gesamtangebot** der Volkswirtschaft **übersteigt**.

Für die Einschätzung zukünftiger Entwicklungen spielen die **Erwartungen** der Unternehmen und der **Verbraucher** eine große Rolle. Nimmt beispielsweise das Vertrauen in die **wirtschaftliche** Entwicklung zu, ist mit einer **steigenden** Nachfrage nach Konsum- und **Investitionsgütern** zu rechnen.

Hinsichtlich der zeitlichen Erkennbarkeit lassen sich die Konjunkturindikatoren in Früh-, Präsenz- und **Spätindikatoren** unterteilen. Während die Frühindikatoren die **voraussichtliche** Entwicklung der Wirtschaft für die kommenden **Monate** anzeigen, beschreiben die Präsenzindikatoren die **augenblickliche** Situation. Zu den Spätindikatoren zählen mit Blick auf den Arbeitsmarkt und die Preisentwicklung die **Arbeitslosenquote** und die **Preisindizes**.

Mithilfe der Konjunkturindikatoren kann die Regierung **konjunkturpolitische** Entscheidungen rechtzeitig treffen. In bestimmten Fällen kann eine solche **Prognose** allerdings auch dazu führen, dass durch sie die vorausgesagte Entwicklung selbst **verstärkt** wird. Dieses Phänomen bezeichnet man als **Selffulfilling Prophecy**.

Lösungen zum Kompetenz-Check

Aufgabe 1

⑨

Aufgabe 2

2.1 ③
2.2 ②
2.3 ①
2.4 ③
2.5 ②
2.6 ①
2.7 ③
2.8 ②
2.9 ①
2.10 ③

Aufgabe 3

⑤ und ⑦

Aufgabe 4

4.1 ⑨
4.2 ④
4.3 ②
4.4 ①
4.5 ④
4.6 ③
4.7 ⑨
4.8 ⑨

Aufgabe 5

5.1 ⑦
5.2 ⑧

2 Konjunkturpolitische Maßnahmen im Hinblick auf die jeweilige Konjunkturphase ableiten

Lösungsansätze zu den kompetenzorientierten Arbeitsaufträgen

1. Individuell zu beantworten.

   Mögliche Antworten:
   - Zahlung eines Zuschusses bei Kauf eines Neuwagens.
   - Kauf neuer Fahrzeuge durch den Staat für die Polizei, Bundeswehr und weitere staatliche Einrichtungen.
   - Gewährung einer (zeitlich befristeten) Kfz-Steuerbefreiung für Neuwagen.
   - Absetzbarkeit eines Teils der Anschaffungskosten von der Steuer.

2. Individuell zu beantworten.

   Mögliche Antwort:

   Die Automobilindustrie gilt, was den Arbeitsmarkt anbelangt, als eine der „Schlüsselindustrien" in Deutschland. Nicht nur bei den Herstellern selbst, sondern auch in der Zulieferindustrie sind sehr viele Arbeitnehmer beschäftigt. Eine Krise dieser Branche hätte enorm negative Auswirkungen auf die Beschäftigung und würde die Arbeitslosigkeit massiv in die Höhe treiben.

3. Individuell zu beantworten.

   Mögliche Antwort:

   Banken-Rettung ist dann notwendig, wenn die Zahlungsfähigkeit einer Volkswirtschaft bedroht ist. Dies ist immer dann der Fall, wenn es sich um eine „systemrelevante" Bank handelt. Systemrelevant heißt so viel wie „Too big to fail" – zu groß, als dass diese Bank auch wegen ihrer weltweiten Vernetzung pleitegehen dürfte. Denn dann müssten andere Banken auch Insolvenz anmelden, verlören Unternehmen ihre Geldgeber – stünden möglicherweise selber vor dem Aus mit Folgen für den Arbeitsmarkt –, verlören Kunden ihre Einlagen, Aktionäre ihr Kapital. Also muss eine solche Bank notfalls gerettet werden.

4. Individuell zu beantworten.

   Mögliche Antwort:

   Konjunkturpolitik hat das Ziel, auf die Wirtschaftskonjunktur Einfluss zu nehmen. So kann der Staat dadurch, dass er mehr Geld ausgibt, beispielsweise indem er neue Straßen baut, die Wirtschaft ankurbeln, also die Konjunktur in Schwung bringen. Auf der anderen Seite kann die Konjunkturpolitik auch versuchen, etwas „Dampf" aus der Wirtschaft herauszunehmen, wenn diese zu sehr in Schwung kommt, beispielsweise durch Steuererhöhungen.

   Als **„Konjunkturpaket"** bezeichnet man staatliche Maßnahmen, die dafür sorgen sollen, dass es mit der Konjunktur wieder bergauf geht. Durch Entlastungen (beispielsweise durch Steuererleichterungen) oder staatliche Hilfen für einzelne Wirtschaftsbereiche sollen die Bürger dazu gebracht werden, wieder mehr Geld auszugeben, damit die Wirtschaft wieder aufblüht.

5. Individuell zu beantworten.

   Mögliche Antwort:

   Wirtschaftspolitische Maßnahmen zur Förderung des Absatzes in der Automobilbranche würden sich positiv auf den Arbeitsmarkt auswirken, da an dieser „Schlüsselindustrie" sehr viele Arbeitsplätze hängen. Ohne staatliche Unterstützung müssten sowohl bei den Herstellern als auch den Zulieferern Arbeitskräfte entlassen werden.

   Ein Anstieg der Arbeitslosigkeit würde die Sozialkassen massiv belasten. So müsste die Arbeitslosenversicherung mehr Arbeitslosengeld auszahlen, hätte aber gleichzeitig weniger Einnahmen, da die Arbeitslosen bzw. deren Arbeitgeber jetzt nicht mehr in die Arbeitslosenversicherung einzahlen. Bei steigender Arbeitslosigkeit würden auch die Einzahlungen bei allen anderen Zweigen der Sozialversicherung zurückgehen. Ein Eingreifen des Staates könnte diese negativen Auswirkungen abfedern oder verhindern.

Auch auf die **Steuereinnahmen** des Staates dürften sich staatliche Maßnahmen positiv auswirken. Durch den Erhalt der Arbeitsplätze fließen dem Staat Einnahmen aus der Lohnsteuer zu. Auch von der Umsatzsteuer aus den verkauften Pkws profitiert der Staatshaushalt. Schließlich würde der Staatshaushalt durch die Sicherung der Arbeitsplätze weniger stark belastet.

6. Schülerindividuelle Lösungen.

Lösungen zum Zusatzauftrag: Kreuzworträtsel

1. ① Deficitspending
   ② Preisentwicklung
   ③ Abschwung
   ④ Fiskalismus
   ⑤ Staatsausgaben
   ⑥ Geldpolitik
   ⑦ Sparneigung
   ⑧ Konjunkturzyklus
   ⑨ Schuldenuhr
   ⑩ Abstimmungsproblemen
   ⑪ Spätindikator
   ⑫ Investitionen
   ⑬ Konjunktur

2. Lösungswort: **Fiskalpolitik**

   Unter Fiskalpolitik versteht man alle finanzpolitischen Maßnahmen des Staates, die zur Stabilisierung der Konjunktur und des Wachstums beitragen.

Lösungen zum Kompetenz-Check

Aufgabe 1

⑤

Aufgabe 2

⑨

Aufgabe 3

3.1 ②
3.2 ②
3.3 ①
3.4 ①
3.5 ①
3.6 ⑨
3.7 ②
3.8 ⑨
3.9 ②
3.10 ②

Aufgabe 4

⑤

Aufgabe 5

①

Aufgabe 6

⑥

Aufgabe 7

②

3 Wirtschaftspolitische Ziele charakterisieren und mögliche Zielkonflikte begründen

Lösungsansätze zu den kompetenzorientierten Arbeitsaufträgen

1. Individuell zu beantworten.

   Mögliche Antworten:

   - Jennifer: Preisniveaustabilität, Messgröße ist die Inflationsrate.
   - Meike: Wirtschaftswachstum (Messgröße ist das reale BIP) und Vollbeschäftigung (Messgröße ist die Arbeitslosenquote).
   - Sarah: Lebenswerte Umwelt (Umweltschutz). Gemessen wird dieses Ziel an unterschiedlichen Umweltindikatoren (Feinstaubbelastung, Waldsterben etc.).
   - Nadine: Verteilungsgerechtigkeit, Messgröße ist u.a. die Entwicklung der Lohnquote.

2. Individuell zu beantworten.

   In der Lernsituation wird ein Zielkonflikt zwischen Wirtschaftswachstum bzw. Vollbeschäftigung und dem Ziel lebenswerte Umwelt angesprochen.

   Beispiel:

   Durch die Schaffung neuer Industriegebiete müssen Naturflächen weichen. Zudem werden durch das Industriegebiet Oberflächen verdichtet und versiegelt. Auch die Lärm- und Abgasemissionen dürften zunehmen.

3. Individuell zu beantworten.

   Mögliche Antwort:

   Unter **sozialer Gerechtigkeit** versteht man im Wesentlichen die Verteilung von Einkommen und Vermögen dergestalt, dass alle Menschen einer Volkswirtschaft „ihr Auskommen" haben.

   Die Realisierung dieses Zieles erfordert eine Umverteilung seitens des Staates.

   Die konkrete Ausgestaltung dieses staatlichen Eingreifens im Rahmen der Verteilungspolitik ist allerdings eng mit der Frage nach einer „gerechten" Verteilung verknüpft. Eine Antwort darauf, welche Einkommens- und Vermögensverteilung als gerecht anzusehen ist, lässt sich objektiv nicht geben. Schließlich ist Gerechtigkeit ein Empfinden und als solches nicht absolut messbar. Eine gerechte Einkommens- und Vermögensverteilung wäre demzufolge allenfalls dann realisiert, wenn alle Wirtschaftssubjekte einer Gesellschaft ihre relative Einkommens- und Vermögensposition als gerecht ansehen. Eine derartige Zieldefinition dürfte allerdings in der Realität nicht erreichbar sein.

   Die Parteien verfolgen zwar „oberflächlich" das gleiche Ziel, jedoch verstehen die einzelnen Parteien unter sozialer Gerechtigkeit jeweils etwas anderes. So gibt es beispielsweise Parteien, die es als sozial gerecht ansehen, wenn das Einkommen des Einzelnen sich an seiner Leistung orientiert (Leistungsprinzip). Eine andere Partei hingegen hält es für sozial gerecht, wenn das Einkommen sich an dem Bedarf des Haushalts orientiert, unabhängig von der Leistung (Bedarfsprinzip).

4. - Hoher Beschäftigungsstand: gilt als erreicht, wenn die Arbeitslosenquote nicht mehr als 2 % beträgt.
   - Stabilität des Preisniveaus: gilt nach der Definition der EZB als gegeben, wenn die jährliche Preissteigerungsrate unter 2 % liegt.
   - Außenwirtschaftliches Gleichgewicht: ist erreicht, wenn die Zahlungsbilanz eines Landes ausgeglichen ist.
   - Stetiges und angemessenes Wirtschaftswachstum: Ein jährliches Wachstum von 3 % wird als Erfolg angesehen.

5. Mögliche **wirtschaftspolitische Maßnahmen** (individuell zu beantworten):

Magisches Sechseck der Wirtschaftspolitik

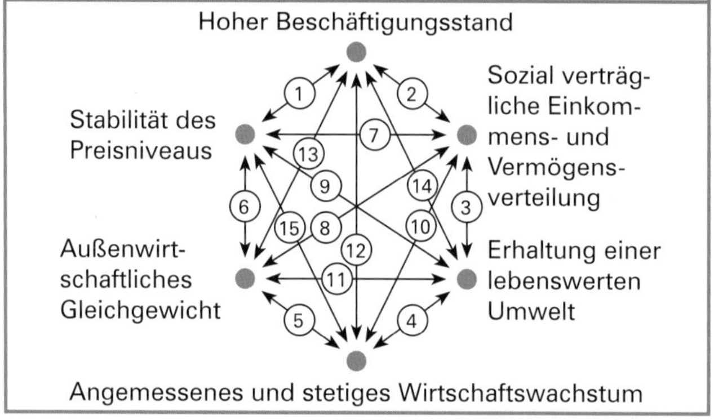

(Die Pfeile bedeuten mögliche Zielkonflikte)

Lösungen zum Kompetenz-Check

Aufgabe 1

① und ⑨

Aufgabe 2

④ und ⑥

Aufgabe 3

④ und ⑤

Aufgabe 4

① und ③

Aufgabe 5

39 976 744 Erwerbspersonen

Zahl der Erwerbspersonen = (2 578 500 · 100) : 6,45

Aufgabe 6

④

4 Arbeitslosigkeit und deren Ursachen beschreiben sowie beschäftigungspolitische Maßnahmen diskutieren

Lösungsansätze zu den kompetenzorientierten Arbeitsaufträgen

1. Schülerindividuelle Lösungen.
2. Individuell zu beantworten.

   Mögliche Antwort:

   Im Mittelpunkt dieses Artikels stehen die negativen Auswirkungen von Arbeitslosigkeit auf die Gesundheit, insbesondere auf die Psyche. Nach Erkenntnissen neuester Studien gilt Arbeit als eine wichtige Säule des Lebens, die, wenn sie wegbricht, Depressionen auslösen bzw. begünstigen kann.
3. Individuell zu beantworten.

   Mögliche Antwort:

   Arbeit ist in den letzten Jahrzehnten mehr und mehr zum Lebensmittelpunkt geworden. Arbeit muss im Gegensatz zu früher nicht mehr Pflicht sein und einzig dem Broterwerb dienen. Sie kann mit Leidenschaft erfüllt werden, sie kann Spaß und Freude machen. Sie kann spannend und herausfordernd sein. Arbeitszeitmodelle ermöglichen heute mehr Flexibilität. Und Unternehmen sind heute sehr oft auch ein Teil des sozialen Lebens der Beschäftigten.
4. Schülerindividuelle Lösung.
5. Schülerindividuelle Lösung.
6. Individuell zu beantworten.

   Mögliche Antworten:
   - Friktionell,
   - saisonal,
   - strukturell,
   - konjunkturell,
   - lohnkostenbedingt,
   - durch Managementfehler bedingt,
   - durch Unternehmenszusammenschlüsse.
7. Schülerindividuelle Lösung.

Lösungen zum Zusatzauftrag: Lückentext

Im Allgemeinen misst man die Beschäftigungslage in einer Volkswirtschaft an der Zahl der Arbeitslosen und den **offenen Stellen.** Als arbeitslos hierzulande gilt, wer trotz **Arbeitsfähigkeit** und **Arbeitswilligkeit** nicht in einem Beschäftigungsverhältnis steht. Dabei rechnet die **Bundesagentur für Arbeit** zu den Arbeitslosen alle Personen, die das **15.** Lebensjahr, aber nicht die aktuell gültige **Regelaltersgrenze** für den Renteneintritt erreicht haben und weniger als **15** Stunden je Woche arbeiten.

Neben den **registrierten** Arbeitslosen gibt es auch nicht **registrierte** Arbeitslose, wie z. B.: **Kurzarbeiter**, **Vorruheständler**, Personen in **Umschulungen** oder in **„Ein-Euro-Jobs"**.

Die Formen der Arbeitslosigkeit lassen sich nach ihren **Ursachen** einteilen. Zu den Formen der Arbeitslosigkeit aufgrund von Nachfrageschwankungen zählen die **saisonale** und die **konjunkturelle** Arbeitslosigkeit. Während sich diese beiden Formen der Arbeitslosigkeit im wirtschaftlichen Aufschwung – zumindest teilweise – abbauen, ist die **strukturelle** Arbeitslosigkeit langfristiger Natur. Hiervon betroffen sind vor allem weniger **qualifizierte** Personen.

Zu den langfristig wirksamen Instrumenten der Arbeitsmarktpolitik zählen die Senkung der **Lohnnebenkosten**, die Förderung **öffentlicher Beschäftigung** und Investitionen in **Bildung**. Letztere stellen aus volkwirtschaftlicher Sicht eine Investition in die **Zukunft** dar, die sich für alle Beteiligten **rechnet**.

Lösungen zum Kompetenz-Check

Aufgabe 1

⑧

Aufgabe 2

③

Aufgabe 3

3.1 ④	3.3 ②	3.5 ③
3.2 ⑤	3.4 ①	

Aufgabe 4

4.1 ④	4.4 ③	4.7 ③	4.10 ⑨
4.2 ②	4.5 ①	4.8 ①	
4.3 ①	4.6 ④	4.9 ①	

Aufgabe 5

③

Aufgabe 6

6.1 ③	6.4 ②	6.7 ⑨	6.10 ①
6.2 ⑤	6.5 ③	6.8 ④	
6.3 ⑨	6.6 ⑥	6.9 ⑨	

5 Ermittlung des Preisniveaus erläutern sowie den Zusammenhang von Kaufkraft und Preisniveau beschreiben

Lösungsansätze zu den kompetenzorientierten Arbeitsaufträgen

1. In der Anforderungssituation ausdrücklich genannt werden private Haushalte und der Staat.

2. Als Gründe für Jacquelines Verschuldung werden angeführt:
   - Die gestiegenen Preise, vor allem bei Strom, Gas, Benzin, den Nebenkosten des Lebensunterhalts und der Miete,
   - die unkontrollierten Ausgaben beim Shoppen und Ausgehen,
   - der Abschluss eines neuen Smartphone-Vertrages,
   - die sinkenden Einnahmen aus Trinkgeldern.

3. Unter Geldillusion versteht man die Unfähigkeit der Wirtschaftssubjekte, zwischen dem nominalen Wert und dem realen Wert des Geldes zu unterscheiden. Im Allgemeinen neigt man dazu, den Wert des Geldes nominal zu bewerten. Dieses ist besonders verheerend in Zeiten hoher Inflation, wo der nominale Wert des Geldes durch die Inflation aufgebläht wird. Der Begriff der Geldillusion wurde lange nicht mehr benutzt und spielte in den letzten Jahren kaum eine Rolle. Doch die Finanzkrise in den EU-Ländern und die drohenden Preissteigerungen auf lange Sicht machen es unvermeidlich, sich mit dem Phänomen der Geldillusion auseinanderzusetzen.

   Beispiel für die Geldillusion:

   Unterstellen wir folgende Situationen:
   - Situation A: Ein Arbeitnehmer bekommt eine Gehaltserhöhung von 5 % bei einer gleichzeitigen Preissteigerungsrate (Inflation) von 3 %.
   - Situation B: Ein Arbeitnehmer bekommt eine Gehaltserhöhung von 2 % bei einer Inflation von 0 %.

   Die meisten Arbeitnehmer würden die Situation A bevorzugen, obwohl sich real gesehen nichts verändert hat. Doch was für die Wirtschaftssubjekte wichtiger erscheint, ist der nominale Verlust in der Situation B. Die nominale Darstellung des Geldes erscheint bei den Befragten hervorstechender. Umso gravierender erscheint es, dass man sich durchaus dem Unterschied vom realen und nominalen Geldwert bewusst ist. Und dennoch neigt man kurzfristig dazu, in nominalen Werten zu denken. Es geht also nicht darum, dass der Mensch den Sachverhalt nicht verstanden hätte, sondern instinktiv dazu neigt, diesen Fehler der nominalen Bewertung fortzuführen. Nicht ohne Grund heißt es im Alltag, dass der Mensch ein Gewohnheitstier sei.

4. Um ermitteln zu können, wie sich die Preisveränderungen der Konsumgüter auf die privaten Haushalte auswirken, hat das Statistische Bundesamt in Wiesbaden u. a. den Verbraucherpreisindex entwickelt. Dieser Preisindex erfasst Preisänderungen bei ca. 700 Sachgütern und Leistungen („Warenkorb"), die vom privaten Haushalt gekauft werden. Da nicht alle Güter das gleiche Gewicht im Warenkorb besitzen, musste das Statistische Bundesamt ein „Wägungsschema" erstellen.

   Das Wägungsschema wird entwickelt, indem man für ein Basisjahr die durchschnittlichen Ausgaben eines durchschnittlichen Haushalts für verschiedene Güter und Leistungen in Prozenten seiner Gesamtausgaben ermittelt. Allgemein gilt, dass Preissteigerungen bei bestimmten Waren und Dienstleistungen sich auf den Verbraucherpreisindex umso stärker auswirken, je größer ihr prozentualer Anteil (ihr „Gewicht") an den Gesamtausgaben eines durchschnittlichen Haushalts ist.

   Das Wägungsschema muss von Zeit zu Zeit den neuen Verbrauchsgewohnheiten angepasst werden.

   Kritik am Messverfahren zur Ermittlung der Veränderung des Preisniveaus:
   - Bei der Messung findet nur die private Bedürfnisbefriedigung Berücksichtigung, Güter für die Industrie beispielsweise bleiben außen vor, sodass die Preisniveauänderungen nur teilweise erfasst werden.
   - Inwiefern jemand von der gemessenen Preisniveauänderung betroffen ist, hängt im Wesentlichen von seinen individuellen Konsumgewohnheiten ab. Die „persönliche Preisniveauänderung" kann also von der tatsächlich gemessenen deutlich abweichen.

- Bei der Preisermittlung spielen Käufe zwischen Haushalten keine Rolle (z. B. Kauf eines gebrauchten Pkw aus privater Hand, Internetkäufe von Privatpersonen, Kauf von Obst aus Privatanbau), was die Messung ebenfalls ungenau macht.
- Erfasst werden nur offizielle Laden- oder Listenpreise. Eventuell ausgehandelte Preisnachlässe bleiben unberücksichtigt.
- Preiserhöhungen können auch auf Qualitätsverbesserungen eines Produktes zurückzuführen sein. Streng genommen liegt dann keine Preissteigerung vor. Derartige Qualitätsverbesserungen werden jedoch nur bei Gütern mit technischem Fortschritt im Preisindex angemessen berücksichtigt, nicht aber beispielsweise bei Lebensmitteln oder Kleidung.

5. Für die Entstehung der Schulden hierzulande sind in erster Linie die von uns gewählten Politiker verantwortlich, da sie über die Einnahmen und Ausgaben des Staates entscheiden und somit auch über die Schulden, die gemacht werden, wenn die Einnahmen des Staates nicht mehr die politisch geplanten Ausgaben decken.

   Dies liegt insbesondere daran, dass viele Politiker meist nur über Folgen innerhalb der jeweiligen Legislaturperiode nachdenken, für die sie gewählt wurden, und versuchen, eine Wiederwahl durch „Wahlgeschenke" zu erreichen, mit denen sie die Wünsche der Bürger erfüllen wollen. Dies führt jedoch zu höheren Ausgaben, an die meist weder der Wähler noch der Politiker denkt.

   Bei näherem Hinsehen haben die steigenden Staatschulden hierzulande sehr unterschiedliche Ursachen. Angeführt werden können u. a.:
   - Der über Jahrzehnte gewachsene Sozialstaat und die damit verbundenen Ausgaben. Diese Ausweitung des Sozialstaates wird die öffentlichen Kassen zukünftig noch mehr belasten, denn hierzulande müssen immer weniger Erwerbstätige immer mehr Ruheständler alimentieren. Gleichzeitig steigt die Zahl der Bundesbürger, die Renten und gemeinschaftlich finanzierte Gesundheitsleistungen in Anspruch nehmen. Auf die Sozialkassen rollt eine Kostenlawine zu.
   - Die Kosten der deutschen Einheit, die trotz Einführung des Solidaritätszuschlages zu einem massiven Anstieg der Verschuldung geführt haben.
   - Schrumpfende Bevölkerung: Die Zahl der Bundesbürger geht zurück. Damit müssen immer weniger Bundesbürger die steigende Schuldenlast schultern.
   - Geldentwertung: Politiker gehen nicht immer verantwortungsvoll mit dem Geld ihrer Bürger um. Die deutsche Geschichte lehrt das auf sehr drastische Weise. Ob die Hyperinflation der 20er-Jahre oder die Währungsreform von 1948: Gleich zweimal in den vergangenen 80 Jahren war das Geld nicht mehr das Papier wert, auf dem es stand. Deutschland brauchte zur Entschuldung stets einen Kapitalschnitt. Sparer gehörten jeweils zu den großen Verlierern.
   - Wirtschaftseinbruch: Langfristig werden die öffentlichen Kredite zu einer Bürde für das Wachstum. Denn ein immer größerer Teil des Bruttoinlandsprodukts muss für die Zahlung von Zinsen aufgewendet werden. Der Staat kann dann entweder die Steuern erhöhen oder aber die Ausgaben senken. Beides hemmt das Wachstum. Und wenn die Wirtschaft lahmt, steigt die Arbeitslosigkeit und es steigen die Schulden – ein Teufelskreis.

Lösungen zum Zusatzauftrag: Auswege aus der Schuldenfalle entwickeln

Tragweite der zunehmenden Verschuldung: In den meisten Fällen kommt es – meist aus Angst und Scham – zu weiteren Kreditaufnahmen der Konsumenten. Da man aber bekanntermaßen Schulden nicht mit Schulden bezahlen kann, geraten die Schuldner immer mehr in einen „Teufelskreis" hinein, aus dem sie selbst nicht mehr herauskommen können.

Mögliche Auswege aus der individuellen Schuldenfalle:

Wichtig für den Schuldner ist, dass er sich von den Schulden nicht in die Enge treiben lässt, sondern Hilfe bei einem professionellen Berater sucht. Nach dem Sozialgesetzbuch XII hat jede Privatperson einen Rechtsanspruch auf Schuldenberatung. Die Schuldenberatung befasst sich zunächst mit den Ursachen für die Schulden und entwickelt anschließend Vorschläge zur Bewältigung des Schuldenstandes.

Bei der Analyse der Situation und der Ursachen ist es zunächst erforderlich, dass eine vollständige Schuldenliste erstellt wird. Auch ist eine lückenlose Zusammenstellung aller laufenden Einnahmen und Ausgaben dringend geboten.

Die Schuldenberater können in vielfältiger Weise bei der Bewältigung der privaten Krisensituation helfen:

- Aufarbeitung der persönlichen und beruflichen Gründe für die Überschuldung,
- Erstellung eines Haushaltsplans, der Einsparmöglichkeiten zur Verringerung von Ausgaben aufzeigt,
- Überprüfung, ob alle möglichen gesetzlichen Sozialleistungen (z. B. Wohngeld) und Verdienstmöglichkeiten ausgeschöpft werden,
- Unterstützung bei Verhandlungen mit den Gläubigern, um Schuldenstundungen zu erreichen,
- Beratung im Zusammenhang mit Mahnbescheid, Vollstreckung, Pfändung, und, sofern nicht zu vermeiden,
- Begleitung während des Verbraucherinsolvenzverfahrens.

Lösungen zum Kompetenz-Check

Aufgabe 1

⑨

Aufgabe 2

112,5

Preisindex = (22,5 : 20,0) · 100 = 112,5

Aufgabe 3

122,06

1. Schritt: Ermittlung des Preisindex für das Jahr 02
= (22,5 : 20,0) · 100 = 112,5

2. Schritt: Ermittlung des Preisindex für das Jahr 03
= (112,5 · 108,5) : 100 = 122,06

Aufgabe 4

9,5 %

Jahr 01: 50 · 1,00 € + 2 · 80,00 € = 210,00 €

Jahr 02: 50 · 1,20 € + 2 · 85,00 € = 230,00 €

Ermittlung der Preissteigung in Prozent
= (230 – 210) · 100 : 210 = 9,5 %

Aufgabe 5

2 372,35 €

1. Schritt: Ermittlung des Nettogehalts von Jahr 01
= (99 · 100) : 4 = 2 475,00 €

2. Schritt: Ermittlung des Jahresgehalts im Jahr 02
= 2 475,00 € + 99,00 € = 2 574,00 €

3. Schritt: Ermittlung des Nettogehalts des Arbeitsnehmers zu Beginn des Basisjahres, das die gleiche Kaufkraft gehabt hätte, wie das Nettogehalt im Jahr 02.
Vergleichsgehalt = (2 574 · 100) : 108,5 = 2 372,35 €

Aufgabe 6

107,2

Verbraucherpreisindex für das Jahr 02
= (53,6 · 100) : 50 = 107,2

Aufgabe 7

1,9 %

Wert des Warenkorbes im Jahr 01: 52,60 €

Verbraucherpreisindex für das Jahr 01
= (52,6 · 100) : 50 = 105,2

Preissteigerungsrate für das Jahr 02 gegenüber 01
= (107,2 · 100) : 105,2 = 1,9 %

6 Aufbau und Aufgaben des Europäischen Systems der Zentralbanken erläutern

Lösungsansätze zu den kompetenzorientierten Arbeitsaufträgen

1. Schülerindividuelle Lösungen.
2. Als Ursache dafür, dass die Geldpolitik der EZB bisher nicht zum gewünschten Erfolg geführt hat, wird die mangelnde Bereitschaft der Unternehmen und Haushalte angeführt, sich über Kredite weiter zu verschulden, um so durch entsprechende Nachfrage die Wirtschaft anzukurbeln. So kommt das Geld nicht in der Realwirtschaft an.
3. Die Empfänger sollen mit dem Geld einkaufen gehen und so der lahmenden Wirtschaft helfen. Dann müssten die Unternehmen ihre Produktion hochfahren, Menschen einstellen, das Wachstum würde anspringen – und auch die Preise würden endlich wieder steigen, schon wegen der höheren Nachfrage.
4. Die EZB spricht von Preisniveaustabilität, wenn der Anstieg des harmonisierten Verbraucherpreisindex unter 2 % liegt.
5. Individuell zu beantworten.

   Die EZB ist für die Geldpolitik (Steuerung der Geldmenge und der Zinssätze) in den Mitgliedstaaten der Europäischen Wirtschafts- und Währungsunion zuständig. Die Organe der EZB sind das Direktorium, der EZB-Rat und der erweiterte EZB-Rat.

   Das ESZB umfasst neben der EZB auch noch die nationalen Zentralbanken der Mitgliedstaaten der Europäischen Union, also auch jene Länder, die zur EU gehören, nicht aber den Euro als einheitliche Währung haben.

Lösungen zum Zusatzaufrag: Situation der EZB skizzieren und erläutern

1. N: Nachfrage — p_G: Gleichgewichtspreis
   A: Angebot — x_G: Gleichgewichtsmenge

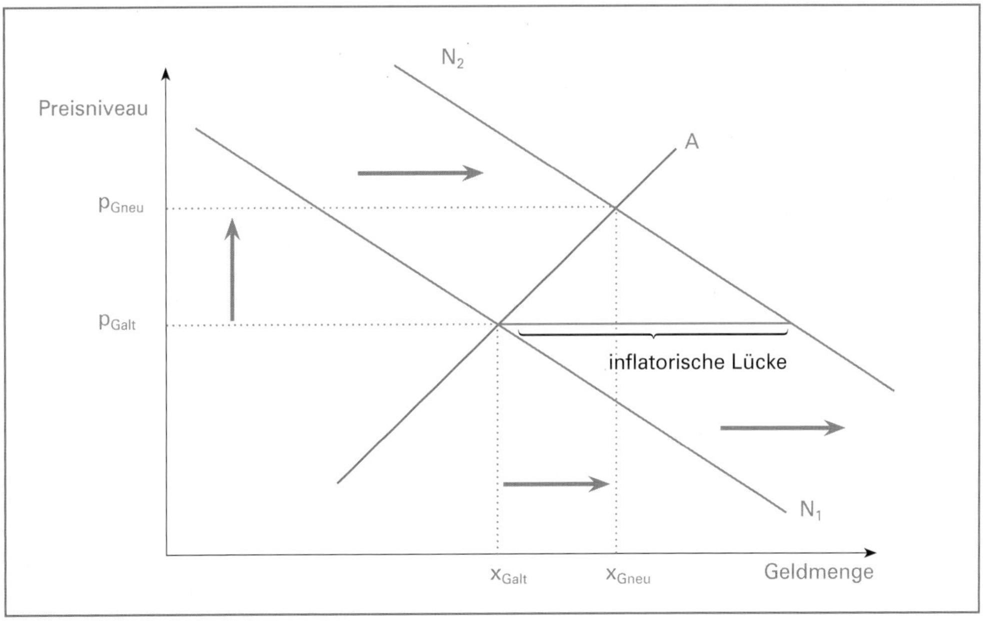

2.

Erläuterungen
Durch diese Entscheidung der EZB wird nun durch Banken mehr Geld nachgefragt und an die Haushalte und Unternehmen über Kredite weitergeleitet. Es kommt zu einer Rechtsverschiebung der Nachfragekurve von N_1 nach N_2. Das Geld fließt in Form einer steigenden Nachfrage in den Wirtschaftskreislauf. Da das Angebot an Gütern und Dienstleistungen kurzfristig nicht ausgeweitet werden kann, steht der erhöhten Geldmenge eine gleichbleibende Gütermenge entgegen, sodass es tendenziell zu einer Erhöhung des Preisniveaus kommt (inflatorische Lücke).

Lösungen zum Kompetenz-Check

Aufgabe 1

③ und ⑤

Aufgabe 2

②

Aufgabe 3

②

Aufgabe 4

⑥

Aufgabe 5

⑨

Aufgabe 6

②

Aufgabe 7

④

7 Folgen der europäischen Integration und der Globalisierung beschreiben

Lösungsansätze zu den kompetenzorientierten Arbeitsaufträgen

1. Individuell zu beantworten.

   Mögliche Antworten:

   Smartphone, Laptop, TV-Gerät, modische Kleidungsstücke, Software, Kaffee, Kinofilme, bestimmte Lebensmittel etc.

2. Individuell zu beantworten.

   Mögliche Antwort:

   Zu den wohl wichtigsten zu importierenden Rohstoffen zählt die Energie, konkret Gas und Öl. Würde der Import von Rohöl gestoppt, käme ein Großteil der Produktion ins Stocken, da die Transportmöglichkeiten für die Güter weitestgehend entfallen, sodass hierzulande im übertragenen Sinne „die Räder stillstünden".

3. Schülerindividuelle Lösungen.

4. Individuell zu beantworten.

   Mögliche Effekte der Globalisierung:

   - Kostenvorteile anderer Volkswirtschaften,
   - Machtverlust der Nationalstaaten durch weltweit operierende Konzerne,
   - günstige Einkaufspreise durch weltweite Konkurrenz der Anbieter,
   - fremde Kultureinflüsse können zu Identitätsängsten führen, andererseits: steigende Toleranz gegenüber anderen Kulturen und Mentalitäten durch den intensiven Austausch von Waren und Dienstleistungen,
   - Verbesserung des Lebensstandards in den Entwicklungsländern durch Know-how-Transfer, andererseits Gefahr, dass die positiven Effekte an den Entwicklungsländern vorbeigehen,
   - Vergrößerung der Umweltprobleme durch eine verstärkte Wirtschaftstätigkeit und höheren Konsum,
   - Überforderung des Einzelnen aufgrund der hohen Geschwindigkeit des Strukturwandels,
   - Gefahr zunehmender Arbeitslosigkeit und sinkender Sozialstandards in Hochlohnländern, zunehmender Kostendruck, andererseits Schaffung neuer Arbeitsplätze durch internationales Wachstum.

5. Schülerindividuelle Lösungen.

Lösungen zum Kompetenz-Check

Aufgabe 1

⑤

Aufgabe 2

2.1 ④	2.3 ③	2.5 ⑨
2.2 ①	2.4 ⑨	2.6 ②

Aufgabe 3

④ und ⑥

Aufgabe 4

⑥ und ⑨

Aufgabe 5

5.1 ②	5.4 ①	5.7 ①	5.10 ②
5.2 ①	5.5 ①	5.8 ①	5.11 ③
5.3 ①	5.6 ③	5.9 ①	5.12 ②

1 Voraussetzungen für eine berufliche Selbstständigkeit analysieren

Lösungsansätze zu den kompetenzorientierten Arbeitsaufträgen

1. Die Schüler ergänzen die Checkliste zur Vorprüfung einer Unternehmensgründung. Diese ist wie folgt gestaltet:

Testen Sie sich selbst – Bin ich zum Unternehmer geboren?					
		Trifft voll zu (5 Punkte)	**Trifft zu (2 Punkte)**	**Trifft weniger zu (– 2 Punkte)**	**Trifft überhaupt nicht zu (– 5 Punkte)**
1.	**Persönliche Voraussetzungen**				
1.1	Ich komme gut damit klar, dass ich mich für mehrere Jahre voll für das Unternehmen engagieren muss und relativ wenig Freizeit haben werde.				
1.2					
...					

Zählen Sie die erreichten Punkte zusammen!

Auswertung:

Mehr als 70 Punkte:
Sie sind der geborene Unternehmer. Sie sind voll Begeisterung ...

2. Gewerbeamt der Kommune.

3. – Finanzamt wegen Besteuerung des Unternehmens,
   – Berufsgenossenschaft als Träger der gesetzlichen Unfallversicherung für Unternehmer und Arbeitnehmer,
   – zuständige Kammer wegen gesetzlicher Pflichtmitgliedschaft,
   – Gewerbeaufsicht wegen Gewerbevorschriften (häufig technischer Art oder Sachkundenachweis),
   – Sozialversicherungsträger, soweit Arbeitnehmer beschäftigt werden.

4. Schülerindividuelle Lösung mit folgenden Online-Inhalten (Auswahl):
   Informationsmaterialen für verschiedene Zielgruppen, individuelle Anlaufberatung, Businessplan, Gründungszuschuss etc.

5. Individuell zu beantworten.

   Mögliche Lösung:

   Die Geschäftsidee von Sven Wagner hat eine langfristige Erfolgsaussicht.

6. Individuelle Lösung.

Lösungen zum Kompetenz-Check

Aufgabe 1

⑥

Aufgabe 2

2.1 ②
2.2 ③
2.3 ②
2.4 ⑨
2.5 ①
2.6 ①
2.7 ③
2.8 ③
2.9 ② (oder ①)
2.10 ⑨

Aufgabe 3

① und ④

Aufgabe 4

4.1 ②
4.2 ③
4.3 ③
4.4 ④
4.5 ①
4.6 ①

2 Standortfaktoren erläutern und eine Standortbestimmung mithilfe der Nutzwertanalyse durchführen

Lösungsansätze zu den kompetenzorientierten Arbeitsaufträgen

1. **Standortfaktoren** sind alle standortspezifischen Faktoren (Gesichtspunkte), die den Erfolg des Unternehmens beeinflussen.

2. **Quantitative Standortfaktoren** sind Faktoren, deren Beitrag zum Unternehmenserfolg direkt gemessen werden kann. Wichtige quantitative Standortfaktoren sind:
   - Produktionskosten (Miete, Höhe der Personalkosten, Kosten für die Einrichtung),
   - Abgaben und Subventionen (Grund- und Gewerbesteuer, Umweltabgaben, regionale Fördermaßnahmen der öffentlichen Hand),
   - Auflagen (Gewerbeeinschränkungen, Umweltschutzauflagen, Dauer der Genehmigungsverfahren).

   Qualitative Standortfaktoren sind Faktoren, deren Beitrag zum Unternehmenserfolg nicht direkt gemessen werden kann. Sie müssen von den Planungs- und Entscheidungsträgern subjektiv geschätzt werden. Wichtige qualitative Standortfaktoren sind:
   - Produktionsumfeld (Grundstück, Verkehrsanbindung, Arbeitsmarkt),
   - Absatzbereich (Kaufkraft der Bewohner, regionale Konkurrenz),
   - Infrastruktur (Technologie- bzw. Handelszentren, Bildungs- und Kultureinrichtungen).

3. Von den Schülerinnen und Schülern könnten z. B. die Handelsbetriebe genannt werden. Bei diesen Unternehmen ist vor allem der Zugang zu den Absatzmärkten von besonderer Bedeutung, da er wesentlichen Einfluss auf den Umsatz und somit den Unternehmenserfolg hat.

   Bei einem Unternehmen der Metallproduktion hingegen dürfte vor allem der Zugang zu den Rohstoffen wie auch die Anbindung an die Verkehrswege einen hohen Stellenwert einnehmen.

   Bei Dienstleistungsbetrieben mit hohen Anforderungen an die Qualifikation der Mitarbeiter bzw. an eigene Forschungs- und Entwicklungsabteilungen (z. B. Pharmabranche, IT-Branche) spielt der Zugang zu entsprechend qualifiziertem Personal und die eventuelle Anbindung an eine Hochschule eine besondere Rolle.

4. Individuell zu beantworten.

   Mögliche Standortfaktoren:
   - Mietkosten,
   - Erreichbarkeit,
   - Größe der Ladenfläche,
   - Kunden- und Lieferantenparkplätze,
   - Möglichkeit der Vorführung von Sportgeräten,
   - ...

   Mögliches Fazit der Standortanalyse:

   Sven Wagner entscheidet sich für den Standort im Gewerbepark. Dieser etwas kundenferne Standort ist kostengünstiger als der kundennahe Standort in der Hauptfußgängerzone. Für ein Unternehmen, das eine Nischensparte bedient, ist diese Entscheidung sinnvoll, da sie die Wettbewerbsfähigkeit des jungen Unternehmens stärkt und die Interessenten solcher Randsportarten den Weg in den Gewerbepark sicher auf sich nehmen. Zudem ist dort ausreichend Fläche vor dem Gebäude vorhanden, um Sportgeräte zu präsentieren oder zu testen.

Lösungen zum Kompetenz-Check

Aufgabe 1

④

Aufgabe 2

2.1 ①
2.2 ②
2.3 ①
2.4 ②
2.5 ①
2.6 ②
2.7 ①
2.8 ②
2.9 ①
2.10 ①

Aufgabe 3

① und ⑥

Aufgabe 4

4.1 ④
4.2 ④
4.3 ④
4.4 ④

3 Handelsrechtliche Vorschriften im Hinblick auf eine berufliche Selbstständigkeit herausarbeiten

Lösungsansätze zu den kompetenzorientierten Arbeitsaufträgen

1. Als Kaufmannsgehilfen bezeichnet man eine Person, die eine kaufmännische Berufsausbildung absolviert hat. Im Anschluss an die Ausbildung sind diese Personen als kaufmännische Angestellte lediglich Handlungs- oder Kaufmannsgehilfen und leisten in einem Unternehmen kaufmännische Dienste gegen Entgelt, sind also Arbeitnehmer.

   Umgangssprachlich bezeichnen sich zwar die meisten Kaufmannsgehilfen als „Kaufmann" (Beispiel: Ausbildung zum Industriekaufmann, nach Abschluss: „Industriekaufmann"); dies ist allerdings nicht korrekt, denn ein Kaufmann im Sinne des deutschen Handelsgesetzbuches ist nur jemand, der ein kaufmännisches Gewerbe ausübt.

2. Kaufmann im Sinne des Handelsgesetzbuches ist, wer ein Handelsgewerbe betreibt. Ein Handelsgewerbe ist jeder Gewerbebetrieb, wenn er einen nach Art und Umfang in kaufmännischer Weise eingerichteten Geschäftsbetrieb erfordert. Freiberufler (Ärzte, Rechtsanwälte, Notare, Architekten etc.) gelten nicht als Kaufleute.

   Eine abgeschlossene kaufmännische Ausbildung ist nach dem Handelsgesetzbuch keine Voraussetzung für die Kaufmannseigenschaft.

3. Die Firma ist der im Handelsregister eingetragene Name, unter dem der Kaufmann seine Geschäfte betreibt und seine Unterschrift abgibt. Der Kaufmann kann unter seiner Firma klagen und verklagt werden.

   Das Handelsregister ist ein amtliches, öffentliches, elektronisch geführtes Verzeichnis aller Kaufleute eines Amtsgerichtsbezirks. Für die Führung dieses Registers sind die Amtsgerichte zuständig.

4. Bei dem Kürzel „e. K." handelt es sich um den sogenannten Rechtsformzusatz. Dieser Zusatz besagt, dass es sich um einen „eingetragenen Kaufmann" handelt. Dies entspricht der Rechtsform eines Einzelunternehmers.

   Einzelunternehmer ist, wer es selbst „unternimmt", Geschäfte in eigenem Namen und auf eigene Rechnung mit vollem Risiko zu tätigen und hierzu sein eigenes Geld- und Sachkapital einsetzt.

Lösungen zum Zusatzauftrag: Kreuzworträtsel

1. ① Absatzkosten
   ② Produktionsumfeld
   ③ Geschäftsidee
   ④ Gemeindebehörde
   ⑤ Kannkaufmann
   ⑥ Nutzwertanalyse
   ⑦ Handelsregister
   ⑧ Nischenbesetzer
   ⑨ Kapitalgesellschaft
   ⑩ Deklaratorisch
   ⑪ Infrastruktur
   ⑫ Firmenöffentlichkeit

2. Lösungswort: **Businessplan**

   Der Businessplan bildet die Grundlage für die Beurteilung der Erfolgschancen einer Geschäftsidee, indem er die unternehmerischen Ziele, die geplanten Strategien und Maßnahmen für einen bestimmten Zeitraum (meist 3–5 Jahre) darstellt.

Lösungen zum Kompetenz-Check

Aufgabe 1

1.1 ②
1.2 ②
1.3 ⑨
1.4 ①
1.5 ②

Aufgabe 2

2.1 ④
2.2 ①
2.3 ③
2.4 ②
2.5 ⑨

Aufgabe 3

3.1 ②
3.2 ⑨
3.3 ⑨
3.4 ⑨

Aufgabe 4

4.1 ⑨
4.2 ⑨
4.3 ①
4.4 ⑨
4.5 ①
4.6 ③

4 Wahl der Rechtsform als eine wesentliche Gründungsentscheidung nachvollziehen

Lösungsansätze zu den kompetenzorientierten Arbeitsaufträgen

1.

Vorteile (Gründungsmotive)	Nachteile
■ Keine Abstimmung der Entscheidungen mit anderen (Ausnahme: Mitbestimmung der Arbeitnehmer). ■ Schnelle Entscheidungsmöglichkeit. ■ Rasche Anpassung an veränderte wirtschaftliche Verhältnisse (z. B. Aufnahme neuer Produkte). ■ Klarheit und Eindeutigkeit der Unternehmensführung. ■ Großes Eigeninteresse des Inhabers an der Arbeit, da ihm der Gewinn allein zusteht (Gewinn als Leistungsanreiz).	■ Bei falschen Entscheidungen trägt der Inhaber das Risiko allein. ■ Der Erfolg des Unternehmens hängt untrennbar an der Person des Inhabers, seinen fachlichen Fähigkeiten, seinem Charakter und seiner Gesundheit. ■ In der Regel geringe Eigenkapitalkraft und beschränkte Kreditbeschaffungsmöglichkeiten. ■ Großes Haftungsrisiko.

2.

Stefan Danner 	Stefan Danner ist nach wie vor daran gelegen, dass seine Person mit dem künftigen Unternehmen in Verbindung gebracht wird. Zudem legt er großen Wert darauf, seine Arbeitskraft auch künftig mit in das Unternehmen einzubringen und die Zukunft des Unternehmens durch eigene Entscheidungen im Wesentlichen zu prägen.
Michael Wiedenmann 	Michael Wiedenmann legt besonderen Wert darauf, dass sein restliches Privatvermögen durch den Wechsel in die Selbstständigkeit auf gar keinen Fall gefährdet wird. Er legt auch großen Wert darauf, seine Arbeitskraft künftig mit in das Unternehmen einzubringen und die Zukunft des Unternehmens durch eigene Entscheidungen im Wesentlichen zu prägen.
Paul Geisen 	Paul Geisen ist vor allem an Gewinnen interessiert. Dabei soll nach seiner Vorstellung jeder Gesellschafter nach der Höhe seiner Einlage am Unternehmenserfolg beteiligt werden. Zudem möchte er auf keinen Fall mit seinem restlichen Privatvermögen haften.
Heiner Fitschen 	Heiner Fitschen geht eine Beteiligung vor allem deshalb ein, um derartig einmalige Chancen zu nutzen und dann die Beteiligung auch wieder veräußern zu können.

3. Schülerindividuelle Lösung. Diese könnte wie folgt aussehen:

Merkmale	OHG	KG
Gründung	■ Gesellschaftsvertrag. ■ Geld- oder Sachleistungen. Einlagen werden zu Gesamthandsvermögen [§ 719 BGB]. ■ Eintragung ins Handelsregister.	Entspricht der OHG. Besonderheit: Die Höhe der Kommanditeinlage ist ins Handelsregister einzutragen.
Firma	Sach-, Personen-, Fantasiefirma oder gemischte Firma mit dem Zusatz OHG.	Sach-, Personen-, Fantasiefirma oder gemischte Firma mit dem Zusatz KG.
Geschäftsführung	Geschäftsführung erfolgt durch die OHG-Gesellschafter. Für gewöhnliche Geschäfte: Geschäftsführungsbefugnis und -pflicht jedes Gesellschafters (Einzelgeschäftsführungsrecht). Für außergewöhnliche Geschäfte: Gesamtbeschluss aller Gesellschafter (Gesamtgeschäftsführungsrecht).	Geschäftsführung erfolgt durch Komplementär(e). Die Kommanditisten haben (gesetzlich) keine Geschäftsführungsbefugnisse. Sie haben jedoch ein eingeschränktes Kontrollrecht und ein Widerspruchsrecht. Die gesetzlichen Regelungen bezüglich der Komplementäre entsprechen denen für die OHG-Gesellschafter.
Vertretung	Vertretung durch die einzelnen OHG-Gesellschafter (Einzelvertretungsrecht).	Vertretung durch Komplementäre entsprechend den Regelungen für die OHG-Gesellschafter. Die Kommanditisten besitzen (gesetzlich) kein Vertretungsrecht.
Haftungsrisiko der Gesellschafter	Unmittelbare, unbeschränkte und gesamtschuldnerische Haftung jedes OHG-Gesellschafters.	Die Komplementäre haften wie die OHG-Gesellschafter. Die Haftung der Kommanditisten ist auf die Höhe ihrer geleisteten Einlagen beschränkt (nach Eintragung ins Handelsregister). Außerdem haften die Kommanditisten nur indirekt (Risikohaftung).

	Pro	Contra
OHG	■ Beide Partner übernehmen volle Rechte, Pflichten und Haftung. ■ Das existenzielle Risiko der Partner ist identisch. ■ Beide sind daher gleichermaßen am Erfolg interessiert und daher auch motiviert. ■ Engagement wird gleichermaßen vergütet.	■ Risiko der gegenseitigen Abhängigkeit. ■ Die Kapitalaufbringung der beiden ist nicht auf gleichem Niveau.
KG	■ Die Ungleichheit in der Kapitalaufbringung und damit die Ungleichheit in der Übernahme des Risikos ließe sich über eine KG besser abbilden.	■ Eine Abschiebung auf den Posten des Kommanditisten könnte für Michael Wiedenmann demotivierend sein, zumal er dort ja nur begrenzt haftet.

4. **Lösungsmuster**

Merkmale	Personengesellschaften	Kapitalgesellschaften
Gründung	■ Formfrei ■ Ausnahme: Grundstücke werden eingebracht.	Notariell beurkundeter Gesellschaftsvertrag (Satzung).
Mindestkapital	Keine gesetzliche Vorschrift.	■ AG: mind. 50 000,00 €, ■ GmbH: mind. 25 000,00 €.
Prinzip der Führung und Leitung	Inhaber	Angestellte Manager.
Haftung	■ Persönliche Haftung mit Betriebs- und Geschäftsvermögen.	Nur Gesellschaftsvermögen haftet.
Geschäftsführung	■ Einzelgeschäftsführung bei gewöhnlichen Rechtsgeschäften. ■ Bei außergewöhnlichen Rechtsgeschäften müssen alle Gesellschafter zustimmen (Gesamtgeschäftsführung). ■ Kommanditisten sind grundsätzlich ausgeschlossen.	Gesamtgeschäftsführungsrecht
Vertretung	■ Vertretungsbefugnis ist nicht eingeschränkt (Einzelvertretungsrecht). ■ Kommanditisten sind grundsätzlich ausgeschlossen.	Gesamtvertretungsrecht
Abstimmungen in Gesellschafterversammlung	In der Regel durch Einvernehmen.	Stimmrecht abgängig von der Höhe des Kapitalanteils.

5.

Merkmale	Kommanditgesellchaft (KG)	Gesellschaft mit beschränkter Haftung (GmbH)
Rechtsgrundlagen	§§ 161–177 a HGB Ergänzend Vorschriften über die OHG.	GmbH-Gesetz
Firma	Die Firma der KG muss die Bezeichnung „Kommanditgesellschaft" oder eine allgemein verständliche Abkürzung dieser Bezeichnung enthalten [§ 19 I, Nr. 3 HGB].	Die Firma muss die Bezeichnung „Gesellschaft mit beschränkter Haftung" oder eine allgemein verständliche Abkürzung dieser Bezeichnung enthalten [§ 4 GmbHG].
Eintragung in das Handelsregister (HR)	Eintragung in das HR notwendig.	HR-Eintragung ist erforderlich, erst mit der erfolgten Eintragung erlangt die GmbH ihre Rechtsfähigkeit, wird diese juristische Person (rechtsbegründende Wirkung).

5.

Merkmale	Kommanditgesellchaft (KG)	Gesellschaft mit beschränkter Haftung (GmbH)
Mindestkapital, Mindestbeteiligung, Mindesteinzahlung	Kein festes Mindestkapital; für die Komplementäre auch keine Mindesteinlage gesetzlich vorgeschrieben. Kommanditisten haben feste, in ihrer Höhe jedoch beliebig festsetzbare Einlagen zu leisten.	Festes Stammkapital von mindestens 25 000,00 €. Mindestbeteiligung (Mindestgeschäftsanteil/Mindeststammeinlage) von 1,00 € und Mindesteinzahlung auf das Stammkapital von $^1/_4$. Insgesamt müssen mindestens 12 500,00 € einbezahlt sein.
Rechtsfähigkeit	Keine eigene Rechtsfähigkeit.	Rechtsfähig: Juristische Person.
Gesellschaftsvermögen	Gesamthandsvermögen aller Gesellschafter.	Eigenes Vermögen der GmbH als juristische Person.
Haftung	Vor Eintragung ins HR haften alle Gesellschafter unmittelbar, unbeschränkt, gesamtschuldnerisch; nach ihrer Eintragung ins HR haften nur die Komplementäre weiterhin unbeschränkt, die Kommanditisten hingegen nur noch bis zur Höhe ihrer Einlagen. Nach der Leistung ihrer Einlage entfällt jede weitere Haftung (beschränkte, mittelbare Haftung der Kommanditisten).	Gesellschaftsvermögen der GmbH haftet unbeschränkt. Vor der Eintragung der GmbH in das HR haften alle Gesellschafter außerdem unbeschränkt und gesamtschuldnerisch. Nach der Eintragung schulden die Gesellschafter nur ihre rückständige Einlage.
Geschäftsführung (Innenverhältnis)	Geschäftsführung liegt bei den Komplementären. Für gewöhnliche Geschäfte hat jeder Gesellschafter Einzelgeschäftsführungsbefugnis und -pflicht, bei außergewöhnlichen Geschäften ist Gesamtbeschluss aller Gesellschafter erforderlich (Gesamtgeschäftsführungsbefugnis). Kommanditisten sind (gesetzlich) von der Geschäftsführung grundsätzlilch ausgeschlossen.	Geschäftsführung erfolgt durch die Geschäftsführer. Soweit die Satzung nichts anderes bestimmt, haben diese Gesamtgeschäftsführungsbefugnis.
Vertretung (Außenverhältnis)	Vertretung erfolgt durch die Komplementäre nach den Vorschriften für die OHG-Gesellschafter. Kommanditisten sind (gesetzlich) nicht zur Vertretung der Gesellschaft berechtigt (Möglichkeit der Prokura und Handlungsvollmacht besteht).	Vertretung erfolgt durch die Geschäftsführer, die, soweit im Gesellschaftsvertrag nichts anderes bestimmt ist, Gesamtvertretungsmacht haben.
Gewinn- und Verlustverteilung	Soweit im Gesellschaftsvertrag nichts anderes vereinbart ist: 4 % Verzinsung der jahresdurchschnittlichen Kapitalanteile, Verteilung des Restgewinns in angemessenem Verhältnis. Verluste sind ebenfalls in angemessenem Verhältnis (nicht nach Köpfen) umzulegen. Kommanditist trägt jedoch nur den Verlust bis zum Betrag seines Kapitalanteils und seiner noch rückständigen Einlage.	Soweit nicht im Gesellschaftsvertrag anders festgelegt, erfolgt die Gewinnverteilung entsprechend der Höhe der Geschäftsanteile.

Lösungen zum Zusatzauftrag: Lückentexte

Der Einzelunternehmer schließt Geschäfte im eigenen Namen ab und arbeitet auf **eigene** Rechnung mit **vollem** Risiko. Als **alleiniger** Inhaber haftet er für alle **Verbindlichkeiten** des Unternehmens mit seinem Geschäfts- und **Privatvermögen** unbeschränkt und **unmittelbar**.

Die offene Handelsgesellschaft (OHG) ist eine Gesellschaft mit mindestens **zwei** Personen, deren Zweck auf den Betrieb eines **Handelsgewerbes** unter **gemeinschaftlicher** Firma gerichtet ist. Zur Geschäftsführung ist jeder Gesellschafter **berechtigt** und **verpflichtet**. Für gewöhnliche Geschäfte gilt die **Einzelgeschäftsführungsbefugnis**, wobei jedem Gesellschafter ein **Vetorecht** zusteht. Bei **außergewöhnlichen** Geschäften hingegen gilt die Gesamtgeschäftsführungsbefugnis. Zur Vertretung ist jeder Gesellschafter ohne **Einschränkungen** berechtigt, es gilt die **Einzelvertretungsbefugnis**. Gesellschafter haften gegenüber Dritten stets **beschränkt**, **unmittelbar** und **gesamtschuldnerisch**. Vom Gewinn erhält zunächst jeder Gesellschafter **4** % auf seine **Kapitalanteile**; der Restgewinn wird nach **Köpfen** verteilt.

Bei der KG hingegen haftet mindestens ein Gesellschafter unbeschränkt (**Komplementär**) und ein Gesellschafter beschränkt (**Kommanditist**). Die Geschäftsführung und Vertretung obliegt einzig dem **Komplementär**, der **Kommanditist** hat jedoch ein **Vetorecht**. Bei Austritt aus der KG haftet der Kommanditist noch **5** Jahre für die Verbindlichkeiten, die zum Zeitpunkt seines **Ausscheidens** bestanden. Vom Gewinn erhält zunächst jeder Gesellschafter **4** % seines **Kapitalanteils**, der Restgewinn wird im angemessenen Verhältnis verteilt.

Die GmbH ist eine **juristische** Person, zu deren Gründung ein **notariell beurkundeter** Vertrag erforderlich ist. Das Mindeststammkapital beträgt **25000,00** €. Vor Eintragung ins **Handelsregister** muss jeder Gesellschafter mindestens ein **Viertel** seiner Stammeinlage einzahlen, insgesamt müssen mindestens **12500,00** € eingezahlt werden. Die Haftung der GmbH **beschränkt** sich auf das **Gesellschaftsvermögen**.

Die Teilhaber an einer Aktiengesellschaft nennt man **Aktionäre**. Das Mindestgrundkapital einer AG beträgt **50000,00 €**, der Mindestnennwert einer Aktie beträgt **1,00** €. Der Gewinnanteil je Aktie wird **Dividende** genannt.

Lösungen zum Kompetenz-Check

Aufgabe 1

1.1 ①
1.2 ①
1.3 ④
1.4 ①
1.5 ②
1.6 ④
1.7 ④
1.8 ②
1.9 ④
1.10 ④

Aufgabe 2

⑥ und ⑦

Aufgabe 3

3.1 1,00 €
3.2 25 %
3.3 14 000,00 €
3.4 12 500,00 €
3.5 9 500,00 €
3.6 1,00 €

Aufgabe 4

4.1 ①
4.2 ②
4.3 ⑤
4.4 ⑤
4.5 ①
4.6 ④
4.7 ③
4.8 ③
4.9 ①
4.10 ②

Aufgabe 5

⑤

Aufgabe 6

6.1 ④
6.2 ⑤
6.3 ③
6.4 ①
6.5 ③
6.6 ③
6.7 ②
6.8 ⑥
6.9 ⑦
6.10 ⑤
6.11 ⑥
6.12 ⑤

Aufgabe 7

7.1 109 080,00 €
7.2 69 080,00 €

Aufgabe 8

8.1 211 200,00 €
8.2 254 000,00 €
8.3 194 000,00 €
8.4 194 000,00 €

Aufgabe 9

9.1 ④
9.2 ②
9.3 ④
9.4 ④
9.5 ②
9.6 ④
9.7 ④
9.8 ①

Aufgabe 10

10.1 130 000,00 €
10.2 130 000,00 €
10.3 70 000,00 €
10.4 130 000,00 €

Aufgabe 11

11.1 ④
11.2 ④
11.3 ②
11.4 ①
11.5 ③

5 Anspruchsgruppen und deren Interessen an Unternehmen unterscheiden, ein Unternehmensleitbild entwickeln und hieraus Unternehmensziele ableiten

Lösungsansätze zu den kompetenzorientierten Arbeitsaufträgen

1. Schülerindividuelle Lösungen.
2. In der nachfolgenden Tabelle sind die Anspruchsgruppen, der Anspruch gegenüber der Unternehmung und der Beitrag zur Unternehmung aufgelistet.

Anspruchs-gruppen	Anspruch gegenüber der Unternehmung	Beitrag zur Unternehmung
Eigenkapital-geber (Eigentümer, Anteilseigner)	Langfristige Gewinnmaximierung, Steigerung des Eigenkapitalwertes, Unternehmenswachstum, Unternehmenssicherung.	▪ Eigenkapital ▪ Übernahme des Risikos
Fremdkapital-geber	Zeitlich und betragsmäßig festgelegte Tilgung und Verzinsung des eingesetzten Kapitals.	Fremdkapital
Arbeitnehmer	Leistungsgerechte Entlohnung, motivierende Arbeitsbedingungen, Arbeitsplatzsicherheit, betriebliche Sozialleistungen, Mitbestimmung, Beteiligung am Unternehmenserfolg.	Ausführende Arbeit
Management	Gehalt, Macht, Einfluss, Prestige.	Leitende Arbeit
Kunden	Preisgünstige und qualitative Güter.	Abnahme hochwertiger Güter.
Lieferanten	Zuverlässige Bezahlung, langfristige Lieferbeziehungen.	Lieferung hochwertiger Güter.
Allgemeine Öffentlichkeit	Steuerzahlungen, Einhaltung der Rechtsvorschriften, schonender Umgang mit der Umwelt.	▪ Infrastruktur ▪ Rechtsordnung ▪ Umweltgüter

3. Die Schüler erstellen eine individuelle Lösung, für welche nachfolgend nur ein Muster angeboten werden kann:

Stakeholder	Ansprüche	Beispiele für Sätze des Unternehmensleitbildes
GmbH-Gesellschafter	▪ Sicherung der Wettbewerbsfähigkeit. ▪ Angemessene Rendite des eingesetzten Kapitals.	▪ Wir überprüfen regelmäßig unsere Produkte und Abläufe, um diese zu verbessern. ▪ Unser Ziel ist die kontinuierliche Steigerung des Ergebnisses durch hohe Produktqualität zu angemessenem Preis.
Staat	▪ Sichere Ausbildungs- und Arbeitsplätze. ▪ Pünktliche Bezahlung der Steuern. ▪ Hohe Innovationskraft.	▪ Ein hohes Maß an Innovation ist für uns der Schlüssel zum Erfolg.

Stakeholder	Ansprüche	Beispiele für Sätze des Unternehmensleitbildes
Gesellschaft	▪ Nachhaltigkeit in allen Bereichen der Unternehmenstätigkeit. ▪ Schutz der Umwelt. ▪ Sichere Ausbildungs- und Arbeitsplätze. ▪ Soziales Engagement.	▪ Wir schützen unsere Umwelt und gehen schonend mit den Ressourcen um. ▪ Alle gesetzlichen Vorschriften zum Umweltschutz halten wir gewissenhaft ein. ▪ Kulturelle Unterschiede betrachten wir als eine Bereicherung für unser Unternehmen. ▪ Wir behandeln unsere Gäste, Kunden und Geschäftspartner freundlich, zuvorkommend und höflich.
Lieferer	▪ Pünktlicher Zahlungsausgleich. ▪ Verlässlicher Vertragspartner. ▪ Frühzeitige Bestellung.	▪ Wir pflegen Kontakt mit unseren Lieferern und beziehen sie rechtzeitig in unsere Produktentwicklung ein.
Kunden	▪ Umfangreiches Sortiment. ▪ Kurze Lieferfristen. ▪ Hohe Produktqualität. ▪ Markenimage. ▪ Preiswürdigkeit. ▪ Intelligente Problemlösungen.	▪ Mit unseren Leistungen stärken wir unsere Kunden, sodass sie weiterhin mit uns zusammenarbeiten wollen und uns bei anderen weiterempfehlen. ▪ Wir wollen nur die beste Qualität liefern, indem wir morgen das übertreffen, was wir heute erreicht haben.
Mitarbeiter	▪ Sichere Arbeitsplätze. ▪ Mitbestimmung. ▪ Partizipativer Führungsstil.	▪ Wir fördern die Eigeninitiative und die Motivation unserer Mitarbeiter. ▪ Wir gehen konstruktiv miteinander um und sprechen Störungen offen an. ▪ Unser Erfolg beruht auf engagierten und kompetenten Mitarbeitern.

Lösungen zum Kompetenz-Check

Aufgabe 1

①

Aufgabe 2

2.1 ②	2.4 ②	2.7 ②	2.10 ②
2.2 ①	2.5 ①	2.8 ①	
2.3 ③	2.6 ③	2.9 ③	

Aufgabe 3

① und ⑥

Aufgabe 4

4.1 ③	4.2 ③	4.3 ②	4.4 ③